独立学院转设之路

基于CJ学院的实践经验

林秀水 周志勇 张海峰◎著

THE ROAD TO INDEPENDENT COLLEGE CONVERSION

Based on the practical experience of CJ Academy

企业管理出版社
EMPH
ENTERPRISE MANAGEMENT PUBLISHING HOUSE

图书在版编目（CIP）数据

独立学院转设之路：基于CJ学院的实践经验 / 林秀水，周志勇，张海峰著.
—北京：企业管理出版社，2022.5

ISBN 978-7-5164-2609-8

Ⅰ.①独… Ⅱ.①林… ②周… ③张… Ⅲ.①高等学校—学校管理—研究—中国 Ⅳ.①G647

中国版本图书馆CIP数据核字（2022）第073856号

书　　名：独立学院转设之路：基于CJ学院的实践经验
书　　号：ISBN 978-7-5164-2609-8
作　　者：林秀水　周志勇　张海峰
责任编辑：张　羿
出版发行：企业管理出版社
经　　销：新华书店
地　　址：北京市海淀区紫竹院南路17号　　邮　　编：100048
网　　址：http://www.emph.cn　　电子信箱：26814134 @qq.com
电　　话：编辑部（010）68456991　发行部（010）68701816
印　　刷：北京虎彩文化传播有限公司
版　　次：2022年5月第1版
印　　次：2022年5月第1次印刷
开　　本：710mm×1000mm　1/16
印　　张：17.5
字　　数：240千字
定　　价：88.00元

目录

第一部分

独立学院转设政策理论

第一章　独立学院转设背景

第一节　独立学院发展历史沿革

独立学院是我国在高等教育大众化和市场化的大背景下自发产生的一种新型高校，是我国高等教育特有的一种组织形式，是公办高校结合市场机制的产物。北京教育科学研究院副研究员丁秀棠（2018）认为，不同区域的独立学院，其发展变迁受各区域政策、资源和治理等诸因素的影响，从而形成独立学院发展的区域性特征。比如，北京市城市功能定位和高等教育资源状况，决定了其独立学院具有比较明显的区域性特征——组织数量少、规模偏小，类型单一、均属于民办型独立学院，专业独立性强、依赖母体高校的程度降低，内部控制与治理结构不断演变造成独立学院与母体高校越来越呈现一种“弱关系”。北京独立学院面临着招生计划偏少、学费标准较高以及转设困难等问题，亟须政府赋予独立学院更大的办学自主权、加大差异化扶持政策以及根据地方实际出台区域性的转设政策。

侯琮、王一涛（2021）基于独立学院的政策供给视角，认为可以将独立学院发展的历史进程分为三个阶段。

第一个阶段，起步探索期（1998—2002 年）。该阶段没有专门面向独立学院的规章政策，政府态度呈现出从不鼓励、不支持、不推广到默许失败。

第二个阶段，整顿规范期（2003—2015 年）。该阶段政策较为集中，呈现出由积极支持、规范管理到鼓励转设的态势。

第三个阶段，转设推进期（2016 年至今）。该阶段民办教育新法新政的出台为独立学院转设提供了良好的政策环境，到 2020 年独立学院“能转尽转、能转快转”的政策风向基本定调。

钟秉林、周海涛（2019）也认为独立学院发展的历史沿革大致可以分为三个阶段。

第一，探索创新阶段（1998—2003年）。1998年，国家做出扩大高等教育招生规模的决策，一定程度上缓解了民众对接受高等教育的渴求，同时也面临着高等教育资源供给与投入不足的问题。江苏、浙江等经济发达地区率先开始探索试办独立学院，主要特征是以二级学院形式借助社会资本，依靠母体高校的品牌、校舍、设备、师资与优势专业办学，发展态势迅猛，成为当时各类高等教育机构中发展最快的办学形式。

第二，规范发展阶段（2003—2008年）。以2003年教育部颁发的《关于规范并加强普通高校以新的机制和模式试办独立学院管理的若干意见》（简称“8号文”）为标志，正式将“由普通高校按照新机制、新模式举办的本科层次的二级学院”命名为“独立学院”，对独立学院的设置和办学进行规范。提出“七个独立”的要求，包括独立学院应具有独立法人资格、能独立承担民事责任、具有独立的校园和基本办学设施、实施相对独立的教学组织和管理、独立进行招生、独立颁发学历证书、独立进行财务核算，对原国有民办二级学院提出若干规范意见和设置要求。

第三，转型发展阶段（2008年至今）。以2008年教育部颁布的《独立学院设置与管理办法》（简称“26号令”）为标志，从独立学院的性质、设立、组织与活动、管理与监督、变更与终止、法律责任等方面予以明确规范，规定“独立学院按照普通本科高等学校的设置标准来执行”，明确了五年考察验收期限。

郑淑超（2021）根据政策导向和转设情况双重线索，建议将独立学院发展转设划分为四个时期。

第一，规范办学初期（1999—2007年）。在办学初期，国家对独立学院办学进行了规范。一方面鼓励独立办学。2003年出台的“8号文”，第一次提出“独立学院”的概念，并明确“七个独立”要求，以规范独立学院管理与办学。《教育部办公厅关于2006年度独立学院资产权属和校园土地、教学行政用房核查情况的通报》印发后，国家进一步督促独立学院资产过户、落实法人财产权，促进独立学院改善办学条件、规范办学行为。另一方面允许转设为民办高校。2006 年，《关于“十一五”期间普通高等学校设置工作的意见》指出，独立学院可逐步转设为独立建制的民办本科高校。独立建制要求独立学院满足《普通本科学校设置暂行规定》的要求。这是国家文件中第一次提及独立学院转设，本质在于提高办学水平、规范内部管理。从规模上来看，2007 年全国有独立学院 318 所，在校生 186.62 万人，教职工 12.85 万人，专任教师 8.99 万人。这一时期没有独立学院转设。

第二，转型过渡期（2008—2013 年）。在转型过渡期，国家进一步推进独立学院规范办学和转设。一是设立过渡期，鼓励转设。2008 年出台的“26 号令”引导独立学院改革发展，明确办学性质、设置标准、管理规范等，并设立五年过渡期。2009 年出台的《关于编报省级〈独立学院五年过渡期工作方案〉的通知》提出独立学院规范办学“八种情况”：考察验收、暂缓验收、转成民办本科、转成民办高职、终止办学、数校合并、并入公办、新设学院。二是及时掌握转设情况。鉴于转设工作推进缓慢，2011 年教育部要求各省上报《独立学院过渡期工作进展情况》，并在《关于“十二五”期间高等学校设置工作的意见》中再次规定独立学院的转设审批工作。三是执行招生计划管理。过渡期结束后，仍有大批独立学院未完成转设。2013 年，《关于上报独立学院规范工作进展的通知》具体规定了独立学院校园占地、校舍及教学行政用房、教师、教学仪器设备、图书等办学条件的执行设置标准，并在《关于做好独立学院规范验收工作的通知》中明确，对未达标独立学院实施逐年核减至停止招生的严格招生计划管理。从成效上来看，2008—2013 年独立学院办学条件有所改善、转设工作稳步推进，36 所独立学院获批转设为 35 所民办高校（沈阳理工大学应用技术学院、沈阳农业大学科学技术学院合并转设为沈阳工学院）。

第三，持续推进期（2014—2019 年）。“后过渡期”伊始，国家持续推进 292 所独立学院转设。一是进行规范验收。鉴于过渡期的转设实际，教育部适当延迟独立学院规范验收期至 2016 年，并要求所有独立学院于每年第四季度接受教育部及省级教育行政部门验收。二是引导转设方向。2014 年国务院发布《关于加快发展现代职业教育的决定》，鼓励独立学院转设为应用技术型高校。三是加快母体脱钩。独立学院每年要向母体高校缴纳 10% ～70% 的学费收入作为品牌使用费、资源占用费或管理费等，巨大利益使母体高校不愿放手，一定程度上导致了转设进程的缓慢。2018 年，《民办教育促进法实施条例（修订草案）（送审稿）》规定，公办高校不得举办或参与举办营利性民办高校，举办或参与举办非营利性民办高校的，不得以品牌输出方式获益；加快独立学院转设。四是明确重要地位。2018 年，《教育部关于“十三五”时期高等学校设置工作的意见》重申，要把独立学院转设摆在高校设置工作的首要位置，积极推动转设。2014—2019 年共有 33 所独立学院完成转设，截至 2019 年底，累计有 69 所独立学院转设为 68 所独立建制高校，除 1 所转设为公办高校（新疆大学科学技术学院转设为新疆理工学院）外，其余均转设为民办高校。全国仍有独立学院 257 所，在校生约 260 万人，教职工 16.39 万人，专任教师 12.4 万人。

第四，全面转设期（2020 年至今）。2020 年我国正式迈入高等教育普及化阶段，国家推进独立学院全面转设。在普及化阶段，高等教育以内涵式发展、提升办学质量为核心。独立学院规范设置进展缓慢，仍存在法人地位未落实、产权归属不清晰、办学条件不达标、内部治理不健全等问题，甚至出现违规招生、乱收费、管理混乱等现象。出于对独立学院“依附性”优势的剥离，对高等教育“规范办学”“健康发展”和“教育公平”的全盘考虑，独立学院进入全面转设期。一方面确定时间表。2020 年 5 月《关于加快推进独立学院转设工作的实施方案》发布，要求到 2020 年年末所有独立学院制订转设方案，并推动一批优先转设。另一方面明确路线图。方案明确三种转设途径：转为民办、转为公办、终止办学。同时，根据《中华人民共和国民办教育促进法》（简称《民办教育促进法》），独立学院转设需明确非营利性或营利性办学。截至 2020 年 12 月 31 日，已累计有 143 所独立学院转设为 136 所独立建制高校。其中，108 所转设为民办高校、20 所转设为公办高校、2 所合并为民办高校、2 所转设为公办高校校区（北京师范大学珠海分校转设为北京师范大学珠海校区、南京大学金陵学院融入南京大学苏州校区）、4 所撤销（中国医科大学临床医药学院、辽宁石油化工大学顺华能源学院、新疆农业大学科学技术学院、河北大学工商学院）。2021 年转设加速，仅第一个月就有 53

所独立学院转设申请获得批复。

第二节　独立学院发展模式

一、转设与迁址

在《独立学院规范设置与管理办法》的推动下，我国独立学院办学出现了一些新的转型发展动向，其中，转设办学与迁址办学是两类不同的转型发展模式。徐军伟（2017）在其文章中，分析了办学利益相关方对独立学院这两类转型发展模式的影响，对比这两类独立学院转型发展模式的优势与存在问题，探讨了独立学院转型发展与可持续发展、政府在独立学院转型发展中的责任及独立学院转型后的办学定位问题，如表 1–1 所示。

表 1–1　转设办学与迁址办学两种转型发展模式比较

转型类型	转设办学	迁址办学
概念	独立学院按照教育部普通高等学校设置的条件要求和程序规范，经申请转设为民办普通本科高校	独立学院为满足办学条件要求，通过迁建到新校区办学，以满足“26 号令”对其考察验收的条件要求
特征	民有民办机制，基本上属于由社会投资方出资举办的外生型独立学院	国有民办性质，通常由母体高校及其相关校办企业为主举办的内生型独立学院
独立办学程度	成为完全独立的民办普通本科高校	办学独立性有所增强，但没有完全独立办学
校名更改	去除原母体高校校名，更改新校名	一般保留原有校名不变
管理费上缴	不用向原母体高校上缴办学经费	大部分仍需向母体高校上缴办学管理费
新增办学资源	原来上缴母体高校的经费可用于自身办学投入	有地方政府新增办学资源投入

续表

转型类型	转设办学	迁址办学
管理体制	外部：基本理顺，成为民办普通本科高校。内部：董事会领导下的院长负责制，重大问题由社会出资方主导	有待理顺，仍然依附在母体高校董事会领导下的院长负责制，重大问题由母体高校主导
发展优势	符合政策导向，办学自主性增强，不再上缴办学管理费	地方政府资源投入，办学条件改善，校地合作增强，可继续共享母体高校教育资源
存在问题	大学文化与企业文化的冲突，民资控制与教育者办学理念的冲突，优质师资流失，学生录取分数下降	迁址后远离中心城市和母体优质办学资源，优质师资流失，学生录取分数下降，办学成本较快增长
共同目标	无论是转设办学还是迁址办学，独立学院转型发展的关键是要通过加强内涵建设，实现其可持续发展的目的	

二、内生与外生

独立学院的“浙江模式”（内生模式）与“广东模式”（外生模式）是我国独立学院办学的两种主要类型。区别内生型或者外生型独立学院的重要标志，是看独立学院的董事会（理事会）成员结构及其话语权，如果董事长（理事长）由企业出资人担任，则一般属于外生型；假若由母体高校人员担任，则一般为内生型。

徐军伟（2020）对这两类独立学院的特征进行了对比，并从资产属性、运营机制和管理体制等方面比较了两类独立学院的办学属性，提出坚持国有民办与探索民有国助的独立学院发展策略。

独立学院“浙江模式”，其实质是以普通公办高校为主导的内生型独立学院办学模式，即学校的资产属国家所有，按民办高校的运行机制进行管理，学校按教育成本收取学费，国家不再投入。独立学院共享母体高校的部分师资，并把学费收入的一部分上缴母体高校，作为土地、校舍、师资等办学资源的使用费。独立学院“广东模式”，是指以社会企业为主导的外生型独立学院办学模式。广东省有独立学院 17 所，以社会企业为出资主体，通过借用普通公办高校校名、师资等办学资源举办的外生型独立学院有 14 所。

无论是“浙江模式”的内生型独立学院还是“广东模式”的外生型独立学院，都有其存在的现实合理性与办学优势，也有各自的不足。衡量独立学院办学优劣不在于其办学体制或机制，而在于其人才培养的质量。按照独立学院办学定位，培养适合社会需要的应用型人才，是独立学院办学应始终坚持的价值理念。

第三节 独立学院转设的历史背景

独立学院作为 20 世纪 90 年代中国高等教育办学体制改革的产物，是高等教育大众化、市场化背景下由普通高校与社会力量利用非国家财政性经费合作举办的新型高等教育办学模式，至今已经走过 20 余年的历程。2006 年，《教育部关于“十一五”期间普通高等学校设置工作的意见》提出，“十一五”期间独立学院视需要和条件按普通高等学校设置程序可以逐步转设为独立建制的民办普通本科高校，这是独立学院转设首次进入公众的视野。2008 年教育部颁布“26 号令”，提出在 5 年之内，由独立学院提出考察验收申请，经省级教育行政部门审核后报教育部考察验收，核发办学许可证。教育部发展规划司、政策研究与法制建设司在《关于〈独立学院设置与管理办法〉的工作说明》中提出，国家对已设独立学院给予五年过渡期，其中符合普通本科高等学校设置标准的，可申请转设为民办高等学校，颁发民办教育办学许可证。与此同时，我国一批由民营企业、个人、外资企业投资举办的独立学院在办学发展过程中，依附性与独立性之间的矛盾与日俱增，希冀脱离母体高校、借船出海、自主发展、独立办学的内驱动力不断增强。

一、独立学院转设是国家重要的政策导向

独立学院随着我国市场经济浪潮和高等教育扩招应运而生，其发展轨迹

体现了鲜明的政策导向，国家意志在其发展中发挥了决定性作用。20世纪90年代中期，我国高等教育入学率仅为2% ~3%。面对经济社会发展的需要和人民群众日趋旺盛的教育需求，国家教育行政部门对于国有民办二级学院这一新生事物采取尊重群众首创、允许摸索试错的默许态度。后独立学院规模快速扩张，出现鱼龙混杂、泥沙俱下的情况，继而影响到教育公平和社会稳定，教育部于2003年起进行清理整顿，要求做到“七个独立”。随着高等教育大众化的实现和高考生源的减少，群众的教育需求逐渐从“有学上”转变为“上好学”，面对独立学院快速发展长期积累的体制机制问题，教育部出台“26号令”，从此独立学院步入了法制化、规范化发展轨道。

从2006年教育部提出“独立学院视需要和条件按普通高等学校设置程序可以逐步转设为独立建制的民办普通高等学校”，到“26号令”提出“符合普通本科高等学校设置标准的，可申请转设民办高等学校”，再到2009年《教育部办公厅关于编报省级〈独立学院五年过渡期工作方案〉的通知》提出“转设为民办本科高校”等出路，从这些政策文件可以清楚地发现国家在积极鼓励、支持独立学院转设。以“26号令”为核心的政策出台，对独立学院办学模式进行规范的同时，打开了独立学院转设的合法性闸门，为独立学院的不确定未来提供了一个发展方向。

二、独立学院转设是发展民办高等教育的有效途径

从世界高等教育发展轨迹来看，采取政府投入与社会投入相结合的双轨驱动模式是发达国家发展高等教育的共同经验。OECD统计数据显示，教育最发达的美国和韩国，以及重视教育发展的转型国家智利，2009年其社会与私人教育投入分别占到GDP的2.1%、3.0%和2.6%，而我国非财政性多渠道教育经费占GDP的比例到2011年仅为1.12%。党的十八届三中全会提出，“健全政府补贴、政府购买服务、助学贷款、基金奖励、捐资激励等制度，鼓励社会力量兴办教育。”《国务院关于创新重点领域投融资机制鼓励社会投资的指导意见》强调，鼓励社会资本参与教育设施建设，为新时期民办教育发展指明了方向。长期以来，我国民办高校都是“次等教育”和“高学费”的

代名词，与昔日历史上著名的私立南开大学、复旦大学不可同日而语，也与世界一流私立大学相去甚远。因此，探索一条发展壮大优质民办高等教育资源的新路径，成为我国教育改革进程中的一项艰巨任务。将独立学院列入民办高等教育的重要组成部分，支持符合条件的独立学院转设为民办本科院校，既符合中央深化办学体制改革，形成公办民办教育共同发展格局的大政方针，又合乎我国优质民办本科高校短缺、急需快速发展的现实需求。

三、独立学院转设是其可持续发展的需要

建立独立学院是在世纪之交我国教育经费投入滞后、优质教育资源短缺的背景下，为促进高等教育改革与发展的一项重大举措。“优、独、民”是独立学院的重要特征。根据组织生命周期理论，组织的发展具有明显的生命特征和固定的生命周期。独立学院作为一个社会组织，也像一个生物有机体一样要经历生命的各个阶段。诞生初期，独立学院比较孱弱，必须在母体高校的羽翼呵护下成长，借助公办高校的品牌资源、教学优势、管理经验，获得发展。这一阶段独立学院紧紧依靠母体高校，有很强的依附性。随着办学时间推移，经过10多年的发展，独立学院逐渐发展壮大，办学规模不断扩大，办学经验不断积累，社会影响不断提升，办学水平不断提高，这时独立学院拥有了独立教学、独立招生、独立财务、独立校园等，独立性逐渐增强。在经过初创阶段、成长阶段后，独立学院在发展过程中遇到一些问题，例如办学责任不清、产权归属不明、办学理念不合等，独立性与依附性之间的矛盾逐渐增大。学院各项工作在经历了成长、成熟之后，会面临着一系列的问题，组织发展可能出现停滞、波动甚至倒退，此时发展进入了高原期；此后，学院为突破现状需要确立新的目标，或建立新的发展模式，或运用新的发展策略，以实现组织重构再生。脱离母体，走向转设，正是独立学院增强活力、扩大办学自主权的一条新路径。

第四节　独立学院转设实际进展

一、全国独立学院转设情况

截至 2018 年 8 月，全国有独立学院 265 所，共有 64 所独立学院转设为 63 所民办本科高校（沈阳理工大学应用技术学院、沈阳农业大学科学技术学院属于同一个社会投资方，合并转设为沈阳工学院）；已转设独立学院占全国独立学院总数（含已转设）的 19.45%（阙明坤、王慧英、原珂，2019）。

截至 2020 年 4 月 3 日，全国共有独立学院 246 所，占全国 2688 所普通高校的 9.15%，占全国 434 所民办高校（不含合作办学）的 56.68%（阙海宝、苏婷，2020）。

根据教育部网站统计，2008 年独立学院共 322 所，分别占全国民办高校数和普通高校数的 50.3% 和 14.2%；截至 2020 年 12 月底，独立学院还有 189 所，占全国民办高校数和普通高校数的比例分别为 25% 和 6.9%。2008 年以来，独立学院数量逐渐减少、占高等教育院校数量的比例逐渐缩小，共完成转设 132 所，其中，2020 年教育部公示转设的独立学院就有 68 所，转设数量超过近 10 年的总和。从 2020 年各省情况来看，转设独立学院涉及 21 个省份，广东省转设数量最多，共 9 所，其他转设较多的省份还有江西省 6 所，浙江省和重庆市各 5 所，山东、山西和河北各 4 所，江苏、河南、湖北、云南、甘肃各 3 所（钟秉林、景安磊，2021）。

二、独立学院分布情况

目前，全国 189 所独立学院中，从省域分布情况来看，独立学院数量排在前 5 位的依次是江苏省（22 所）、浙江省（16 所）、湖北省（14 所）、湖南省（14 所）和河北省（12 所），分别占全国独立学院总数的 11.6%、8.5%、

7.4%、7.4% 和 6.4%，这 5 个省份的比例占到全国独立学院的 41.3%（详见图 1–1）。

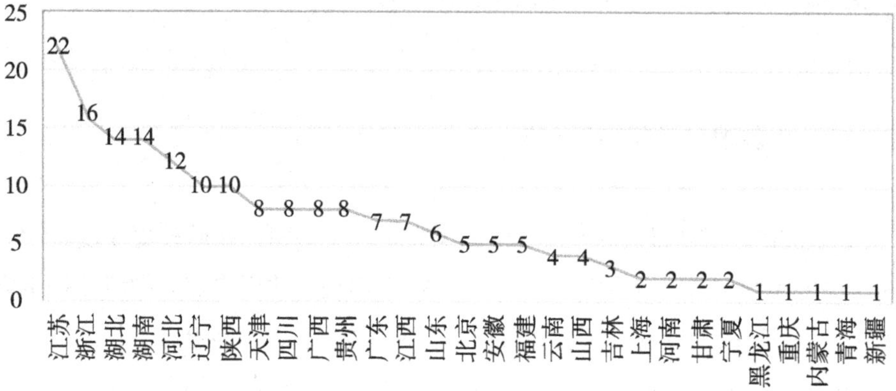

图 1–1　2020 年全国独立学院省域分布情况（单位：所）

按照四大经济区划分，目前东北地区有独立学院 14 所，占比最小（7.4%）；东部地区有 83 所，占全国独立学院总数的 43.9%；中部地区 46 所，西部地区 46 所，各占全国独立学院总数的 24.3%。按照母体高校类型划分，母体高校为理工类院校的最多，共 67 所，占比 35.5%；母体高校为综合院校的有 42 所，占比 22.2%；母体高校为师范类高校的有 27 所，占比 14.3%；母体高校为医药类高校的有 21 所，占比 11.1%；母体高校为财经类院校的有 12 所，占比 6.3%；母体高校为农林类、语言类、民族类、艺术类和体育类高校的最少，共有 20 所，小计占比 10.6%。

三、部分独立学院转设情况

从实践情况来看，独立学院转设主要有转为独立民办本科高校、转为公办本科高校和终止办学三种路径。根据教育部网站信息统计（见表 1–2），目前已有 100 余所独立学院转设为独立民办本科高校，20 所转设为公办本科高校，10 余所停止办学。其中，转设为民办本科高校的独立学院多有明确的社会力量举办方，主体权属划分清晰，办学条件基本满足转设要求。停止办学的独立学院一般采取两种模式：一是直接停止办学，撤销建制；二是逐步减少招生，到最后一届学生毕业之后再完全停止办学，并入母体校区。另外，部分由母体高校单独举办、母体高校与下属机构合作举办、母体高校与地方政府合作举办等没有社会力量举办方，或社会力量举办方退出的独立学院纷纷选择转设为公办普通本科高校。为优化区域高等教育结构布局、有效扩大本科教育资源、大力培养高层次应用型和技术技能型人才，部分省份正在探索统筹独立学院与高职高专资源合并转设为本科层次的职业院校，譬如河北3所独立学院分别联合省内高职高专转设为河北工业职业技术大学、河北科技工程职业技术大学、河北石油职业技术大学，山西大学商务学院联合山西交通职业技术学院和山西建筑职业技术学院转设为山西工程科技职业大学等。

表 1-2　1999—2020 年独立学院转设统计（单位：所）

年份	转设学院	转设后学院	独立学院总数
1999	0	0	46
2000	0	0	49
2001	0	0	100
2002	0	0	135
2003	0	0	366
2004	0	0	249
2005	0	0	295
2006	0	0	318
2007	0	0	318
2008	4	4	322
2009	1	1	322
2010	0	0	323
2011	14	14	309
2012	6	6	303
2013	11	10	292
2014	8	8	283
2015	8	8	275
2016	8	8	266
2017	0	0	265
2018	4	4	265
2019	5	5	257
2020	74	68	183

注：学院总数由教育部《全国教育事业发展统计公报》和“教育统计数据”文献整理；其余根据教育部“同意转设函”整理。

2003 年教育部发布“8 号文”，这是国家针对独立学院发布的首个标志性政策文件，旨在削弱独立学院与母体高校的依附关系，促进独立学院的规范化与独立化。2006 年，教育部在《关于“十一五”期间普通高等学校设置工作的意见》中首次将独立学院转设工作列入政策议题，要求“独立学院可以逐步转设为独立建制的民办普通高等学校”。2008 年下发的“26 号令”要求现有独立学院充实办学条件，在 5 年内提出合格考察验收申请，符合普通本科高校设置标准的，可申请转设为民办高校。

2011 年教育部《关于“十二五”期间高等学校设置工作的意见》大体延续了“十一五”期间的表述，而 2017 年教育部《关于“十三五”期间高等学校设置工作的意见》首次提出鼓励独立学院转设为独立设置的本科高校，且明确独立学院既可以转设为民办高校，也可以转设为公办高校。教育部《关于做好 2018 年度高等学校设置工作的通知》《关于做好 2019 年度本科学校设置工作的通知》则对独立学院转设的支持态度更加明朗，明确独立学院“能转尽转、能转快转”。

2018 年教育部启动《关于加快推进独立学院转设工作的实施方案》的起草工作，但是由于社会各方对独立学院转设的时间表、未及时转设的独立学院的惩罚方式、不同类型独立学院转设的潜在风险等问题存在较大争议，因此直到 2020 年 5 月教育部才最终出台该方案，明确到 2020 年末独立学院全部制订转设方案的时限要求。2020 年 5 月，教育部印发《关于加快推进独立学院转设工作的实施方案》，提出“转为民办、转为公办、终止办学”的转设路径，针对“校中校”独立学院（没有社会合作方）提出“可探索统筹省内高职高专教育资源合并转设”。2021 年 6 月，受现实舆论影响，山东、江苏和浙江等地陆续发文，宣告暂停或终止独立学院与高职院校合并转设的工作。2021 年 7 月，教育部印发《关于“十四五”时期高等学校设置工作的意见》指出，积极稳妥推进独立学院转设，转设事项优先纳入规划，在满足基本办学条件的基础上，适当放宽生均土地、校舍面积及生师比要求先行转设，并设两年办学条件提升期继续完善办学条件。总之，独立学院转设的政策不断明朗和细化，可操作性逐步增强，为推动后续独立学院成功转设提供了有力的政策保障。如图 1–2 所示，为 2008—2021 年独立学院转设数量。

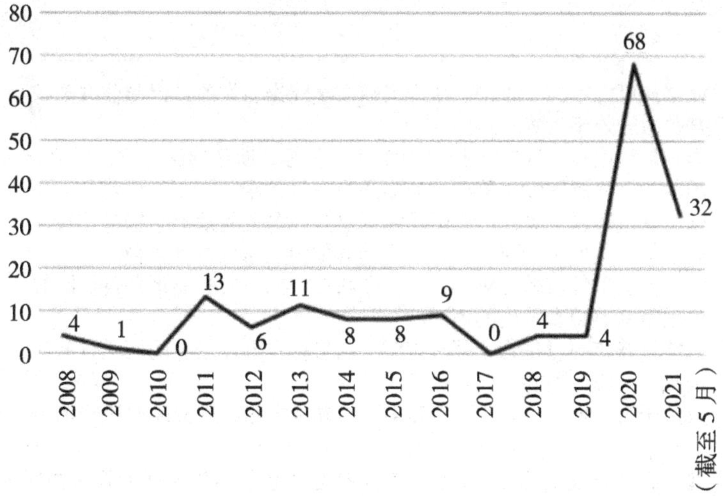

图 1–2　2008—2021 年独立学院转设数量（单位：所）

四、广东省独立学院转设现状

新时代教育改革背景下，独立学院纷纷谋求“独立”，而转设后的独立学院更长远的谋划在于自身的转型升级。因此，我们首先针对制约独立学院发展的制度性瓶颈，结合广东独立学院转设发展现状，利用 SWOT 法分析了独立学院转型发展的优势、劣势、机会与挑战（见表 1–3），最后提出广东独立学院的转型升级策略——把握机遇、找准定位、强化内涵、错位发展、办出特色，并明确了广东独立学院的发展路径——积极向应用型高校转型、树立独立学院转型发展典范。

表 1–3　广东省独立学院转设 SWOT 分析

优势分析（S）	区位优势（S1）：主要集中在珠三角地区，基本上属于粤港澳大湾区的核心城市，经济一直处于全国领头羊地位，人才需求旺盛 合作方优势（S2）：除广东电子科技大学中山学院和北京师范大学珠海分校由政府举办以外，其他独立学院的投资方均为企业，学校运作的市场化、灵活性较高 体制机制优势（S3）：独立学院作为新的办学模式，相较于公办高校，在办学机制、办学模式上更为灵活，面向市场的敏感性更强，机构设置更加精简，教师更容易享受制度红利，转型发展更容易实现非常规超越

续表

劣势分析（W）	社会认可度不高（W1）：在全国独立学院排名靠前，但与公办高校相比，整体竞争力还处于劣势 国际化程度低（W2）：相较于北京、上海、浙江的独立学院，在国际化教育、国际化合作及国际化奖项等方面还有一定差距 师资队伍薄弱（W3）：无论是师资总体数量还是师资结构都比较薄弱，导致科研整体竞争力十分薄弱，这与全国其他独立学院情况类似 实验实训条件较差（W4）：与公办高校相比，实验实训条件差距较大，硬件条件很难满足转型发展的需要 人才培养核心竞争力不强（W5）：仍然存在人才培养的同质化问题，这也是全国独立学院的通病 资金压力（W6）：走"以学养学"的办学之路，经费来源比较单一
机会分析（O）	地方经济发展的需求（O1）：广东独立学院基本处于粤港澳大湾区核心城市，随着湾区经济发展、产业转型升级与科学技术进步，对应用型人才的需求将越来越大 国家教育政策的支持（O2）：随着《民办教育促进法（2016 年修订版）》等文件的落实，民办教育迎来了发展的春天，为学院发展提供了转型机遇 创新创业浪潮的时代机遇（O3）：通过争取建设省级、国家级"双创"示范基地，建设"双创"示范高校，在省内不同类型高校的激烈竞争中形成"双创特色"，实现超常规发展 全球化的重大契机（O4）：广东是我国改革开放的排头兵，也是我国参与国际合作与交流、推动"一带一路"倡议的先行者，独立学院具有抓住粤港澳大湾区融合发展这一时代契机的先天优势 广东生源保持递增趋势（O5）：与全国高考生源对比，作为人口大省的广东生源一直呈递增趋势，近 5 年来始终稳定保持在 70 万以上且逐年递增，持续的人口红利也为独立学院转型发展提供了生源保障
威胁分析（T）	高等教育改革的压力（T1）：目前处在从规模扩张到内涵提升，上水平、创特色的发展阶段。在广东省重在打造高水平大学和高水平理工科大学的背景下，独立学院如何拓展自己的发展空间，仍是一个重大挑战 同类高校竞争的压力（T2）：高等教育大众化日趋成熟，同类型高校竞争日趋激烈，在存量中进行博弈 独立学院评估验收的压力（T3）：转设面临的基本办学条件比如土地、生师比等问题十分严峻，转设后还要面临教育部合格评估的"生死大考"

广东省前后举办了 17 所独立学院，独立学院已经成为广东高等教育的一支重要力量。紧随国家教育现代化工作部署，2016 年 6 月，广东省教育厅、省发展改革委和省财政厅联合下发《关于引导部分普通本科高校向应用型转变的实施意见》，要求全省大部分普通本科高校主动向应用型高校转变。到

2014年，广东省仅有1所转设。虽然省教育厅多次要求各独立学院上报转设方案并快速审查，推动独立学院“能转尽转、能转快转”。但是转设涉及政府、资方、母体、师生等诸多利益关联方，广东省跟全国一样，独立学院转设工作异常复杂。尽管有各方利益纠葛，转设对独立学院发展提供了新机遇却是多方共识。广东省的独立学院从2018年开始就在备战转设，一些举措如“缩小招生规模、加大教师引进力度、建设第二校区”等都在积极实施。随着工作的逐步推进，转设在广东省很快全面铺开，截至2020年底，17所独立学院中已完成转设11所。

第五节　独立学院转设的现实困境

独立学院是我国高等教育事业的重要组成部分。独立学院的规范设置工作进展缓慢，面临着政策预期模糊、办学经费短缺、队伍建设滞后、自主办学受限、内涵建设薄弱等问题。钟秉林、周海涛（2019）建议，应该遵循“政府主导、属地管理、因地制宜、一校一策”的原则，尽快出台独立学院规范设置的国家指导意见和地方实施细则；完善统筹协调机制，强化省级政府统筹权；坚持因地制宜分类指导，建立差别化的规范设置与管理制度；加大政府支持力度，落实独立学院办学自主权；引导独立学院抓好内涵建设，促进可持续发展。

独立学院转设是我国高等教育改革的重大任务。2008年以来，我国独立学院转设一直比较缓慢，近年来呈加速推进态势，但是部分地区在转设过程中出现了一些梗阻和挑战。侯琮、王一涛（2021）分析了独立学院转设困境的成因，指出“学而优则仕”和“面子文化”是其文化根源，多元利益相关者的相互博弈是其病灶症结，制度环境和制度逻辑的制约是其深层原因，转设工作中的执行误区是其现实堵点。探索独立学院转设路径创新和制度设计，兼顾利益相关者诉求，协同各级各部门慎重筹备工作方案，有助于纾解独立学院转设困境，推进独立学院平稳有序转设，保障转设后学院可持续发展。

第二章　独立学院转设政策法律

第一节　独立学院转设政策法律概述

独立学院是我国高等教育的重要组成部分。适应我国社会主要矛盾变化在高等教育领域的反映、推进高等教育治理体系与治理能力现代化、优化调整高等教育布局结构、实现独立学院健康可持续发展是独立学院转设的动因。独立学院转设面临政府规制的多元与博弈的利益平衡、滞后与渐进的时机考量、刚性与柔性的强度把握、应然与实然的治理偏差。应坚持方向性、适度性、协调性、多样性、安全性原则，以合作博弈为目标、加快转设为抓手、分类施策为基础、良法善治为核心，通过平衡利益、稳中求进、刚柔并济、内外驱动，提高政府规制的有效性，推动独立学院内涵式发展。

新修订的《民办教育促进法》《民办教育促进法实施条例》以及《关于加快推进独立学院转设工作的实施方案》等文件提出了对独立学院转设的规范与要求。独立学院转设既存在客观动因、也有主观需求，在转设过程中需要遵守政府逻辑、市场逻辑、高等教育逻辑等多重逻辑；转设路径主要有转为公办、转为民办、终止办学等；同时，《民办教育促进法》《民办教育促进法实施条例》也从分类管理、土地产权、关联交易等方面对独立学院转设后的发展进行了法律规制。

西方国家在社会科学领域“重新发现”了制度分析在解释“组织与环境之间的关系”等现实问题上有不凡表现，由此形成了新制度主义分析范式。目前不同学科、不同流派的制度研究共同建构了新制度主义的理论体系，其中影响较大的是社会学制度主义、理性选择制度主义和历史制度主义。运用社会学制度主义、理性选择制度主义和历史制度主义的分析框架，以独立学院转设的政策和实践为例，从不同角度揭示影响独立学院转设政策执行和转设进程的关键因素和深层次原因，可以为未转设的独立学院提供参考。中国教育科学研究院高等教育研究所助理研究员、博士罗建平（2020）建议加强政府的扶持力度，为独立学院转设提供公平的政策环境；以社会需求为导向，为独立学院转设提供发展空间；以内涵发展为特色，为独立学院转设提供内在动力。

随着发展带来的利益，国家开始推行强制性制度变迁，此时诞生之初所具有的“历史合理性”正在逐渐消失，需要通过政策制度获得新的“合法性”。为实现该目的，2003—2020 年，教育部几乎每年都颁布相应的政策法规力促此事。

在独立学院的规范之路上，有两个文件发挥了关键性的作用。第一个文件是 2003 年 4 月教育部发布的“8 号文”，它主要解决独立学院“成长的烦恼”，首次界定独立学院是“普通本科高校按照新机制、新模式举办的本科层次的二级学院”，并表明教育部对独立学院的态度是“积极支持、规范管理”。积极支持的结果是独立学院得到了快速发展，规范管理方面则要求独立学院做到“七个独立”。

第二个文件是 2008 年 2 月教育部颁布的“26 号令”，它主要是消除独立学院模糊的法律属性问题，“一刀切”地将独立学院归入民办高校序列，引起了部分独立学院的“身份焦虑”。另一个被大家所关注的是为独立学院设定了 5 年的改革过渡期：“5 年内，基本符合本办法要求的，由独立学院提出考察验收申请，经省级教育行政部门审核后报国务院教育行政部门组织考察验收，考察验收合格的，核发办学许可证。”若按“26 号令”考察验收的标准“一刀切”，将会有超过四成的独立学院面临关停并转考验。

第二节　独立学院转设的制度逻辑

2003 年，以教育部发布的“8 号文”为标志，着重解决了独立学院的“不独立”现状和办学过程不规范而引发的一系列问题。这在一定意义上减少了制度创新成本，提高了制度变迁的速度。该意见公布以后，为进一步规范其办学行为，2006 年教育部出台了《教育部关于“十一五”期间普通高等学校设置工作的意见》，并配发了《普通本科学校设置暂行规定》。随着独立学院的发展，一些招生工作及管理机制的弊端逐渐显露。为此，2008 年“26 号令”的出台约束了这些现象，这也是政府在构建独立学院合法性方面做出的进一步努力。但因“26 号令”相关的配套及保障性文件相对不足，还存在“隐性歧视”，导致教育政策执行中出现了偏差，转设效果不佳。为持续推进“26 号令”的政策执行，2009 年教育部办公厅下发的《关于编报省级独立学院五年过渡期方案》明确规定了独立学院的转设路径，并在 2011 年出台相关政策专门对转设时间制定了优惠政策。

从上述关于独立学院转设的系列政策导向来看，政府主管部门都在积极支持符合条件的独立学院转设。2017 年，《教育部关于“十三五”时期高等学校设置工作的意见》出台，确立并增加了独立学院转设道路选择的多样性。2018 年，教育部办公厅再次印发通知，提出各地要制定独立学院转设的时间表和路线图，积极推动独立学院“能转尽转、能转快转”。2020 年 5 月印发的《关于加快推进独立学院转设工作的实施方案》明确各独立学院转设方案的制订计划，再一次增加了未来的转设路径，与其说这是一次政策的妥协，不如说是在新形势下给予的新选择。根据独立学院政策的演进过程，独立学院处于“探索发展→规范约束→深化转型”的演化过程中，演化过程针对政策、经济、文化和历史的变化做出战略与路径调整。独立学院诞生及发展的历程就是一个持续的转型发展过程，是在内外部各种因素的作用下，呈现双螺旋上升趋势，由此也逐渐形成了其发展路径的独特演化逻辑。

罗建平（2020）利用理性选择制度主义分析，组织在运行中无不存在着“经济人”行为，这些“经济人”受其自身利益的驱使而影响组织目标的实现，组织的发展进程及政策目标的实现会对众多利益相关者的利益造成影响并受之约束。即导致独立学院转设难的主要因素，不是教育因素，而更多的是利益因素。独立学院转型发展是高等教育体系的重大变革和利益调整，涉及政府部门、公办高校、投资者、师生员工等多方利益相关者的切身利益诉求，形成了多方利益博弈的格局。

一、政府逻辑

从顶层设计来看，保障公平是各项政策制定的第一要义，其次是保障独立学院转设及之后高等教育如何快速有序发展。从教育公平角度来看，作为教育政策制定者的政府逻辑存在着“公平正义”与“超公平正义”视域。公平正义是基于一般秩序基础之上的，体现为以统一标准一视同仁地实施和评估教育权利、义务和投入的平等，以平等方式对待所有受教育者和以兜底方式使条件弱、质量低的教育达到基本均衡，并持续提高所有教育条件、质量和效率水平的过程，以同一尺度评估教育质量、效率提升程度的平等。立法者必须保证社会中每个人基本的生存发展与公平正义等基本需求，但这也不是唯一的规范。政府作为立法者与监督者，只关注绝对意义上的公平正义是不够的。政府逻辑除公平正义之外，还有超公平正义。在独立学院转设过程中，政府同样重视公平问题，既保证高等教育有序发展，又加快推进独立学院转设，“能转尽转、能转快转”，还要兼顾转设工作的超公平正义与防范转设带来的风险。从地方政府角度来看，首先要领会并贯彻落实中央文件与政策精神，确保独立学院转设工作平稳推进，其次要充分考虑转设高校与当地经济、社会和教育资源的统筹整合问题。在地方政府的行政逻辑中，当地经济社会发展的利益驱动往往是居于首位的。相比于独立学院自身发展，地方政府还很重视其对当地产业、人才等所产生的影响。不同的利益视角使得地方政府与独立学院的“姻缘”难以“好聚好散”，如经济发展水平高、财政收入充足、对高等教育资源渴求的地方政府，往往对独立学院的转设工作比较上心，愿意提供相应财政与政策支持；相反，经济发展水平欠缺的地方政府对独立学院转设工作则一般表现出“爱莫能助”。

二、市场逻辑

新修订的《民办教育促进法》明确提出，营利性与非营利性分类管理改革后，举办者不能从非营利性民办高校中获取“合理回报”，所得收益必须全部用于学校事业发展。这一规定，加之 VIE 协议等限制，曾一度引起市场特别是股市教育指数的剧烈动荡。教育部《关于加快推进独立学院转设工作的实施方案》出台后，对于“炒壳”“卖壳”等行为明令禁止，规定独立学院的办学许可禁止通过市场售卖给民营企业，更加引发了市场对独立学院转设的应激反应。从高等教育与市场的关系而言，教育需要市场，市场能够有效帮助高等教育实现合理有效的资源配置、扩充高等教育的资源、吸纳社会对于高等教育的支持，但是教育不可能完全推向市场，公益性是教育最本质的属性。独立学院转设中的合理市场逻辑应在政府、社会和市场的多方博弈中产生，最终形成政府相对完善的政策和法律的理性建构。

三、高等教育的发展逻辑

独立学院转设是高等教育资源重新布局、整合和进行合理配置的一次契机，无论是转设成为公办院校还是民办院校，哪条路径能够促进教育公益属性得到最大程度的体现，能够促进高等教育发展，就是相对可行的转设方式与改革路径。从经济学的角度来看，教育产品并非完全意义上的市场产品，其有别于一般的产品要素，其价值观和教育性是教育产品与其他市场产品的最大区别。教育产品所参与的市场也不是完全市场，不能完全以资本趋利性为导向，价值实现的参与、教育过程的非公开性，都不能让市场机制完全渗透到人才培养的全过程。作为场域和生活世界的教育不能完全由资本主导、被功利主义充斥，更需要的是公益性与育人责任。

第三节 独立学院转设的主要政策法律制度

独立学院的概念最早出自2003年教育部印发的"8号文"中，该文将由普通本科高校按新机制、新模式举办的本科层次的二级学院称为独立学院，并明确一些普通本科高校按公办机制和模式建立的二级学院、分校或其他类似的二级办学机构不属此范畴。转设一词最早出自2006年教育部发布的《关于"十一五"期间普通高等学校设置工作的意见》中，该文提出"独立学院视需要和条件按普通高等学校设置程序可以逐步转设为独立建制的民办普通本科高校"。

2008年教育部颁布"26号令"，该文旨在促进独立学院规范化、提高办学质量，并未提到独立学院转设，但规定了该办法施行之日起5年内，基本符合该办法要求的，由独立学院提出考察验收申请，经省级教育行政部门审核后报国务院教育行政部门组织考察验收，考察验收合格的，核发办学许可证。

2009年，教育部办公厅给各省级教育行政部门下发了《关于编报省级独立学院五年过渡期方案》，文中明确了独立学院可以转设为民办普通本科高校或民办其他层次学校的基本要求。

2011年，教育部在《关于"十二五"期间高等学校设置工作的意见》中明确，对于布局合理、条件具备、办学行为规范并列入省级人民政府"十二五"高等学校设置规划的独立学院，可以按照普通高等学校设置程序，申请转设为独立建制的民办本科学校。并首次对独立学院转设提出"优惠"条件，明确"十二五"期间独立学院转设不受"一年西部、一年中东部、一年民办"的节奏限制，2014年以前每年均可按照高等学校设置工作要求开展独立学院转设的审批工作。此文被广泛认为是教育部极力推进独立学院转设工作的开始。

2017年，《教育部关于"十三五"时期高等学校设置工作的意见》提出

“对布局合理、条件具备、办学行为规范的独立学院，鼓励按照普通高等学校设置程序，申请转设为独立设置的本科学校”。此项内容与《关于“十二五”期间高等学校设置工作的意见》相比，独立学院的转设不单单是可以转设为民办本科学校，还可以有并入举办高校、转为公办高校、撤销等多条路径。

2018 年的《民办教育促进法实施条例（修订草案）（送审稿）》明确提出举办独立学院的公办高校“不得举办或者参与举办营利性民办学校”“不得以品牌输出方式获得收益”，再次促使独立学院要在新的《民办教育促进法实施条例》正式实施前加快转设的步伐。

2018 年 12 月底，教育部办公厅印发《关于做好 2018 年度高等学校设置工作的通知》，明确鼓励支持独立学院转设，首次提出“积极推动独立学院能转尽转、能转快转”，并提出对独立学院的转设“成熟一所，转设一所”。

2020 年 5 月，教育部办公厅印发《关于加快推进独立学院转设工作的实施方案》，要求在 2020 年末各独立学院要全部制订转设工作方案，同时推动一批独立学院实现转设。原则上，中央部门所属高校、部省合建高校举办的独立学院要率先完成转设，其他独立学院要尽早完成转设。同时提出了“转为民办、转为公办、终止办学”的转设路径，并提出五项政策举措。第一，支持将独立学院转设纳入省级高校设置规划，优先受理转设申报，不受数量限制、不设受理时限，成熟一所，受理一所，依法依规加快办理进度。第二，把独立学院转设摆在高校设置工作的首要位置，严格控制更名、新设等其他类型高校设置总量。对推动转设有力的省份，可适当兼顾其他类型高校设置事项，对少数民族、西部地区等特殊情况，可给予统筹考虑。对以“学院”命名的举办高校，在完成独立学院转设前，不受理更名“大学”。第三，对按期完成转设的举办高校和转设后独立设置的学校，在招生计划、项目申报、专业设置等方面给予倾斜支持；鼓励学校所在地政府在生均拨款、财政奖补、贷款贴息、人才引进、购买服务、土地供应、税费减免、金融支持等方面给予政策扶持。第四，将独立学院转设情况作为研究生招生计划下达、新增学位授权点审核及高校建设相关评价的参考因素。第五，将独立学院转设情况纳入省级人民政府履行教育职责评价，压实省级人民政府统筹推进独立学院转设工作的责任。同时，开出了新的《独立学院转设申报材料清单》，具体如下。

1. 基础材料

省级人民政府申报函；省级教育行政部门论证报告（附含专家考察、公示证明）；独立学院举办者关于独立学院转设的请示；独立学院决策机构关于独立学院转设的决议；转设方案，须明确转设后学校的办学定位、发展方向、过渡期办学、师生安置、财产确权、举办者后续投入等问题，由举办高校、独立学院、社会举办者共同确认，如终止办学，则提供终止办学财产清偿方案及剩余资产处置方案，须明确人、财、物处置办法，由独立学院、举办高校、社会举办者共同确认；转设协议，须明确独立学院转设相关各方的权利、义务，由举办高校、转设后的举办者、独立学院共同签订，如转为公办高校，还须再与转设后学校的主管部门达成一致；转设后学校决策机构成员名单、职务及履历；财务清算报告，由具有资质的会计师事务所出具，清算基准日期应为独立学院决策机构做出转设决议之日起 30 日内；独立学院决策机构关于认可财务清算报告的决议；独立学院的民办学校办学许可证复印件；转设后学校章程；校园建设规划图；学校土地使用权证和房屋所有权证，缩印排版并附明细表；专任教师名单，须包括年龄、学历学位、职称、任教学科、现工资关系所在单位、来校工作年份等信息，按职称排序；主要教学科研仪器设备值一览表；涉及国有资产处置的，须由省级人民政府或省级国资管理职能部门出具无国有资产流失证明，或由举办高校出具无国有资产流失的承诺；其他必要的补充材料。

2. 履行举办者变更程序材料

独立学院举办者（或实际控制人）已发生变更但未履行举办者变更程序的，须先履行举办者变更程序再转设。除上述基础材料外，还需提交以下材料：省级教育行政部门关于举办者变更的请示；举办高校关于举办者变更的请示；拟退出举办者的退出申请或说明；拟任举办者申请变更的材料；独立学院决策机构关于举办者变更的决议；举办高校、拟退出举办者、拟任举办者关于举办者变更的协议，明确举办者变更基本情况、各方权利义务的具体内容、对民办学校债权债务的处置责任以及争议解决办法；财务清算报告，由具有资质的会计师事务所出具，清算基准日期应为独立学院决策机构做出举办者变更决议之日起 30 日内；拟任举办者资质证明材料，如拟任举办者为公司（含集团）法人的，还应提交可追溯至实际控制人的股权结构图；举办者变更后的决策机构成员名单、职务及履历（如举办者变更后独立学院决策机构成员变化的）。

第四节　独立学院发展的战略审视

独立学院是 20 世纪 90 年代末在我国兴起的一种新的高等教育办学模式。经过 20 多年的发展，全国共有独立学院 300 余所，成为我国高等教育不可或缺的组成部分。在这种情况下，开展对独立学院的研究显然是必要的。一方面独立学院的整体发展过程中存在太多的不确定性和模糊性，有必要对其进行厘清和梳理，为将来的发展找到一条可行的进路；另一方面，现在独立学院发展进入一个逡巡徘徊的阶段，难以找寻到准确的发展定位，需要一种体制、方向和目标的顶层设计来指引。回顾独立学院发展历程，经历了多个历史阶段，同时在每一个阶段特别是独立学院成型阶段内部又经历了诸多的变迁。独立学院这种教育形式并非中国的独创，在美国、法国、日本，特别是印度的高等教育体系中都能够找到独立学院的影子。

独立学院这种教育形态之所以能够不断发展，有多方面的原因。从外部来看，开放的大环境为中国教育体制改革开阔了视野，正是因为思想观念的解放，国外的教育实践思路才得以被有效地借鉴，独立学院这一新的教育形式成为可能；从内部来看，改革带给中国的空前市场活力、富裕之后的民众对优质教育资源渴求度增强、经济高速增长之后市场融资渠道增加、国家全民素质提升计划的推动等因素，使得独立学院在国内迅猛发展成为可能。然而，通过对独立学院发展和独立学院研究的梳理可以清晰地发现，我国独立学院初期的发展实质上是基层自发性和资本逐利性的混合公共产品，又伴随着社会对优质高等教育资源高度渴求的状态而高速发展起来，缺乏宏观层面的战略规划和战略审视等战略性的理性思考，因此需要利用战略管理的有关理论展开对独立学院发展的思考与审视。

第三章　独立学院转设的必要性与可行性

第一节　独立学院转设已有研究成果综述

20多年来，相关研究从各层面对独立学院发展中的重要理论与现实问题展开了较为全面的探索。在内涵及属性方面，有学者认为，独立学院是公立高校与其他生产要素所有者，为生产相互同意的教育服务而把自身资源组合到一起，并根据约定按投入比例分享实际收益的一种合约的产物。有学者表示，独立学院是从早期的“二级学院”演变而来的，发展中必须坚持国家“优、独、民”的方针，并在发展中逐步走向规范，只有独立学院取得了办学资金自由、获得了学士学位授予权、民办高校立法比较完备、公办大学退出机制成熟时，独立学院才能真正独立办学。还有学者反思独立学院的属性及相关问题，认为独立学院的主体构成不同，应区分其主要行为特征是营利性还是非营利性以区别对待。

在宏观发展战略方面，较多学者认为，独立学院应坚持应用型、服务区域经济社会发展的目标定位。其发展会有一个完善和成熟的过程，促进独立学院的快速发展，应不断完善相关制度机制、强化规范管理、注重提高质量、推进改革创新，促使独立学院真正独立。在现存难题及对策方面，不少学者研究发现，独立学院发展存在着办学有待规范、办学条件有待改善、办学定位有待明确、办学同质化有待突破、经费使用效益有待提高、内部治理尚需加强、教学工作仍需加强、师资水平有待提高、产权归属有待明确、优惠政策有待完善、人才培养模式亟待改革等难题，要不断强化相关制度建设、完善内部治理机制、加强经费使用监管、强化教师队伍建设、深化人才培养模式改革、建立健全学校内部教学质量保障机制等。

在制度建设方面，有学者认为，应从改善独立学院生存发展的制度环境、加强独立学院自身制度建设两方面着手，对不同办学形式的独立学院要采取不同的措施，坚持尊重历史、加强监管、加大支持，促进独立学院的多元、规范、创新发展。有学者提出，要明确独立学院的法律身份、处理好独立学院内部产权关系、规范独立学院办学协议等法定文件、建立相应的资产评估制度，通过构造产权主体、优化产权结构、谨慎分割产权等策略，明确独立学院产权。

在人才培养模式方面，有学者认为，独立学院应大胆推进改革创新，努力探索和实施应用型人才培养模式，围绕高素质应用型创新人才培养目标，坚持宽口径、多方向、复合型的要求，注重基础教学，加强实践环节，实施个性化培养。有学者认为，健全人才培养质量保障体系，要以“高素质、应用型”为目标定位人才培养质量，以就业为导向明确质量目标，以“民、独、优”为指导整合教学资源，以重实践、强能力为内容推进教学工作，以隐性文化为中介进行校园文化建设，以促进个性发展为宗旨建立质量评价体系。

总的来看，相关研究对独立学院的内涵与属性、宏观发展战略、现存难题及对策、制度建设、人才培养模式等关键问题进行了较为系统的探讨，为深入探索奠定了基础。已有研究对独立学院历史沿革及其特点未见分析，对独立学院发展的政策瓶颈及针对性建议较少。学界目前对独立学院转设后的发展研究较少，已有文献主要集中在三个方面的内容，一是“校中校”“政策执行偏差”“产权制度困境”以及“利益相关者博弈”等问题，二是转设后的办学定位、品牌重塑、人才培养模式和招生工作等整体发展战略，三是转设后增强办学特色、优化人才培养目标、加强教师队伍建设、拓展办学经费来源和加强校园文化建设等建议。

第二节　独立学院转设的动因分析

一、客观动因

第一是合法性问题。独立学院的发展模式虽然在事实上取得了国家与社会的认可，但从其诞生之日起，就客观存在着制度缺陷，如何落实独立学院的法人财产权，在独立学院转设之前似乎是一个“难解”的问题。

第二是机制性问题。举办者、母体高校与独立学院之间的合意性、一致性不高，往往在“管理费”交多少、怎么交等问题上存在一定分歧。同时，由于利益相关方较多，在独立学院办学、管理等诸多问题上的艰巨博弈，加之资本市场的过度关注，转设已迫在眉睫。依据教育部《普通本科学校设置暂行规定》要求，落实法人财产、完成资产过户是学院规范发展的基础保障，因高额税费和国有资产流失等因素的影响，近半数独立学院尚未将资产过户到位，尤其是“校中校”模式的独立学院，法人财产权更加难以落实。此外，还有部分独立学院的土地、校舍和设备等产权归属混乱，难以进行资产评估。还有部分独立学院主要依托母体高校办学资源办学，教学所需要的专业实验室、大型教学仪器与母体高校共享，自有实验室、研究室等硬件不达标。这类独立学院在转设过程中，需要投入大量的资源才能满足转设为普通高校的标准。

第三是边际收益的逐渐下降。当前，在独立学院从外延式的扩张到内涵建设和创新发展的过程中，由于“行政思维”和“市场逻辑”的冲突，“独、民、优”的优势逐步弱化。在新机制或者制度安排没有形成之前，办学所需的人财物不足，竞争力下降已经非常明显，目前独立学院发展的质态已经很难满足社会对优质的高等教育资源的需求和其自身发展的需要。

二、主观需要

首先是对独立办学主体资格的渴求。不论是“校中校”还是自有校区与土地的独立学院，在办学之初都存在着法人关系不明的问题。《民办教育促进法》（修订稿）对各类民办学校实行营利性与非营利性分类管理，将大多数独立学院登记为民办非企业法人，这使得独立学院面临着公办和民办政策“两头不靠实”的境遇。通过转设，独立学院能够取得独立、平等的办学主体地位并享有相应的法律权益，能够更好地实行依法依规办学。

其次是独立学院对办学自主权的需求。转设之后，独立学院不需要向母体高校缴纳管理费，在办学经费及其使用方面将更加充裕、灵活，且转设后的独立学院在人事招聘、职称评聘、专业建设、学费收取等方面也将获得更大的自主权，使独立学院真正成为“独立”的高等院校，这些转变都将为转设后的学校带来更大的发展空间。

第三节　独立学院转设利益关系分析

截至 2018 年，教育部《独立学院规范设置与管理办法》实施已有 10 年，但很多后续问题（政策模糊不清、法人属性不明；师资力量不足、利益纠纷不断；自主办学受限、特色建设薄弱）至今未得到解决，当下独立学院面临着分类管理与应用型本科从形式到内涵的双重转型发展的新形势，也面临着彻底与母体学校脱钩的新需要。独立学院经过 10 多年依托母体学校的发展，当下推动独立学院的转型发展需要从顶层制度精心设计着手，强调政策的可执行与合理性，采用渐进式改革的推进方式，破解独立学院发展难题，推进我国独立学院可持续发展（阙海宝、陈志琼，2019）。

阙海宝、陈志琼（2020）认为，独立学院的发展存在着不同的利益群体，不同利益方的相互博弈是独立学院存在的现实问题，从博弈论视角来看，独立学院转设政策的执行是一个典型的利益博弈过程，政策执行过程中不同利益主体之间形成了利益博弈局面，这种博弈在独立学院的产权制度上体现得尤为突出。在转设过程中，以产权为争夺核心的相关利益者之间存在多种博弈关系，这些利益博弈是制约当前独立学院转设政策执行的严重障碍，在独立学院转设政策执行中，以产权为核心影响政策执行的主要因素包括独立学院本身、母体高校和投资方等，他们之间的相关利益博弈是决定独立学院转设政策执行效果的主要因素。独立学院转设政策的实现需要满足以上各个利益相关者的利益诉求，缓解相关利益主体的矛盾冲突，使其在利益博弈的基础上达到一种相对均衡的状态，以保证转设政策有效执行。

独立学院在我国高等教育中占据着重要地位。独立学院转设之后，将失去母体高校关键资源的支持，面临着优质品牌流失、师资力量不足、人才培养模式不明确、专业设置不合理以及内部管理体制不完善等问题，直接影响独立学院未来的可持续发展。因此我们运用资源依赖理论，阐述独立学院对母体高校在品牌资源、师资资源和管理资源等方面存在的依赖，提出加强自身品牌建设并扩大对外宣传、激发内生动力并加强优质教师的引进与培养、改革人才培养模式并设置合理的专业结构、优化内部管理体制并加强管理人才培养等建议，力图使独立学院保持依赖与自治的平衡，实现可持续发展。

资源依赖理论由菲佛和萨兰基克提出，该理论主要包括 4 个假设：一是组织的首要任务是生存；二是没有一个组织是完全自给自足的，需要从环境中获取资源才能生存；三是组织必须与其所依赖的环境元素进行交互，这些元素还包括其他组织；四是组织的生存取决于它控制与其他组织关系的能力。组织具有社会性，不能脱离社会。为了生存和发展，所有组织都必须依赖外部环境，进行能量和资源交换。资源依赖理论主要探讨组织与组织之间的关系，组织间的依赖程度取决于组织的运转和生存对该资源的依赖程度、利益相关者对这一资源的分配和使用的控制力、替代资源的存在性或利益相关者对资源的控制范围。组织的终极目标是生存，为此必须降低获取生存资源的不确定性，减少依赖。当某个利益集团退出某个特定组织时，该组织可能不复存在，但该组织更有可能转变为另一种类型的组织，以满足该组织中仍然存在的利益集团的需求。当一个利益集团从中心组织中退出时，组织对外部环境的依赖会发生变化，对资源的依赖也会发生显著的变化。

现代大学的利益相关者愈加复杂多元化，独立学院转设涉及政府、社会力量、母体高校、在校师生等诸多利益相关者（见表 3–1、图 3–1）。一方面，不同利益相关者基于不同的利益诉求而对独立学院转设意向有所差异，主要包括确定转设、预期转设、潜在转设和退出（见表 3–2）；另一方面，独立学院转设过程中存在着政策自身“脱离实际”和政策执行“多方博弈”的双重困境。为此，需要多管齐下，分类协同推进。第一，厘清利益相关者，优化排序，构建满足各方需求的政策方案；第二，由利益转向需求，由“零和”博弈转向需求“整合”；第三，积极营造转设氛围，出台相关配套政策；第四，加强不同政府部门间合作，协同推进转设工作；第五，结合实际，因地制宜，分阶段、分步骤地分类推进转设工作。

表 3–1　独立学院利益相关者的多维矩阵

维度		利益主体的影响力、重要性	与独立学院的利益相关程度	参与独立学院治理的能力和意愿
程度	高	政府、母体高校、独立学院管理层	母体高校、投资者、独立学院管理层、教师、学生	独立学院管理层、母体高校、投资者、政府
	中	投资者	政府、社区人员	教师、社区人员
	低	教师、学生	学生家长	学生、学生家长

注：根据彭华安、彭满阳《利益相关者理论与独立学院治理结构的建构》(《现代教育管理》2010 年第 2 期）改编。

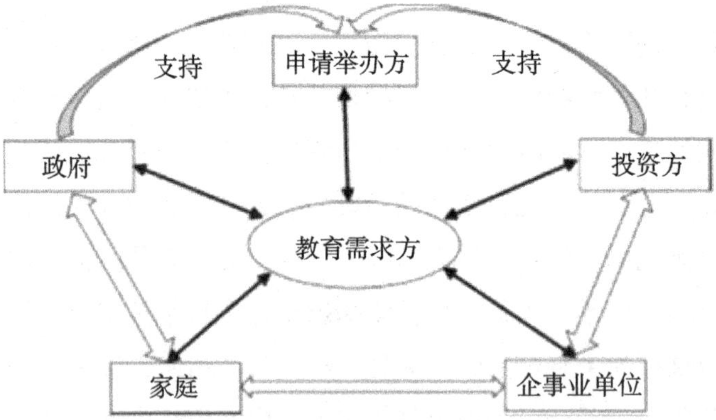

图 3–1　独立学院转设中的利益相关者主体

表 3–2　独立学院转设意向矩阵

转设标准	转设意向	
	愿意	不愿意
达标	“转设普通民办高校”（Ⅰ） 确定型（成功转设）	“与政府合办的”（Ⅱ） 潜在型（观望式旁观）
未达标	“与社会力量合办的”（Ⅲ） 预期型（蓄势待发）	“校中校”（Ⅳ） 退出型（整顿或退出）

彭华安、彭满阳（2010）提出，与企业相比，独立学院是一种典型的利益相关者组织，独立学院的决策必须兼顾各方利益相关者的利益。我国独立学院治理结构还存在一些问题和不足，主要表现为：首先，独立学院的外部利益相关者较少参加学校的决策，“内部人”控制现象比较严重；其次，真正有效的制衡机制普遍缺失，董事长或院长大权独揽，失去制约和监督；再次，独立学院内部运行机制不规范、不健全，法人治理流于形式，内部各主要利益相关者博弈使得独立学院的“独立”处于困境。为维护各方利益相关者的利益，应重视独立学院利益相关者共同治理，加强独立学院外部利益相关者对独立学院的监督，强化独立学院内部利益相关者的权力制衡机制等。

利益相关者理论是与股东至上理论相对的关于企业治理的理论。利益相关者理论主张：所有受企业影响的利益相关者都有参加企业决策的权利，管理者负有服务于所有利益相关者利益的信托责任，企业目标应该是促进所有相关者的利益，而不仅仅是股东的利益。现代企业已发展成为一个开放的系统组织，公司目标不单纯是服务企业家和全体股东，还需要考虑并满足职工、消费者、供应商、经营者等其他利益相关者的利益，即企业目标并不是利润最大化，而是多方利益的相对满意。该理论打破了传统的“股东利益至上”或者“企业是股东利益最大化工具”的单边治理观点，呼吁利益相关者的共同治理。在管理学领域，利益相关者理论更注重价值创造和交易、企业的社会责任和可持续发展等伦理问题以及管理者的思维方式等，在价值创造过程中，每个利益相关者的利害关系都是多层面的，且具有内在联系。通过对各方诉求、利益的综合平衡与互动关系的适当处理，可能实现多方共赢。在本质上，利益相关者理论是关于如何创造更多价值、如何实现有效治理的理论，是一种解释力足、应用性广、可操作性强的中观理论，对现阶段我国独立学院转设中遇到的问题具有现实指导意义。该理论启示人们，应该从个体或者单维视角转向从关系视角、网络视角多维度去认识和理解独立学院转设的相关问题，以更好地把握教育需求方、教育供给方、投资合作方、人才需求方等利益相关者的相关背景或情境、价值取向以及行动或策略选择等，将各方均纳入整体战略计划流程中综合考虑，并在不同复杂情境下力求实现动态平衡。

如表 3–3 所示，尽管各相关利益主体追求旨趣有所不同，但其始终有着共同的利益纽带。中央政府追求的更多是社会效益；地方政府除追求社会效益外，还追求经济效益；母体高校与投资方在很大程度上以追求经济利益为主；独立学院自身也在追求社会效益与经济利益（见表 3–4）。各相关利益主体都有着共同的经济利益诉求，若能找到不同利益主体间的共同需求，使其各自经济利益诉求相对最大化，就能从根本上推动独立学院转设工作。

表 3–3　利益相关者的不同追求旨趣

利益相关者	主要追求旨趣		
中央政府（教育部）	整体社会效益	—	—
地方政府	地区社会效益	经济效益	—
母体高校	—	经济效益	—
投资方	—	经济效益（合理回报）	—
独立学院管理层	社会效益	经济效益	名校效益
家长和学生	—	—	名校效益

表 3-4　独立学院核心利益相关者的主体地位、成本与收益

利益相关者	主体地位	主体成本	主体收益
教育需求方（学生）	人力资本积累	接受教育的个人成本	精神收益和货币收益
投资方（社会力量）	外源性资金提供者	资金投入的成本	利润收益
教育供给者（申请举办方）	教育产品及服务供给者	教育产品的供给成本、管理成本	品牌、声誉等无形收益，利润等物质收益
中央、地方政府	监管者、担保者、引导者、制度供给者	转移支付成本、直接教育投融资成本、风险成本	社会收益、投资者收益
家庭	内源性双重资本供给者	物质成本、精神成本	基于个人的双重收益
企事业单位	人力资本的消费者	员工教育、继续教育成本	员工获得和盈利

注：根据窦尔翔《教育金融制度创新》（清华大学出版社，2012 年版）改编。

第四节　独立学院转设 SWOT 分析

SWOT 分析法是美国管理学家海因茨·韦里克提出的一种战略分析法。SWOT 是取优势（Strength）、劣势（Weakness）、机会（Opportunity）、威胁（Threat）四个词的英文首字母。在企业管理中，可以用 SWOT 分析法将与一个企业密切相关的各种主要内部优势、劣势、外部的机会和威胁等进行综合评估，通过分析让企业整合资源、调整发展策略以实现发展的最优化。

广西大学行健文理学院发展规划部部长、副教授尹江霞（2020）认为，为规范独立学院的发展，国家积极引导其转设为独立建制的民办普通高等学校，转设是独立学院实现可持续发展的大好机遇，但在转设中不免遇到风险与挑战。通过 SWOT 分析法，对独立学院在转设中的优势、劣势、机遇与挑战进行全面分析，分析总结独立学院在转设的背景下如何找准定位，提高核心竞争力，构建充满活力、富有效率的体制机制，能够让独立学院在转设之后持续健康发展。如表 3-5 所示，为独立学院转设的 SWOT 战略。

表 3–5　独立学院转设的 SWOT 战略

内部环境	内部优势（S）	顶层设计理念清晰，人才培养目标明确；专业设置适合市场需求；师资队伍日趋完善；办学体制机制灵活
	内部劣势（W）	办学模式各不相同，投资主体多元化；办学条件不达标；生师比过高、师资队伍结构不合理；专业设置趋同化严重，特色不明显
外部环境	外部机遇（O）	国家政策法规引导独立学院走向转设之路；国家鼓励社会力量投资办学；地方经济发展需要高素质的应用型人才
	外部威胁（T）	产权不清晰，利益分配矛盾多；社会认可度不高，招生就业质量受限；高等教育资源有限，竞争激烈
战略	SO 战略：抓住机遇发挥优势	尽快转设为独立设置的民办高校；优化专业设置，加强产学研合作
	WO 战略：利用机遇克服劣势	遴选实力雄厚、有教育情怀的投资方；督促投资方完善办学条件，提升办学实力
	ST 战略：发挥优势避免风险	国家和政府应完善相应的法律和制度；学校要错位发展、办出特色
	WT 战略：克服劣势避免风险	完善法人治理结构；加强师资队伍建设；走内涵发展之路，提升办学质量

第四章　独立学院转设实施路径

第一节　独立学院转设路径选择概述

2009 年，教育部办公厅下发的《关于编报省级〈独立学院五年过渡期工作方案〉的通知》（教发厅函〔2009〕15 号），提出独立学院转设的四条路径：一是转设民办普通本科高校或民办其他层次学校；二是合并或并入公办普通高校、民办学校；三是继续维持独立学院身份；四是终止办学。并未提及可以转设为独立的公办高校。

关于五年后独立学院的转设路径，2013 年 6 月，时任教育部副部长鲁昕在“独立学院规范发展与创新研讨会”上提出六条路径：一是继续举办独立学院；二是转设为民办普通本科高校或其他层次民办学校；三是并入公办高校；四是合并后继续举办独立学院或转设为民办本科学校或其他层次的民办学校；五是由当地政府支持转为公办高校；六是终止办学。从实际转设情况来看，已转设的独立学院都无一例外地变成了民办高校。

原珂（2018）认为，独立学院的转设工作大致可遵循以下三种推进路径。

路径一：依据国有成分程度的高低分阶段转设。第一步，与当地政府合办的（有浓厚政府背景）独立学院最先转设，以起到标杆、示范作用。为推进顺利转设，地方政府不仅需要做大量工作，或许还要吃点亏，以利于平稳过渡。第二步，与国企合办的（有国资背景）独立学院转设。在中国传统文化影响下，有国资背景的独立学院优先转设效果相对较佳。第三步，由母体学校举办的（有公办色彩）独立学院转设。第四步，与社会力量合办的独立学院转设，包括与私营企业、个人或外资合办的独立学院等。

路径二：综合公私属性和母体高校属性分阶段转设。与路径一相反，即与社会力量合办的独立学院应最先转设，因为其相较于有官方或公办色彩的独立学院更具灵活性、机动性等；然后是转设涉及国有成分的（包括与当地政府、国资企业合办以及由母体高校举办的）独立学院。按母体学校属性不同，又可分为市属、省属、部属院校举办的独立学院，可以尝试市属院校举办的独立学院优先转设（定位于为地方经济社会发展服务），然后是省属院校举办的独立学院转设（定位于为区域性经济社会发展服务），最后是部属院校举办的独立学院转设（定位于立足地方，服务全国，并且这类独立学院中与985、211 工程院校合作的办学质量往往相对较好）。

综合上述两种转设路径，相对优化的路径或许应先转设两类独立学院：一类是部属院校举办的且与当地政府合办的独立学院，这类独立学院有较为浓厚的公办色彩，且办学质量往往相对较高。对其实行首批转设，可以形成较好的“示范效应”。尽管此转设过程中，地方政府或母体高校可能要有所退让或妥协，甚至要多吃点亏，但这样有助于推进顺利转设，平稳过渡，为其他类型独立学院的转设工作提供借鉴。另一类是与社会力量合办的独立学院，主要涉及三类（与民营企业合办的、与个人合办的、与外资合办的），这类院校办学模式机动灵活，且出资人有较强的营利导向与动机，可以尝试对其进行首批转设动员工作。总之，这两类学校的共同特征是独立学院自身条件相对较好、合作出资方相对简单且容易做出妥协与决定，应探索尝试对其进行首批转设试点。

路径三：转设为混合制办学。可以探索尝试转设的“第三条道路”，即混合制办学。用混合所有制民办高校的方式来解决这一问题，即考虑将公办教育作为混合所有制的一方参与到民办教育当中，现在江苏省部分独立学院正有意进行探索尝试。相较于混合所有制企业，举办混合所有制独立学院虽非一种新的制度突破与尝试，但就独立学院本身这一新生事物及其体制机制来说，其创新性在高等教育领域仍然具有重大意义，并为其他层次的民办教育提供了借鉴。

独立学院转设是当前我国高等教育改革的重大任务。公办型独立学院是我国独立学院的重要类型，转设中面临的挑战更多，比如多数公办型独立学院转设条件不达标、转设路径不畅和转设动力不足。推进公办型独立学院转设须创新办学体制和办学模式，允许和鼓励各地采取灵活的政策措施和管理制度。公办型独立学院可探索转设为公有力量举办的非营利性民办高校，“无举办者”的民办高校或混合所有制高校，亦可探索“第三条道路”的办学路径。为加快公办型独立学院转设步伐，可采取如下对策：完善顶层设计，增进转设共识；寻求省市县政府支持，增强制度变迁动力；预防和化解风险，维护师生利益。

王一涛、刘洪（2021）对我国 2017 年 213 所独立学院（占当时总数的 81.3%）调查后发现：这些独立学院中，有 79 所属于公办型独立学院，其合作举办方为公有力量；130 所属于民办型独立学院，其合作举办方为社会力量；还有 4 所属于混合型独立学院（见表 4–1）。公办型独立学院在江苏和浙江两省最多，因此公办型独立学院也被称为“江浙模式”。公办型独立学院包括国有企业参与举办的独立学院（类型Ⅰ－Ⅰ）和母体高校的基金会或校办企业参与举办的独立学院（类型Ⅰ－Ⅱ）。Ⅰ－Ⅰ类独立学院的实际举办方为地方政府（主要是地市级政府），由于《民办教育促进法》等法律法规不允许地方政府作为独立学院的举办方，因此这些地方政府的国资委便新设立或委托已有的国有独资公司作为这些独立学院的举办方。Ⅰ－Ⅱ类独立学院也被称为“校中校”，没有独立校园，与母体高校共用校园和教学设施；也有一些“校中校”型独立学院在地理位置上与母体高校是分离的，但是受母体高校直接管理，党政领导班子由母体高校直接选派。

表 4–1　2017 年 213 所独立学院的类型划分

大类	细分类型	数量（所）	占比（%）
类型Ⅰ 公办型独立学院	类型Ⅰ－Ⅰ：母体高校＋国有企业（地方政府国资委主导）	41	19.25
	类型Ⅰ－Ⅱ：母体高校＋母体高校的基金会或校办企业（校中校）	38	17.84
	小计	79	37.09
类型Ⅱ 民办型独立学院	类型Ⅱ－Ⅰ：母体高校＋民营企业	125	58.68
	类型Ⅱ－Ⅱ：母体高校＋自然人	5	2.35
	小计	130	61.03
类型Ⅲ 混合型独立学院	母体高校＋国有企业（地方政府主导）＋民营企业	4	1.88

截至2020年底，我国共有136所独立学院转设为135所本科高校，其中68所独立学院是在2020年完成转设的，2020年完成转设的68所独立学院中，57所是在《关于加快推进独立学院转设工作的实施方案》印发后完成转设的，说明该实施方案对独立学院转设的推动力度较大。目前我国独立学院总数减至187所。已转设的136所独立学院中，有20所是公办型独立学院，116所是民办型独立学院；136所独立学院转设成了135所高校（其中有2所合并转设为1所），其中20所是公办高校，115所是民办高校。独立学院转设的基本规律是公办型独立学院转设为公办高校，民办型独立学院转设为民办高校，例外情况属个案（例如公办型广西科技大学鹿山学院转设为民办柳州工学院，民办型新疆财经大学商务学院转设为公办新疆科技学院）。公办型独立学院的实际合作举办方为地方政府或母体高校，理应具有更高的政策响应性，应在转设中发挥榜样示范作用。我国公办型独立学院的转设进度要远远慢于民办型，目前全国只有20所公办型独立学院完成转设。以江苏省为例，该省目前有22所独立学院未完成转设，其中20所均为公办型独立学院。侯琮、王一涛（2021）分析教育部公布的独立学院转设统计信息发现，截至2021年6月，全国仍然有109所公办型独立学院，已转设公办型独立学院仅39所，占全国原有公办型独立学院总数（含已转设）的26.35%。未转设的独立学院大多属于公办型独立学院，公办型独立学院转设存在特殊困难，是独立学院转设工作中“最难啃的硬骨头”，出现较大风险事件、引发社会舆情的基本上也是公办型独立学院，应格外引起各方关注。

第二节　独立学院“转公办”

我国独立学院的发展一直处于“非公非私”的尴尬“中间态”。虽获得了教育部有条件的支持，但是也面临着不少争议。而教育部提出的规范独立学院发展的转设路径，有如“霍布森选择”（1631年，英国剑桥商人霍布森贩马时，把马匹放出来供顾客挑选，但附加了一个条件，即只许挑最靠近门边的那匹马。加上这个条件以后，实际上就等于不让挑选。管理学家西蒙把这种没有选择余地的所谓“选择”讥讽为“霍布森选择”），虽然道路很多，但是出口很窄，因此迫切需要新的实践和突破。浙江大学宁波理工学院、浙江大学城市学院虽在独立学院序列中，但在浙江大学和地方政府的支持下，办学取得了显著的成绩，获得了广泛的认可，并走上了一条转设为公办普通本科高校的道路（2018 年 4 月 8 日，浙江省委常委会议专题研究浙江大学建设发展问题，浙江大学提出，希望将城市学院、宁波理工学院转设为公办普通高校，作为学校优化办学体系、支持杭州市和宁波市高等教育发展的重要举措；省委常委会议讨论同意了浙江大学的建议，支持这两所学校转设为公办普通本科高校），这对我国独立学院的转设工作具有重要的启示意义（陈洁云，2019）。

坚持教育的公益性高于市场化的价值追求、践行“规范办学义务”大于“资本收益权力”的责任担当、遵循上位法大于下位法的法律效力逻辑，都是浙江省独立学院“转公办”的理论逻辑支撑。浙江省独立学院诞生、发展、变通以及迁址县域办学的历程，都是对其公办属性的“实践证成”。基于县域办学的实际，浙江省独立学院转设为服务于地方经济社会发展的公办应用型高校，是高等教育从大众化迈向普及化的必然选择。浙江省独立学院“转公办”的理论逻辑如下。

一、坚持教育的公益性高于市场化的价值追求

在中国人的价值观中，高等教育的公益性一直是占主导地位的。不仅《中华人民共和国高等教育法》（简称《高等教育法》）、《民办教育促进法》都明确规定教育的公益性，而且教育部“26 号令”第三条也明确规定“独立学院属于公益性事业”，明确了独立学院的法律属性。教育部对独立学院政策的理想预设是，中国优秀的民营资本，就像“贵族、绅士和精英等少数‘自由人’由于‘经济安逸’，以‘悠闲的好奇’精神将追求知识作为终极目的”而举办独立学院。但是实践与之相去甚远，举办独立学院被当成是获取收益的一种投资形式，把企业经营管理的做法直接嫁接到学院的组织管理上，实质

就是母体高校和民营资本双方利益和权力分配表现形式的制度化，明显带有“为拉动内需，教育产业化的”印记，这决定了教育的公益性和市场化很难平衡和统一。原教育部部长周济对此有所认识和预判：“中国的民办教育靠投资利润回报发展面临着很多难题和矛盾，它不同于美国的民办教育、私立学校靠捐赠与低税吸引投入，具有公众收益投资教育的性质。”因此，教育的公益性和价值追求决定了独立学院不能完全由市场化运作，政府必须有所作为。浙江省独立学院的起点定位是公办民助、国有民办，在发展过程中仍然坚持初心未变，确保了独立学院公益性的优先地位。

二、践行“规范办学义务”大于“资本收益权力”的责任担当

保持独立学院教育发展的稳定性是规范办学的首要义务，遵循教育规律保证独立学院人才培养质量，是规范办学的重要使命，其最大的威胁和风险来自合作方资本的逐利性。《民办教育促进法》规定，“出资人可以从办学结余中取得合理回报”，按民办机制运行的许多独立学院实行了股份制，提出了公司经营的观念，这意味着投资方具有收益的权利，但这种权利往往会转化为资本对独立学院管控的权力，而这种权力主导着独立学院遵循企业组织逻辑，追求资本收益最大化。一旦目的无法实现，社会资本往往以身试法，铤而走险，现实中曾发生非法挪用办学资金、抽逃资金、私下交易转让独立学院、撤资、违规招生等现象，极大威胁了独立学院的健康发展，甚至影响到社会稳定。虽然教育部“26 号令”第三章专门规范了独立学院的组织机构和运行机制，通过过程控制来限制投资方的权力以确保母体高校的地位，进而实现规范办学、保证人才培养质量的目的，但这无法改变社会资本追求经济效益最大化的市场规律。约定学院净收益分配比例时，往往是社会资本力量占据主导地位。不同的规律和价值追求在独立学院内部同时发生作用，必然给独立学院健康发展带来极大的困惑。因此，浙江省独立学院对引进社会资本参与办学一直心存忌惮。正是这种意识和责任担当，使浙江省独立学院可以无干扰地自主管理，遵循教育规律，提高教育质量，注重社会效益。

三、遵循上位法大于下位法的法律效力逻辑

1995 年全国人大表决通过的《中华人民共和国教育法》(简称《教育法》)规定,“任何组织和个人不得以营利为目的举办学校及其他教育机构”;1997 年国务院颁布《社会力量办学条例》规定,“社会力量举办教育机构,不得以营利为目的”,还规定了“教育机构的积累只能用于增加教育投入和改善办学条件,不得用于分配,不得用于校外投资”;1998 年全国人大常委会表决通过的《高等教育法》规定,“设立高等学校,应当符合国家高等教育发展规划,符合国家利益和社会公共利益,不得以营利为目的”。但是,2002 年全国人大常委会表决通过的《民办教育促进法》又规定,“民办学校出资人可以从办学结余中取得合理回报”。从法律位阶来看,《教育法》是教育工作的根本大法,效力仅次于宪法,是《民办教育促进法》的上位法。作为下位法的《民办教育促进法》不能与上位法《教育法》相抵触。虽然《民办教育促进法》用“合理回报”这个模糊的字眼取代“营利”概念的明确指称,但实质上违反了《教育法》的立法精神。教育部“8 号文件”严格意义上算不上法律,它只是一个规范性文件,位阶更低,其效力层次也相应较低。教育部的“26 号令”属于行政规章制度,位阶和效力比“8 号文件”要高,但与全国人大及其常委会通过的法律相比要低。2015 年全国人大常委会修订的《教育法》规定,“以财政性经费、捐赠资产举办或者参与举办的学校及其他教育机构不得设立为营利性组织”。通过“法无明文规定”的方式为 2002 年《民办教育促进法》所规定的取得“合理回报”提供了合法依据。但是,浙江省独立学院绝大部分都是财政性经费举办或参与举办,这决定了浙江省独立学院转为民办是不合法的。2018 年全国人大常委会修订的《民办教育促进法》规定,“营利性民办学校的举办者可以取得办学收益,学校的办学结余依照公司法等有关法律、行政法规的规定处理”。修订后,明确民办学校可以按公司法进行营利,在逻辑上,这已超出《教育法》的讨论范畴,背离了教育的初衷。面对法律法规政策文件之间的冲突与矛盾,浙江省遵循了上位法大于下位法的法律效力逻辑,坚持独立学院的公办模式,坚守了独立学院办学不以营利为目的的初心。

但是，国有民办独立学院作为我国独立学院的重要类型，面临较大的转设困境，包括多数国有民办独立学院转设条件不达标、转设动力不足、转设为公办高校面临地方财政压力以及转设为民办高校或者合并转设均面临较大挑战等。借独立学院转设之机，探索独立学院转设为“县级市承办高校”，有助于为国有民办独立学院提供更多的转设选择。从可行性来看，“县级市承办高校”有利于缓解省市两级政府的财政压力，且县域经济升级转型和县域社会文化发展均呼唤“县级市承办高校”。探索国有民办独立学院转设为“县级市承办高校”，须发挥各级政府的能动作用，在办学机制、举办机制、经费保障机制和人事任命机制等方面积极探索，进行必要的改革创新（刘洪等，2021）。

独立学院是我国高等教育改革和发展进程中特有的组织形式。为贯彻落实《民办教育促进法》新法，独立学院需要加快转设，但是困难很大。其中有一种由公办本科院校或其控股企业直接出资举办的“内生型”独立学院，资产结构有较多公有成分。而浙江“内生型”独立学院近几年来得到地方政府支持，县市财政提供土地和建设校园，资产应该属于公有。浙江树人大学民办高等教育研究院院长、教授徐绪卿（2020）论述了如何破解“内生型”独立学院转设难题、将“内生型”独立学院转设为地方公有民办普通高校的必要性和可行性，并就转设工作提出相关建议——加快顶层设计，推动独立学院多样化转设；抓住迁址机遇，积极推进转设工作；理顺政校关系，建构学院治理体系；加快制订规划，布局学科专业特色；发挥体制优势，广泛集聚资源；增强办学实力，力促可持续发展。

第三节　独立学院混合所有制办学模式

独立学院是我国高等教育办学体制改革创新的产物，由国有资本、集体资本、民营资本、个体资本、外资等不同所有制的两个及以上投资主体共同合作举办，具有混合所有制的典型特征。阙明坤（2017）提出完善独立学院混合所有制办学模式（引进民营企业或外资企业以充实办学主体；引进国有企业或与地方政府合作以提升办学实力；实行 PPP 模式共建基础设施；高校委托管理独立学院或者实行员工持股），对于破解独立学院发展中面临的理论和实践难题（产权关系有待明晰、决策运行存在矛盾冲突、举办者变更现象频繁），以及推进治理体系和治理能力现代化具有积极意义。

侯琮、王一涛（2021）提出创新独立学院转设的路径：可转设为新型公办高校（转设为举办高校直属直管的异地分校或者转设为按市场机制收费的公办高校）；公办型独立学院可转设为公有力量举办的非营利性民办高校（可转设为地方政府举办的民办高校，或者转设为由地方政府举办的国有企业、教育投资公司、教育基金会等作为举办方的民办高校或者转设为其他非营利组织举办的非营利性民办高校）；完善“无举办者办学”路径（国有企业、母体高校基金会或校办企业、非营利组织等均可扮演发起人的角色，待转设完成之后不再扮演举办者角色，学院进入“无举办者办学”的状态）；建设“联合式”或者“混合型”高校（“公办高校＋国有力量”的“联合模式”或者“公办高校＋国有力量＋民营资本”的“混合模式”）。

依据举办高校与不同投资主体的合作方式，这部分独立学院的办学模式可归纳为五类：一是“公办高校＋民营资本”，这是独立学院混合所有制模式的典型代表，也是教育主管部门大力支持并积极助推的模式，即由公办高校提供师资、组织教学、负责管理等，民营企业提供资金、基础设施和后勤服务等。目前，这类学校占全国独立学院总数的一半以上。二是“公办高校＋国有资本＋民营资本”，即由公办高校与国有企业、民营企业合作举办，属于典型的混合所有制形式。三是“公办高校＋地方政府＋国有企业”，即由名校、名城、名企合作创办。四是“公办高校＋异地政府”，采取这类办学模式的学校主要集中于高教资源匮乏的地区，地方政府为引进优质教育资源、增强经济社会发展动力，与公办高校合作举办独立学院，政府负责基础设施建设，公办高校负责组织教育教学。五是“公办高校＋外资”，即由公办高校与境外资本（大多是华侨、外籍华人、港澳台同胞创办的外企或合资企业）合作举办独立学院，采用该模式的独立学院虽然数量不多，但其成功利用了境外资本，对于丰富教育资源具有积极意义。

上述五种办学模式具有以下几个共同特点：第一，投资主体的所有制性质不同。独立学院由国有资本、集体资本、民营资本、个体资本、外资等投资主体合作举办，特别是许多独立学院由国有资本和民营资本联合创办，这不同于单纯的公办高校或者民办高校。第二，办学投入和经费来源渠道多样化。母体高校以学校名称、知识产权、管理资源、教学资源等参与办学，社会投资方主要利用资金、实物、土地使用权等参与办学，各自发挥比较优势。第三，治理主体多元化。独立学院的最高决策机构为董事会，其组成人员中既有举办高校的代表，又有社会投资方的代表，不同利益主体相互监督和制约，有别于传统高校的一元化治理方式。独立学院作为一种新的制度设计，其本质特征是产权结构的混合化。独立学院的实质就是由不同产权主体多元投资、互相渗透而形成的新的产权配置结构，具有混合所有制经济的典型特征。

其中，独立学院转设为基金会大学也属于混合所有制办学模式，它既有理论依据和制度遵循，也有现实需要和实践依据。独立学院规范设置经历了规范办学初期、转型过渡期、持续推进期、全面转设期等阶段。当前，独立学院转设面临资产混合度高、产权处置困难，追加经费较多、承接方压力较大，政策预期模糊、转设制度不健全等难点。独立学院转设为基金会大学具有产权清晰、资源整合，政府支持、多方助力，制度清晰、机制明确等优势。加强利益主体协商沟通，统筹多部门职能，凝聚转设合力，有助于独立学院转设为基金会大学，关键环节是明确转设方向和路线、进行清产核资、成立教育基金会、完成资产过户、明确法人治理结构等（郑淑超，2021）。

第四节　独立学院与高职院校合并转设

一、合并转设的缘由

随着产业结构的深入调整及经济增长方式的加速转变，国内产业人才结构和类型发生了重大变化，高端产业和产业高端对高素质技术技能人才的需求急剧上升。因此，我们基于教育部《关于加快推进独立学院转设工作的实施方案》提出的独立学院与公办高职院校合并转设本科层次职业大学的安排，分析两者合并转设的缘由，提出两者合并转设的原则，阐述“转”和“设”的内涵，研究“设”的步骤，并对转设成立的本科层次职业大学如何运行、如何教改、如何评价提出建议。主要包括：做好顶层设计与中长期规划；内外部体制机制改革；人才培养模式、课程体系与教学资源建设、教学方式方法、“双师型”教师队伍建设、学分制与“1 + X”证书制度、学生学习评价等教育教学改革；运用数字孪生技术重构校园活动。

《关于加快推进独立学院转设工作的实施方案》明确提出了鼓励“统筹省内高职高专教育资源合并转设”的意见，公办高职院校看到了“借壳上市”的升本希望，也给久推不动的独立学院转设打了一针“强心剂”。独立学院看中公办高职院校的公办身份（有教师编制、财政拨款等），公办高职院校看中合并转设升本的机遇。究其原因，与国家政策严禁公办高等职业院校直接升本有直接关系。一方面是公办高职院校被压抑了近 20 年且仍然看不到升本希望，另一方面是大多数独立学院转为民办本科高校的意愿不强，双方因此一拍即合（何世松、贾颖莲，2021）。

一是国家相关政策导向。合并转设是 2020 年《关于加快推进独立学院转设工作的实施方案》提出的独立学院四个转设路径之一，而且是被鼓励的转设路径。2008 年教育部要求独立学院转设未获成功，主要原因一是独立学院人、财、物等办学条件不够因而不敢转设，二是独立学院有母体高校的光环效应，使得其招生就业均不用犯愁。现在独立学院转设步伐加快，是因为多了“转为公办”和“合并转设”这两条此前未曾有过的路径。再加上《国家职业教育改革实施方案》等政策的鼓励和引导，使得合并转设举办本科层次职业教育成了当下解决独立学院转设和公办高职院校升格的共同选择，是加快消化独立学院的关键一招。

二是产业人才需求。产业人才需求是所有高等学校办学的主要依据之一。随着产业结构调整步伐加快，用人岗位随之发生了急剧变化。近年来各种渠道反馈的岗位要求反映出市场对高层次技术技能人才的需求越来越多，反过来迫使高等学校不得不考虑培养这些急缺的人才。但长期以来的惯性和理念使得普通高等学校包括独立学院都不愿转型培养技术技能人才，高等职业院校又不被允许培养本科层次技术技能人才。独立学院与公办高职院校合并转设为本科层次职业大学，无疑成了满足产业人才需求的重要途径。

三是构建现代职业教育体系的需要。产业界不同岗位需要不同的人才支撑其发展，不同性格、特长的学生需要接受不同类型的教育才能更好地成才，这已成为教育界和产业界的共识，也得到了不同程度的落实。虽然早在 1985 年颁布的《关于教育体制改革的决定》中就提出要“逐步建立起一个从初级到高级、行业配套、结构合理又能与普通教育相互沟通的职业技术教育体系”，此后国务院、教育部又多次在文件中明确要构建现代职业教育体系，但至今职业教育体系仍未能实现纵向贯通、横向融通。通过独立学院与公办高职院校合并转设成本科层次职业大学，举办本科职业教育，无疑是构建和完善现代职业教育体系最快的一种方式。

四是学生及家长的学历提升诉求。由于各种原因，作为一种教育类型的职业教育因独缺本科层次，长期无法真正构建起完整的现代职业教育体系。这使得初中毕业后分流到中等职业学校的学生和家长对今后能否继续提升学历茫然无措，高考后入读专科层次高职院校的学生只有极少数可以通过“专升本”取得本科学历，再加上受“劳力者治于人”、学历情结等传统观念以及招考录取最后批次、职业教育毕业生待遇较低等负面影响，考生及家长内心还不能完全接受职业教育。从这个角度来看，补全本科层次职业教育，让中职毕业生、专科层次高职毕业生可以直接报考本科职业教育或应用型本科教育学校，无疑是考生和家长强烈的期待。

五是学校领导和教师的升格愿望。独立学院属于本科层次，其校领导和教师不存在升格一说，但是独立学院同时又属于民办高校，教师几乎没有编制，所以他们希望独立学院能转设为公办院校。同时，公办高等职业院校因国家政策原因长期只能实施专科层次高等教育，故其校领导和教师有着迫切的升格欲望。两方的愿望都可以通过合并转设去实现，这也是双方能快速达成协议的主要原因。

二、独立学院与高职高专合并转设 SWOT 分析

在国家积极推进独立学院转设的政策背景下，试行独立学院与高职高专合并转设为本科层次职业教育的办学模式是一项重要的教育战略规划。为了顺应教育资源整合的趋势，林洁（2021）采用 SWOT 分析法，从内部、外部分析独立学院与高职高专合并转设的优势、机会，以及面临的劣势与威胁（见表 4–2），探索出一条具有中国特色的合并转设发展路径（战略定位与地方先行先试相结合；区域经济发展与专业建设相结合；办学规模与教学质量协同增长；人事与科研体制改革相结合），突出职业教育类型特色，改革教育评价体系，畅通高技能人才培养通道，从而更好地服务地方。

表 4–2　独立学院与高职高专合并转设 SWOT 分析

优势分析（S）	促进应用型本科人才培养；整合教育资源；实现独立学院顺利转设与高职高专升格“双赢”
劣势分析（W）	师资队伍整合；学科专业整合；人才培养体系的重构整合
机会分析（O）	国家推广职业教育类型教育；地方产业转型升级导致的高素质技术技能人才缺口亟须填补；面临教育评价改革的浪潮
威胁分析（T）	学校定位和发展模式缺乏政策指导；地方性政策暂未形成合力；学校发展环境处于弱势

第五节　独立学院转设为营利性民办高校

选择营利性还是非营利性是摆在民办高校面前的一道必选题。为更好地推进分类管理路径选择，需要进一步完善分类管理政策，弱化民办高校性质之争，加快独立学院转设并营造民办高校发展的良好社会环境。

一、民办高校分类管理路径选择的影响因素

2016 年 11 月 7 日，第二次修订后的《民办教育促进法》正式公布，并于 2017 年 9 月 1 日起施行，这次修法最为核心的问题是对民办学校实施分类管理改革，将民办学校分为非营利性与营利性学校，进行分类登记、分类管理和差别化扶持，这意味着，对于 480 余所独立设置的民办高校与 260 余所独立学院来说，民办高校是否营利的属性不能再模棱两可，选择营利性还是非营利性是摆在 740 余所民办高校面前的一道必选题。

通过研究发现，同等法律地位与差别化扶持政策、举办者的办学情怀与主观因素、民办高校办学的实际情况、民办高校的竞争力等是最为重要的影响因素。

一是同等法律地位与差别化扶持政策。影响民办高校举办者路径选择犹豫不定的因素有很多，其中最为关键的两个点分别是“同等法律地位”与“差别化扶持”政策。从政策基调的角度分析，国家对民办教育持明确鼓励态度，更倾向于支持民办学校选择非营利性。然而对高校举办者而言，会有更多元的考虑。在某种意义上，民办高校营利抑或非营利的路径选择很大程度上取决于政策支持力度的强弱。当下，财政政策、土地政策、税收政策等都提出了原则性要求，但规定过于宽泛模糊，需要地方政府制定的具体政策尚不清晰，这些方面的差异化程度将会影响到民办高校最终的路径选择。

二是举办者的办学情怀与主观因素。我国民办高校在法律法规变迁过程中经历了三个阶段，即不以营利为目的、不能分配办学积累的阶段，不以营利为目的但可以取得合理回报的阶段，以及当下可以选择营利性民办高校的阶段。举办者办学的心路历程也随之不断变化。一位高校举办者谈到，“要尊重举办者的教育情怀。可能举办者最初都是没有什么教育情怀，但办学多年之后的确产生了教育情怀，当下很多高校的举办者赚钱并不是留给自己，而是真心希望学校越办越好”。然而，有的人并不认同选择非营利性高校的举办者就是具有办学情怀的，而选择营利性高校的举办者就不具有办学情怀，二者并不是对立的。“举办者基于纯粹民办学校的情感和情怀深厚，选择公益性办学笃定，但是对于选择非营利性仍然有较深的忧虑。举办者视学校如自己

孩子一般精心呵护，如果选择非营利性以后，举办者可能动力会下降，公办化趋势更加明显，从而失去了民办高校的灵活性”。

三是民办高校办学的实际情况。我国民办高校正处于转型发展的关键期，还没有实现从弱到强的转型，高水平的民办高校还相对缺乏。必须用理性的思维和科学的方法分析学校的实际情况。一方面，学校的土地问题是分类管理选择最为关键的一环，如果学校用地是学校自有土地，那么对学校选择营利性还是非营利性影响较小。但如果学校用地是采取划拨的方式获得的，那么可能需要补缴土地出让金，这将是一笔巨额支出。另一方面，选择营利性民办高校的举办者，往往是出于将学校在家族内传承的原因做出的决定，可以预见现在和未来几年面临“高校二代”接班的民办高校会占越来越大的比例。所以说民办高校在做出营利性与非营利性选择时，要考虑到学校面临的实际情况以及未来发展的策略。

四是民办高校的竞争力。民办高校最主要的经费来源是学生的学费，只有具备足够的竞争力，才能保持稳定的生源。有研究者表示：“举办者选择营利性民办学校以后，需要缴纳增值税、企业所得税等多项税费，相对于目前的无税状态，初步估计将大幅提升办学成本 30% 以上。如果没有特别的税收优惠政策，将会大大削弱营利性民办学校的市场竞争力”。分类管理后，民办高校的发展条件和竞争环境都在改变，原有的粗放的作坊式发展已经不再有发展的空间，尤其是选择营利性的民办高校的举办者，要考虑将学校置身于市场中，是否具有充足的竞争力在新的起点促进学校的新发展，是否具有充足的竞争力应对市场风险，都是很大的问题。

二、基于战略管理的营利性民办高校可持续发展分析

自从国家对民办学校提出分类管理改革后，营利性民办高校获得了法律上的认可，教育部关于独立学院转设的要求，更是加速了分类管理的进程，部分民办高校已经选择为营利性。刘小刚（2021）基于战略管理的思想，分析了营利性民办高校的发展目标，提出了营利性民办高校的可持续发展理念，参照战略管理分析方法，从外部环境、内部资源及办学能力等方面对营利性

民办高校的可持续发展提出建议（见表 4–3）。主要包括：加强沟通，争取政府扶持；充分认识行业环境和竞争环境，实施差异化战略；将自身优势与环境充分融合，形成竞争优势；有效利用现有实物资源，开拓融资渠道；健全管理体制，提高管理能力；提升品牌形象，优化师资结构，稳定师资队伍；提高人才培养和科研服务能力。

表 4–3　基于战略管理的营利性民办高校可持续发展分析

外部环境	宏观环境	由国家政策、经济发展水平、社会和文化、科技水平等组成
	行业环境	包括一系列能够影响营利性民办高校及其竞争行为的因素
	竞争环境	实际上就是研究每个主要竞争对手的未来目标、当前战略、对当前行业的看法和所具有的竞争能力
内部资源	有形资源	主要包括财务资源、组织资源、技术资源及实物资源
	无形资源	主要指民办高校在运营过程中形成的、没有实物形态的资源，包括人力资源、创新资源和声誉资源等
办学能力	人才培养及科研能力	受到学校各项软、硬件条件的约束
	招生就业能力	包括招生能力和就业能力
	组织管理能力	营利性民办高校对学校各项事务的组织和管理能力
	经费筹措能力	影响民办高校的财务资源

第二部分

CJ 学院转设实践与实务

第五章　转设筹备阶段

第一节　研读吃透文件精神

一、《普通本科学校设置暂行规定》

为做好高等学校设置工作，保证普通本科学校设置的质量，现就普通本科学校（独立设置的学院和大学）的设置制定本暂行规定。

（一）设置标准

1. 办学规模

普通本科学校主要实施本科及本科以上教育。

称为学院的，全日制在校生规模应在 5000 人以上。

称为大学的，全日制在校生规模应在 8000 人以上，在校研究生数不低于全日制在校生总数的 5%。

艺术、体育及其他特殊科类或有特殊需要的学院，经教育部批准，办学规模可以不受此限。

2. 学科与专业

（1）在人文学科（哲学、文学、历史学）、社会学科（经济学、法学、教育学）、理学、工学、农学、医学、管理学等学科门类中，称为学院的应拥有 1 个以上学科门类作为主要学科，称为大学的应拥有 3 个以上学科门类作为主要学科。

（2）称为学院的其主要学科门类中应能覆盖该学科门类 3 个以上的专业；

称为大学的其每个主要学科门类中的普通本科专业应能覆盖该学科门类 3 个以上的一级学科，每个主要学科门类的全日制本科以上在校生均不低于学校全日制本科以上在校生总数的 15%，且至少有 2 个硕士学位授予点，学校的普通本科专业总数至少在 20 个以上。

3. 师资队伍

（1）普通本科学校应具有较强的教学、科研力量，专任教师总数一般应使生师比不高于 18∶1；兼任教师人数应当不超过本校专任教师总数的 1/4。

（2）称为学院的在建校初期专任教师总数不少于 280 人。专任教师中具有研究生学历的教师数占专任教师总数的比例应不低于 30%，具有副高级专业技术职务以上的专任教师人数一般应不低于专任教师总数的 30%，其中具有正教授职务的专任教师应不少于 10 人。各门公共必修课程和专业基础必修课程，至少应当分别配备具有副高级专业技术职务以上的专任教师 2 人；各门专业必修课程，至少应当分别配备具有副高级专业技术职务以上的专任教师 1 人；每个专业至少配备具有正高级专业技术职务的专任教师 1 人。

（3）称为大学的专任教师中具有研究生学位的人员比例一般应达到 50% 以上，其中具有博士学位的专任教师占专任教师总数的比例一般应达到 20% 以上；具有高级专业技术职务的专任教师数一般应不低于 400 人，其中具有正教授职务的专任教师一般应不低于 100 人。

4. 教学与科研水平

（1）普通本科学校应具有较强的教学力量和较高的教学水平，在教育部组织的教学水平评估中，评估结论应达到“良好”以上（对申办学院的学校是指高职高专学校教学工作水平评估；对学院更名为大学的学校是指普通高等学校本科教学工作水平评估）。称为大学的学校应在近两届教学成果评选中至少有 2 个以上项目获得过国家级一、二等奖或省级一等奖。

（2）普通本科学校应具有较高的科学研究水平。称为大学的学校还应达到以下标准：①近 5 年年均科研经费，以人文、社会学科为主的学校至少应达到 500 万元，其他类高校至少应达到 3000 万元；②近 5 年来科研成果获得省部级以上（含省部级）奖励 20 项，其中至少应有 2 个国家级奖励；③至少设有省部级以上（含省部级）重点实验室 2 个和重点学科 2 个；④一般至少应具有 10 个硕士点，并且有 5 届以上硕士毕业生。

5. 基础设施

（1）土地。普通本科学校生均占地面积应达到 60 平方米以上。学院建校初期的校园占地面积应达到 500 亩以上。

（2）建筑面积。普通本科学校的生均校舍建筑面积应达到 30 平方米以上。称为学院的学校，建校初期其总建筑面积应不低于 15 万平方米；普通本科学校的生均教学科研行政用房面积，理、工、农、医类应不低于 20 平方米，人文、社科、管理类应不低于 15 平方米，体育、艺术类应不低于 30 平方米。

（3）仪器设备。普通本科学校生均教学科研仪器设备值，理、工、农、医类和师范院校应不低于 5000 元，人文、社会科学类院校应不低于 3000 元，体育、艺术类院校应不低于 4000 元。

（4）图书。普通本科学校生均适用图书，理、工、农、医类应不低于 80 册，人文、社会科学类和师范院校应不低于 100 册，体育、艺术类应不低于 80 册。各校都应建有现代电子图书系统和计算机网络服务体系。

（5）实习、实训场所。普通本科学校必须拥有相应的教学实践、实习基地。以理学、工学、农林等科类专业教育为主的学校应当有必需的教学实习工厂和农（林）场和固定的生产实习基地；以师范类专业教育为主的学校应当有附属的实验学校或固定的实习学校；以医学专业教育为主的学校至少应当有一所直属附属医院和适用需要的教学医院。

6. 办学经费

普通本科学校所需基本建设投资和教育事业费，须有稳定、可靠的来源和切实的保证。

7. 领导班子

必须具备《教育法》《高等教育法》《民办教育促进法》等有关法律规定的关于高等学校领导任职条件要求，具有较高政治素质和管理能力、品德高尚、熟悉高等教育、有高等教育副高级以上专业技术职务的专职领导班子。

位于少数民族地区和边远地区的普通本科学校，在设置时，其办学规模和有关条件在要求上可以适当放宽。

设置民办普通本科学校，应参照上述标准执行。

（二）学校名称

（1）本科层次的普通高等学校称为“× × 大学”或“× × 学院”。

（2）设置普通学校，应当根据学校的人才培养目标、办学层次、类型、学科门类、教学和科研水平、规模、领导体制、所在地等，确定名实相符的学校名称。

（3）校名不冠以“中国”“中华”“国家”等字样，不以个人姓名命名，不使用省、自治区、直辖市和学校所在城市以外的地域名。

（4）普通高等学校实行一校一名制。

（三）设置申请

（1）教育部每年第 4 季度办理设置普通本科学校的审批手续。设置普通本科学校的主管部门，应当在每年第 3 季度提出申请，逾期则延至下次审批时间办理。

（2）设置普通本科学校的审批，一般分为审批筹建和审批正式建校招生两个阶段。完全具备建校招生条件的，也可直接申请建校招生。

（3）设置普通本科学校，应当由学校的主管部门委托其教育行政部门邀请规划、人才、劳动人事、财政、基本建设等有关部门和专家共同进行考察、论证，并提出论证报告。论证报告应包括下列内容：①拟建学校的名称、校址、类型、办学定位、学科和专业设置、规模、领导体制、办学特色、服务面向；②人才需求预测、办学效益、本地区高等教育的布局结构；③拟建学校的发展规划，特别是师资队伍建设规划、学科建设规划和校园基本建设规划；④拟建学校的经费来源和财政保障。

（4）凡经过论证，确需设置普通本科学校的，按学校隶属关系，由省、自治区、直辖市人民政府或国务院有关部门向教育部提出申请，并附交论证报告及拟设学校的章程。国务院有关部门申请设立普通本科学校的，还应当附交学校所在地的省、自治区、直辖市人民政府的意见书。

（5）普通本科学校的筹建期限，从批准之日起，应当不少于 1 年，最长不超过 5 年。拟要求“去筹”、正式设立的普通本科学校，须在其正式批准的筹建期满后，由其主管部门向教育部提出正式设立的申请。

（6）凡提出设置普通本科学校的申请，在经由教育部形式审查通过后，由教育部委托全国高校设置评议委员会进行考察、评议；通过考察、评议的学校，由教育部正式批准设立。未通过教育部形式审查或未通过全国高校设置评议委员会考察、评议的学校，若仍需设置，需在下次由学校主管部门重新向教育部提出申请。凡未通过考察、评议的学校，教育部将以书面形式告知其主管部门。

本《暂行规定》自发布之日起实施。此前教育部发布的有关普通本科学校设置问题的文件与本《暂行规定》不一致的，以本《暂行规定》为准。

二、《普通高等学校基本办学条件指标（试行）》

该文件附件包含表 5–1、5–2、5–3 所述内容。

表 5–1　基本办学条件指标：合格

学校类别	本　科				
	生师比	具有研究生学位教师占专任教师的比例（%）	生均教学行政用房（平方米 / 生）	生均教学科研仪器设备值（元 / 生）	生均图书（册 / 生）
综合、师范、民族院校	18：1	30	14	5000	100
工科、农、林院校	18：1	30	16	5000	80
医学院校	16：1	30	16	5000	80
语文、财经、政法院校	18：1	30	9	3000	100
体育院校	11：1	30	22	4000	70
艺术院校	11：1	30	18	4000	80

备注：1. 聘请校外教师经折算后计入教师总数，原则上聘请校外教师数不超过专任教师总数的四分之一；2. 凡生师比指标不高于表中数值，且其他指标不低于表中数值的学校为合格学校。

表 5-2 基本办学条件指标：限制招生

学校类别	本科				
	生师比	具有研究生学位教师占专任教师的比例（%）	生均教学行政用房（平方米/生）	生均教学科研仪器设备值（元/生）	生均图书（册/生）
综合、师范、民族院校	22：1	10	8	3000	50
工科、农、林、医学院校	22：1	10	9	3000	40
语文、财经、政法院校	23：1	10	5	2000	50
体育院校	17：1	10	13	2000	35
艺术院校	17：1	10	11	2000	40

备注：1. 生师比指标高于表中数值或其他某一项指标低于表中数值，即该项指标未达到规定要求；2. 凡有一项指标未达到规定要求的学校，即被确定为限制招生（黄牌）学校；3. 凡两项或两项以上指标未达到规定要求的学校，即被确定为暂停招生（红牌）学校；4. 凡连续三年被确定为“黄牌”的学校，第三年即被确定为暂停招生（红牌）学校。

表 5-3 监测办学条件指标：合格要求

学校类别	本科						
	具有高级职务教师占专任教师的比例（%）	生均占地面积（平方米/生）	生均宿舍面积（平方米/生）	百名学生配教学用计算机台数（台）	百名学生配多媒体教室和语音实验室座位数（个）	新增教学科研仪器设备所占比例（%）	生均年进书量（册）
综合、师范、民族院校	30	54	6.5	10	7	10	4
工、农、林、医学院校	30	59	6.5	10	7	10	3
语文、财经、政法院校	30	54	6.5	10	7	10	4
体育院校	30	88	6.5	10	7	10	3
艺术院校	30	88	6.5	10	7	10	4

备注：1. 凡教学仪器设备总值超过 1 亿元的高校，当年新增教学仪器设备值超过 1000 万元，该项指标即为合格；2. 凡折合在校生超过 3 万人的高校，当年进书量超过 9 万册，该项指标即为合格。

办学条件指标测算办法如下。

折合在校生数＝普通本、专科（高职）生数＋硕士生数 ×1.5 ＋博士生数 ×2 ＋留学生数 ×3 ＋预科生数＋进修生数＋成人脱产班学生数＋夜大（业余）学生数 ×0.3 ＋函授生数 ×0.1

全日制在校生数＝普通本、专科（高职）生数＋研究生数＋留学生数＋预科生数＋成人脱产班学生数＋进修生数

教师总数＝专任教师数＋聘请校外教师数 ×0.5

生师比＝折合在校生数 / 教师总数

具有研究生学位教师占专任教师的比例＝具有研究生学位专任教师数 / 专任教师数

生均教学行政用房＝（教学及辅助用房面积＋行政办公用房面积）/ 全日制在校生数

生均教学科研仪器设备值＝教学科研仪器设备资产总值 / 折合在校生数

生均图书＝图书总数 / 折合在校生数

具有高级职务教师占专任教师的比例＝具有副高级以上职务的专任教师数 / 专任教师数

生均占地面积＝占地面积 / 全日制在校生数

生均学生宿舍面积＝学生宿舍面积 / 全日制在校生数

百名学生配教学用计算机台数＝（教学用计算机台数 / 全日制在校生数）×100

百名学生配多媒体教室和语音实验室座位数＝（多媒体教室和语音实验室座位数 / 全日制在校生数）×100

新增教学科研仪器设备所占比例＝当年新增教学科研仪器设备值 /（教学科研仪器设备资产总值－当年新增教学科研仪器设备值）

生均年进书量＝当年新增图书量 / 折合在校生数

说明：（1）进修生数指进修及培训时间在一年以上的学生数；（2）电子类图书、附属医院临床教学人员已在相关指标的定量中予以考虑，测算时均不包括在内。

三、《广东省教育厅办公室关于做好 2018 年度独立学院转设工作的通知》

根据教育部《关于“十三五”时期高等学校设置工作的意见》和《教育部办公厅关于做好 2018 年度高等学校设置工作的通知》（教发厅函〔2018〕215 号），我厅拟启动 2018 年度独立学院转设工作，现就有关事项通知如下。

（一）工作事项

各独立学院要坚持把转设工作摆在重要位置，制定转设的时间表和路线图，积极推动学校能转尽转，能转快转。列入我省《高等学校设置“十三五”规划》的北京师范大学珠海分校、东莞理工学院城市学院、中山大学新华学院、中山大学南方学院、华南农业大学珠江学院、广东海洋大学寸金学院、广东技术师范学院天河学院等 7 所学校和其他未列入规划的独立学院均可申报 2018 年转设。独立学院转设申报不受申报计划限制，成熟一所，转设一所。

（二）有关要求

1. 严格规范转设后学校名称使用

学校转设后使用名称，需进行科学、全面论证。坚持“不使用所在城市以外地域命名，非省政府举办的学校不以省域命名，已使用所在城市命名的学校不变更为省域命名”的基本原则，充分考虑学校科类、办学水平和办学积淀等因素，以及省域内高校校名使用现状和历史等情况，为学校选用合适校名，避免引发社会认知混淆、校名争议或侵权。

2. 从严控制学校异地办学

申报设置本科学校的，须不存在跨地市异地办学问题。积极支持各地统筹优化现有高等教育资源配置，本着平稳有序的原则对高校异地办学逐步进行清理规范。

3. 报送要求

请申请 2018 年度转设的独立学院于 2019 年 1 月底前将申报材料统一报

送我厅，纸质版材料报发展规划处（一式五份，A4 纸张正反两面印刷，总页码数不超过 100 页），同时将申报材料 PDF 格式电子版报规划处邮箱，申报材料所列数据截止时间为 2018 年 9 月 30 日，具体内容请根据本通知附件要求提供。

（三）申报材料清单

（1）独立学院申请转设的请示。

（2）学校章程，主要内容应符合《高等教育法》《高等学校章程制定暂行办法》等有关规定和要求，民办学校章程还应符合《民办教育促进法》《民办教育促进法实施条例》等有关要求。

（3）举办高校同意独立学院转设的文件。

（4）独立学院董事会同意独立学院转设的决议。

（5）举办高校与独立学院出资方关于转设后责权利关系的正式协议。

（6）独立学院举办者资质及出资情况证明材料。教育部确认为独立学院后出资方变更但未履行变更手续的，还需提交：举办高校与原、新出资方关于变更合作协议书；新出资方同意出资参与举办独立学院的股东会、董事会决议；原独立学院董事会同意举办者变更的董事会决议。

（7）校园建设规划图。

（8）校园用地、用房相关证明（土地使用证、房屋不动产权证）。

（9）专任教师名单（包括年龄、学历学位、职称、任教学科、现工资关系所在单位、来校工作年份等，按职称排序）。

（10）教学科研仪器设备、图书情况及一览表。

（11）各独立学院还应按照《民办教育促进法》《营利性民办学校监督管理实施细则》等要求提供有关材料，如举办者资质，学校资产来源、资金数额及有效证明文件，首届学校理事会、董事会或者其他决策机构组成人员名单，学校党组织负责人及组成成员名单，校长、财会人员资格证明文件等；并提供该校依法办学规范管理的说明材料，重点是学校在法人财产权、资产过户、党的建设、思想政治教育、法人治理、资产管理和财务会计制度、规范办学行为、安全管理责任等方面的落实情况。

（12）其他必要的补充材料。

四、《关于加快推进独立学院转设工作的实施方案》

独立学院作为高等教育大众化背景下产生的一种办学模式，为我国扩大高等教育资源供给、培养急需应用型人才、优化高等教育区域布局、促进高等教育发展做出了重要贡献。但独立学院在发展过程中存在的法人地位未落实、产权归属不清晰、办学条件不达标、师资结构不合理、内部治理不健全等问题，在一定程度上影响了教育公平和高等教育健康发展。随着新修订的《民办教育促进法》的实施生效，民办教育发展面临新形势、新要求，为引导民办高等教育健康规范发展，推进高等教育治理体系和治理能力现代化，按照教育部党组的决策部署，依据相关法律法规和政策文件精神，结合各地独立学院的办学实际，现就加快推进独立学院转设工作制订本方案。

（一）基本思路

以习近平新时代中国特色社会主义思想为指导，围绕有利于鼓励社会力量兴办教育、有利于实现高等教育内涵发展、有利于促进教育公平的目标，按照“能转尽转、能转快转，统筹兼顾、协调推进，分类指导、因校施策”的工作思路，既遵循高校设置标准程序，又体现政策支持导向，坚持好中快进推动独立学院转设。

（二）总体安排

把独立学院转设作为高校设置工作的重中之重，积极创造条件推动完成转设。到 2020 年末，各独立学院全部制订转设工作方案，同时推动一批独立学院实现转设。原则上，中央部门所属高校、部省合建高校举办的独立学院要率先完成转设，其他独立学院要尽早完成转设。

（三）转设路径

针对不同区域、不同类型、不同模式的独立学院，坚持实事求是，探索适合的转设路径。

（1）转为民办。办学协议完善、办学主体间权利义务划分清晰、办学条件达到本科高校设置标准的独立学院，可转设为独立设置的民办普通本科高校。

（2）转为公办。无社会举办方（指由公办高校单独举办，公办高校与学校基金会、校办企业、学校附属医院、校友会或学校工会等下属机构合作举办，以及公办高校与地方政府合作举办，下同）或社会举办方拟退出举办、地方政府有条件承接举办的，鼓励转设为独立设置的公办普通本科高校。

（3）终止办学。已停止招生，或由于各种原因无法完成转设，或举办者主动提出且条件具备的，终止办学，撤销建制。

鼓励各地积极创新，可探索统筹省内高职高专教育资源合并转设，也可因地制宜提出其他形式合法合规的转设路径，经教育部同意后实施。

对于无社会举办方的独立学院（即所谓"校中校"），如转为民办普通本科高校，须明确非营利性，可由地方政府设立教育投资公司、教育基金会或国有企业作为举办者，也可探索无举办者办学。不得以任何方式将举办权转让给其他社会组织和个人，本方案发布之日前，已签订举办者变更协议并实际履行的（已征地建设、资金已足额到位），由省级教育行政部门报教育部履行举办者变更核准程序，其余自本方案发布之日起全面停止。

（四）标准条件

把握设置标准，保证转设质量，统筹好从严把关和倾斜支持的关系。

（1）独立学院转设要达到《普通本科学校设置暂行规定》等文件规定的设置标准，学校各项办学条件指标，均须具备相关证明材料。

（2）独立学院转设要确保产权清晰，房屋所有权证和土地使用权证归属学校，证件编号、使用性质、土地面积等证件信息真实有效。举办高校和举办方要签订转设协议，明确资产权属、师生安置、债权债务、过渡安排等事宜，经费来源稳定可靠。学校要具有职称结构和学历结构合理的专任教师队伍，聘用合同、工资社保、授课记录、教学安排等师资信息完备准确。

（3）对符合法律法规、理清债权债务关系、已落实法人财产权的独立学院，可本着“从实际出发，有利于办学”的原则给予倾斜支持，在保证具有独立校园和基本办学设施、独立财务核算、独立师资队伍等办学条件的基础上，不过分强调土地、校舍面积。鼓励通过省内整体搬迁等方式改善办学条件后转设。

（五）政策举措

进一步建立健全鼓励和推动独立学院转设的政策体系，形成政策合力。

（1）支持将独立学院转设纳入省级高校设置规划，优先受理转设申报，不受数量限制、不设受理时限，成熟一所，受理一所，依法依规加快办理进度。

（2）把独立学院转设摆在高校设置工作的首要位置，严格控制更名、新设等其他类型高校设置总量。对推动转设有力的省份，可适当兼顾其他类型高校设置事项，对少数民族、西部地区等特殊情况，可给予统筹考虑。对以“学院”命名的举办高校，在完成独立学院转设前，不受理更名“大学”。

（3）对按期完成转设的举办高校和转设后独立设置的学校，在招生计划、项目申报、专业设置等方面给予倾斜支持；鼓励学校所在地政府在生均拨款、财政奖补、贷款贴息、人才引进、购买服务、土地供应、税费减免、金融支持等方面给予政策扶持。

（4）将独立学院转设情况作为研究生招生计划下达、新增学位授权点审核及高校建设相关评价的参考因素。

（5）将独立学院转设情况纳入省级人民政府履行教育职责评价，压实省级人民政府统筹推进独立学院转设工作的责任。

（六）责任落实

坚持上下联动、各负其责、主动作为，协同推进独立学院转设工作。

（1）省级教育行政部门。要充分发挥统筹协调的作用，将独立学院转设优先纳入本省高校设置规划，研究制订独立学院转设总体方案。主动加强与相关方面的协调，监督举办高校和社会举办方按照办学协议或其他相关办学合约，加快推动转设工作。及时向省级人民政府汇报，积极争取相关职能部门的支持，制定政策，形成推动转设的合力。

（2）举办高校。要切实担负起推动转设的责任，积极与有关方面进行协商，制订转设方案，明确转设目标，提出转设路径。加强与省级教育行政部门对接，及时协调解决转设过程中遇到的问题，推动落实独立学院转设的各项举措。

（3）社会举办方。要切实加大投入和建设力度，对照设置标准完善办学条件，保障日常办学运行经费，依法落实独立学院法人财产权，为转设奠定基础。与举办高校共同研究制订转设方案，并积极推动落实。

（4）独立学院。要着力补齐短板，完善内部治理，加强教师队伍建设，注重人才培养质量，保障转设过程中日常教学有序进行，并严格按照转设方案，积极配合举办高校和社会举办方做好各项转设工作。

（七）工作要求

（1）规范转设程序。独立学院转设须按照《民办教育促进法》等有关规定，履行财务清算程序，修订完善章程，经独立学院董事会（理事会）同意后，向省级教育行政部门提出申请，并经过省内专家审核、公示等环节，由省级人民政府报教育部审批。已经变更举办者或实际控制人但未按规定履行举办者变更核准程序的独立学院，须依法依规完成举办者变更手续后再行转设。终止办学的独立学院，须进行财务清算和财产清偿，优先安置未毕业学生和保障教职工的合法权益。

（2）强化风险防控。省级教育行政部门、举办高校和有关方面要及时摸排独立学院转设中的风险隐患，制订风险防控预案。要高度重视同一举办者举办或实际控制多所民办高校的现象，审慎论证，研判风险，从严把关。举办高校要将独立学院转设列为“三重一大”事项，集体决策，并主动接受纪检监察部门和社会监督。独立学院董事会（理事会）在做出转设决定前，应征得独立学院党组织同意，充分听取师生代表意见，适时召开教职工代表大会，确保科学民主决策。完成转设的，应本着“老人老办法、新人新办法”的原则，妥善解决关系师生利益的问题。涉及国有资产处置的，按有关规定执行，坚决防止国有资产流失。

（3）做好组织实施。各地各举办高校要切实提高政治站位，强化责任担当，积极主动作为，确保独立学院转设工作扎实有序推进。省级教育行政部门要指导学校制订独立学院转设方案，中央部门所属高校举办的独立学院转设方案须商省级教育行政部门并报教育部同意后实施，地方高校举办的独立学院转设方案经省级教育行政部门批准后报教育部备案。

（八）独立学院转设申报材料清单

1.基础材料

（1）省级人民政府申报函。

（2）省级教育行政部门论证报告（附含专家考察、公示证明）。

（3）独立学院举办者关于独立学院转设的请示。

（4）独立学院决策机构关于独立学院转设的决议。

（5）转设方案，须明确转设后学校的办学定位、发展方向、过渡期办学、师生安置、财产确权、举办者后续投入等问题，由举办高校、独立学院、社会举办者共同确认。如终止办学，则提供终止办学财产清偿方案及剩余资产处置方案，须明确人、财、物处置办法，由独立学院、举办高校、社会举办者共同确认。

（6）转设协议，须明确独立学院转设相关各方的权利、义务，由举办高校、转设后的举办者、独立学院共同签订；如转为公办高校，还须再与转设后学校的主管部门达成一致。

（7）转设后学校决策机构成员名单、职务及履历。

（8）财务清算报告，由具有资质的会计师事务所出具。清算基准日期应为独立学院决策机构做出转设决议之日起 30 日内。

（9）独立学院决策机构关于认可财务清算报告的决议。

（10）独立学院的民办学校办学许可证复印件。

（11）转设后学校章程。

（12）校园建设规划图。

（13）学校土地使用权证和房屋所有权证，缩印排版并附明细表。

（14）专任教师名单，须包括年龄、学历学位、职称、任教学科、现工资关系所在单位、来校工作年份等信息，按职称排序。

（15）主要教学科研仪器设备值一览表。

（16）涉及国有资产处置的，须由省级人民政府或省级国资管理职能部门出具无国有资产流失证明，或由举办高校出具无国有资产流失的承诺。

（17）其他必要的补充材料。

2. 履行举办者变更程序材料

独立学院举办者（或实际控制人）已发生变更但未履行举办者变更程序的，须先履行举办者变更程序再转设。除上述基础材料外，还需提交以下材料。

（1）省级教育行政部门关于举办者变更的请示。

（2）举办高校关于举办者变更的请示。

（3）拟退出举办者的退出申请或说明。

（4）拟任举办者申请变更的材料。

（5）独立学院决策机构关于举办者变更的决议。

（6）举办高校、拟退出举办者、拟任举办者关于举办者变更的协议，明确举办者变更基本情况、各方权利义务的具体内容、对民办学校债权债务的处置责任以及争议解决办法。

（7）财务清算报告，由具有资质的会计师事务所出具。清算基准日期应为独立学院决策机构做出举办者变更决议之日起 30 日内。

（8）拟任举办者资质证明材料，如拟任举办者为公司（含集团）法人的，还应提交可追溯至实际控制人的股权结构图。

（9）举办者变更后的决策机构成员名单、职务及履历（如举办者变更后独立学院决策机构成员变化的）。

第二节　转设材料筹备

一、《向省教育厅申报转设有关工作安排的通知》

根据国家教育部关于独立学院转设工作的有关安排，拟近期向广东省教育厅申报转设。为确保转设工作顺利推进，现将近期有关工作安排通知如下。

（一）转设工作组织机构

为确保转设工作顺利开展，学校成立以董事会领导为组长，学校校长任执行组长，其他校领导任副组长，各职能部门、二级学院院长为成员的转设工作领导小组。

转设工作领导小组办公室挂靠校长办公室并成立以下相关工作机构，负责转设日常工作。

（1）综合组（统筹组织与执行督办），由学校校长担任组长，校长办公室、党委办公室、教务处为成员。

（2）材料组（材料收集、整理与统稿），由分管教学工作的副校长担任组长，校长办公室、党委办公室、教务处为成员。

（3）外联组（政策咨询与对外联络），由学校校长担任组长，校长办公室、党委办公室为成员。

（4）保障组（协调、经费与后勤保障），由分管后勤工作的副校长担任组长，财务处、后勤处为成员。

（二）完成受检材料的整改任务

各责任部门务必按照独立学院转设各项条件指标以及学校组织校外专家检查后提出的各项整改意见完成支撑材料的查漏补缺工作。

支撑材料必须按时全部装订成册，提交至校长办公室并接受学校检查组检查。转设工作任务，具体如表 5–4 所示。

表 5–4　转设工作任务分解表

序号	主要任务	责任单位
1	（1）统筹编辑完成全部转设申报材料 （2）转设工作组办公室挂靠单位，负责转设日常工作 （3）综合组主要责任单位，承担统筹组织与执行督办任务 （4）外联组主要责任单位，承担政策咨询与对外联络任务 （5）材料组主要责任单位，承担材料收集、整理与统稿任务 （6）起草 ×× 独立学院致省级教育行政部门《关于 ×× 独立学院转设后名称变更为 ×× 学院的请示》《转设后学校领导班子任免文件》《转设后学校院长简介》《转设后学校行政领导班子简介》等文稿 （7）协助起草省级政府致教育部《关于 ×× 独立学院转设为 ×× 学院的函》、省级教育行政部门致教育部《关于 ×× 独立学院转设后名称变更为 ×× 学院的请示》等文稿 （8）收集整理《教育部同意设立学校的文件》《关于批准广东省独立学院新增学士学位授予单位和专业名单的通知》《省教育厅发布的近两年年检合格文件》等支撑材料 （9）起草“本科办学定位与办学思路”“办学特色”以及《关于 ×× 独立学院转设为独立设置的民办普通高校的论证报告》《×× 独立学院现有办学情况及办学条件说明》《×× 独立学院现有办学情况及办学条件说明》等申报材料 （10）协助起草省级教育行政部门《关于 ×× 独立学院转设为独立设置的民办普通高校的论证报告》、省级教育行政部门专家组《关于 ×× 独立学院转设为独立设置的民办普通高校 ×× 学院的考察报告》	校长办公室
2	（1）协助校长办公室统筹编辑完成全部申报材料 （2）综合组主要责任单位，承担统筹组织与执行督办任务 （3）材料组主要责任单位，承担材料收集、整理与统稿任务 （4）起草《转设后学校董（理）事会成员一览表》《转设后学校党组织组成人员名单》《转设后学校教职工代表大会相关制度》以及起草转设后学校章程等文稿 （5）协助并配合校长办公室撰写“办学特色”板块文稿，收集整理《成果统计一览表》（办学特色）、《应用示范证明》（办学特色）等支撑材料 （6）完成学校宣传片修订制作任务	党委办公室
3	（1）综合组主要责任单位，承担统筹组织与执行督办任务 （2）起草“办学规模”“学校现有学科门类以及各学科门类覆盖专业数”“学校现有专业设置总体情况、专业结构与布局”“教师风范与教学水平”“课程建设与教学内容改革、教材建设与选用、教学方法与手段改革以及课程建设、教学改革与人才培养目标的达成度”“教育教学管理组织架构、人员保障；教学运营与管理规章制度；教育教学管理研究与实践成果；教学质量控制，质量标准、监控体系、保障措施”“实践教学内容与体系”“实习实训”等文稿	教务处

续表

序号	主要任务	责任单位
	（3）收集整理《现有在校学生统计表（分年级、分专业）》《现有学科专业设置情况表》《学科专业十三五规划》《各专业人才培养方案》《学科专业建设成效一览表》《教学运行与管理规章制度一览表》《课程建设与教学改革内容》《教学质量控制规章制度一览表》《校外实习实践基地一览表》《教学管理人员信息一览表》《授课教师名册》《公共必修课程师资配备情况表》《各专业基础必修课和专业必修课师资配备情况表》《近两年教师教学任务书》等支撑材料 （4）起草“教师学术发展状态及科研成果” （5）省级及以上教学成果奖证书原件 （6）所有本科专业申报批准文件 （7）新增学士学位授予专业情况及支撑材料 （8）所有学生的学籍档案材料 （9）科研平台、重点学科的省科技厅和省教育厅立项文件 （10）全校所有核心论文及职称材料 （11）全校所有纵、横向科研项目合同及经费数 （12）全校专利授权数、各类专利证书复印件 （13）全校教师所有正式出版的教材和专著 （14）全校教师成果转化及效益情况 （15）教育部、教育厅协同育人项目申报情况及落实情况 （16）收集整理《教师主要论文、著作发表情况及科研项目一览表》《成果统计一览表》（办学特色）及《应用示范证明》（办学特色）等支撑材料 （17）起草“实验室管理规章制度，实践教学内容、方法、手段以及实践教学成效与人才培养目标的达成度”等文稿 （18）按照转设要求，起草“单价 800 元以上的生均实验仪器设备值不低于 5000 元；新增实验仪器设备值不低于 10%；每百名学生配备教学用计算机不少于 10 台；每百名学生配多媒体教室和语音实验室座位不少于 7 个”等文稿 （19）协助起草“教育教学管理组织架构、人员保障；教学运营与管理规章制度；教育教学管理研究与实践成果；教学质量控制，质量标准、监控体系、保障措施”等关于实验教学的文稿 （20）收集整理《实践教学内容与体系》《800 元以上教学科研仪器设备清单》（提供设备购置财务报销凭据）以及《实验室一览表》等支撑材料；协助收集整理《校外实习实践基地一览表》等支撑材料 （21）按照转设要求，起草“生均纸质图书不低于 100 册；生均年进书量不低于 4 册；建有电子图书系统和计算机网络服务体系”等文稿；收集整理《纸质图书统计报表》（提供图书购买财务报销凭据）和《数字图书数据库清单》（提供购买财务报销凭据）等支撑材料 （22）近三年年度购书预算及执行情况 （23）图书采购情况说明及支撑材料 （24）图书借阅情况说明及支撑材料	

续表

序号	主要任务	责任单位
	（25）图书馆电子图书总体情况及支撑材料 （26）中国知网采购费用及支撑材料 （27）与各二级学院确定实验室介绍人员，并于 × 月 × 日前完成实验室介绍解说词的撰写 （28）协助创新创业学院收集学生获奖情况	
4	（1）按照转设要求，起草师资队伍“规模”与“结构”等文稿；收集整理“现有专兼任教师名单”“现有专任教师中副高级以上职称人员名单”“现有教师中硕士以上学位人员名单”“教师工资发放表”等支撑材料。 （2）统计 60 岁及以上教师人数，分两类统计，一是入职满两年以上的，二是入职未满两年的 （3）在“广东省电子税务局”系统中的教师社保缴纳情况，共查询约 ×× 人 （4）统计核实教师中具有研究生学历的人数 （5）分两类统计教师人数及学历职称结构，一是 60 岁及以上教师，二是 60 岁以下教师 （6）所有教师的聘任合同及聘任协议 （7）所有教师的身份证、教师资格证、毕业证、学位证、职称证明复印件	人事处
5	（1）起草“学生管理状态及效果；大学生思政教育、心理健康教育、职业生涯规划教育；大学生日常管理制度规范及成效”等文稿；收集整理《学生管理制度一览表》等支撑材料 （2）起草“招生就业情况及社会声誉”等文稿；收集整理《近五年招生数据分析》《学生来源主要是省内及省外分布情况一览表》《近五年学校的新生报到率数据分析》《近五年学校毕业生就业率数据分析》等支撑材料 （3）协助创新创业学院收集学生获奖情况	学生处
6	（1）保障组主要责任单位，承担后勤保障任务 （2）按照转设要求，起草关于土地、房屋等相关板块文稿（生均不低于 60 平方米；生均校舍不低于 30 平方米；生均教学行政用房不低于 20 平方米；生均宿舍面积不低于 6.5 平方米；生均运动场面积不低于 3 平方米） （3）按照转设要求，收集整理《学校土地使用权面积情况统计表》（规划局和建设局出具证明，且提供土地证或土地建设用地规划许可证）、《学校建筑物统计表》和《学校教学科研行政用房明细表》（行政教学用房的具体情况）以及《学校建设规划图》（前述三项需提供房产证或者建设综合验收报告）等支撑材料 （4）已取得的全部国土证原件 （5）已取得的全部房产证原件 （6）未取得国土证的土地用地审批情况及支撑材料 （7）未取得房产证的房屋验收情况及支撑材料	后勤处

续表

序号	主要任务	责任单位
7	（1）综合组主要责任单位，承担统筹组织与执行督办任务 （2）外联组主要责任单位，承担政策咨询与对外联络任务 （3）保障组主要责任单位，承担集团、学校协调任务 （4）《母体学校与 ×× 独立学院终止合同暨过渡期协议书》原件 （5）举办方、投资方合作办学协议原件 （6）协助起草母体学校致省级教育行政部门《关于 ×× 独立学院申报转设为独立设置的民办普通高校的函》、母体学校致省级教育行政部门《关于同意 ×× 独立学院申报转设为独立设置的民办普通高校的请示》	董事会办公室
8	（1）保障组主要责任单位，承担经费支持任务 （2）起草“办学经费”板块文稿；完成《学校专项财务审计报告》；收集整理《学校专项财务审计报告》《举办者资质及出资情况证明材料》《年度收支预算及决算》以及相关财务报销凭据等支撑材料 （3）学校资产产权归属及证明材料 （4）在校生学费收费汇总表 （5）学校日常教学经费支出及生均日常教学经费 （6）协助其他责任单位收集整理相关财务数据及凭据	财务处
9	（1）近三年各类学科竞赛及创业竞赛的获奖证书 （2）学生主要参加的学科竞赛及创业竞赛清单	创新创业学院
10	（1）各二级学院务必按时按质完成中层会议上布置的任务 （2）各二级学院务必积极配合各责任部门完成上述转设工作任务	二级学院

（三）制订考察期间的工作方案

由校长办公室牵头，负责起草制订教育厅专家组考察期间各项工作总体方案和子方案，包括但不限于会务方案、接待方案、人员安排、后勤保障、校园环境以及与市、举办校相关单位的对接方案等各项具体工作方案。

（四）开展迎检工作的全面自查

学校将参照教育部专家组实地审查申报材料的要求，对所有受检材料进行检查。在教育厅专家组实地考察之前，参照教育部专家组实地考察的要求，对迎检工作进行全面检查。各有关单位、部门须做好自查准备工作，各受检部门负责人必须亲自带队接受检查。

（五）工作要求

转设工作是学校未来发展的重大战略举措，是当前工作的重中之重。全体教职员工必须统一思想，高度重视学校转设的重大意义、深刻理解转设工作的达成目标、准确研判转设工作的实际现状、周密部署转设工作的具体举措。

1. 提高思想站位

全体教职员工务必众志成城、同舟共济、不懈努力，达成学校转设的目标。转设筹备工作中，各单位、部门均应服从工作部署，严格执行各项工作安排；全力支持、协助和配合各项工作开展，举全校之力确保转设工作顺利推进、取得实效。

2. 激发创新潜能

转设工作需起草的文本、需整理的支撑材料以及所开展的工作，包括但不限于附件 1 所列内容。各责任单位要充分发挥和调动广大教职员工的主动性、积极性、创造性，切实承担起本单位责任，为转设工作的顺利开展贡献智慧。

3. 加强团队协作

材料形成过程中，各单位、部门责任人及责任单位务必加强沟通、协调、配合及相互支持。根据工作需要，定期、不定期召开专题会议或协调会议研究相关工作，从深刻理解政策、提出解决方案和全力克服困难的角度，妥善处理、全力克服转设准备工作中遇到的问题和压力，确保高质量完成转设材料撰写编制工作。

4. 确保完成质量

材料的收集、整理和建档工作务必做到科学化、规范化，按照《转设材料收集、建档指南》《转设材料填写说明》（见附件 1、附件 2）的相关要求执行。各项工作任务切忌浮于表面，务必在加强质量上下功夫，务必抓实抓细抓深，务必任务到岗、责任到人。

附件 1：转设材料收集、建档指南

为确保我校转设工作有序、高效地进行，实现各类转设材料的收集、整理和建档工作科学化、规范化，根据“26 号令”的相关要求，参考兄弟院校的经验与做法，结合我校评建工作实际，制定转设材料收集、建档指南。

1. 材料分类

（1）转设材料根据评估指标划分为：基本办学条件，包括校园占地、校舍及行政用房、师资队伍、教学仪器设备、图书资源等 5 项；内部管理，包括师资管理、教学管理、图书资源管理、学生管理、后勤管理、财务管理、党组织管理、团组织管理等 18 项；程序性材料，包括合作办学协议、举办者资质、治理结构等 7 项。

（2）各项指标根据实际的情况提供佐证材料。佐证材料包括工作总结、规划书、方案、统计表、人员名册、人事档案、制度、证书、证明、通知、光盘、照片、协议书等。

2. 材料收集单位

材料收集单位包括董事会办公室、校长办公室、党委办公室、财务处、人事处、教务处、学生处、后勤处、各二级学院等

3. 材料统计时间

根据省教育厅的要求，各项数据的统计时间，除在材料收集任务分解表标明的以外，其他数据统计时间要求截止到当年 1 月 13 日。

4. 材料格式要求

（1）各类原始材料（如管理文件、制度，会议记录、纪要，历年工作安排、总结等）一般应采用原件，以体现材料的真实性，纸张大小不必完全统一。

（2）新建文字材料均采用 Word 文档格式，大标题用二号黑体字，正文用四号仿宋体字。各种“统一格式”的统计表格按具体要求填报，一般不得更改格式。各类材料均采用 A4 纸双面激光打印。

（3）所有的复印件统一使用 A4 纸复印。

（4）文件、资料中如有附件，应在正文后标识“附件”，并标明附件名称，对于数量较多不便统一分装的背景材料应标明保存地点（如试卷、论文等)。凡是正式文件、材料必须落款并加盖公章，需落款的材料应署成文单位全称，同时打印成文日期。

（5）照片类材料暂不做粘贴、装订，装袋后分类保存，并标明内容与数量。电子版类材料刻录光盘保存。

（6）各类证书（学历、学位、专业技术职务、获奖、荣誉证书等）由各部门列出清单，并采用证书复印件归档。

5. 材料建档要求

（1）转设材料要根据“26 号令”的要求进行编目，分类整理。按照评估指标体系中的一级指标、二级指标及主要观测点的顺序逐级建档。

（2）转设材料用统一的文件盒分装。文件盒侧面应有标签，标明内装材料所属的一级指标、二级指标及主要观测点。如果有的材料需要装档案袋，档案袋上要粘贴打印的袋内材料目录。

（3）每个文件盒内必须有打印的材料目录，列出本盒内所包含的材料清单，其后按目录次序排列相应档案材料。

（4）对需要进行后续补充、完善、积累的材料，暂不做整册装订；对需要修订的材料及未完成的统计表暂不打印装盒，待这些材料定稿后再打印装盒。

（5）上报省教育厅的材料要在材料建设完成时单独设立《支撑材料目录》。

（6）各单位部门必须设置专柜陈列各类评估档案资料，集中管理，专人负责。

6. 其他要求

（1）材料要做到原始性、真实性、针对性、层次性，已经形成的原始材料不得随意改动，新建材料规范到位，要注意积累转设评估过程中的工作材料，如各种学习宣传材料、评估工作计划、总结等，以体现“以评促建”的过程及效果。

（2）学校下达给各单位、部门收集、整理和提交材料的工作任务，主要基于其对应性、相关性考虑，在任务分解上虽然明确相应的单位、部门，但仍有交叉或不够全面。在任务分解表中没有提及的材料，各单位、部门都必须按要求将与自身工作有关的零星材料进行收集、整理和汇总。

（3）各单位、部门提交的统计数据必须准确一致，数据的统计应有出处和来源，标明统计的日期、统计人员的姓名。所有的数据必须有支撑材料说明，支撑材料要齐全、准确。

（4）所有已收集、整理的材料（尤其是综述材料）都必须有据可查，要注意收集原始依据材料。各单位、部门领导及相关工作人员，对材料的名称、来源、原始依据都必须做到心中有数，要做到“说得出、理得清、道得明”。

（5）各单位、部门提供的所有文件材料及数据均应有备份留存（能提供原件的要提供原件，不能提供原件的要提供复印件），转设评估档案要规范、齐全、整洁，分类清楚，排列有序，便于查找利用。要求材料保管人必须十分熟悉材料的陈列位置、材料的内容。

附件 2：转设材料填写说明

转设材料封面及内页目录填写说明如下。

（1）封面需填写四个内容，分别为一级目录、二级目录、文件盒编号和责任单位。

（2）校徽校名图标统一为“高度 1.6 厘米，宽度 10 厘米”。

（3）封面时间统一为“二〇二 × 年一月”。

（4）一级目录、二级目录参照《转设材料目录》（该目录中未含附件 1 主要任务的自行补充）进行填写。

（5）文件盒编号需各部门完成所负责一级目录下所有转设材料装盒工作后，统一编号填写。如“13. 科研管理”有 10 个文件盒，则依次编号为 13-1、13-2、13-3……

（6）同一个二级目录进行分册装订时，各分册填写示例如下。

一级目录：	16.科研管理
二级目录：	16.2 科研成果（一）
文件盒编号：	16-2
责任单位：	科技处

一级目录：	16.科研管理
二级目录：	16.2 科研成果（二）
文件盒编号：	16-2
责任单位：	科技处

（7）多个二级目录装订为一册时，填写示例如下。

一级目录：	16.科研管理
二级目录：	16.1 项目管理 16.2 科研成果 16.3 科研机构及其团队 16.4 科研经费
文件盒编号：	16-2
责任单位：	科技处

（8）内页目录从二级标题开始填写，原则上写到四级标题，各部门也可根据实际情况自行拟定，填写示例如下。

目　录

16.2　科研成果（二级标题：加粗，微软雅黑，四号，左对齐）

16.2.1 近 5 年教师学术研究现状及综述报告

16.2.2 近 5 年教师专利汇总（三级标题：微软雅黑，四号，左对齐）

16.2.2.1 实用新型专利汇总（四级标题：微软雅黑，小四，左对齐）

16.2.2.2 软件著作权汇总

16.2.2.3 外观设计专利汇总

（9）封面与目录填写字号、字体、对齐方式详见封面模板，页边距为普通。

（10）每册材料有且仅有一张封面，建议单面打印，内页目录张数不限，建议双面打印。

二、《向教育部申报转设材料工作方案》

根据教育部办公厅〔2020〕2 号文件中关于独立学校转设申报材料清单的要求，学校在已经准备的转设材料的基础上，重新确定了“优化材料目录、丰富材料内容、提炼材料亮点、规范材料建档、体现学校水平”的工作思路，经过研究，特制订本工作方案。

（一）材料工作组人员构成

由学校校长担任组长，其他校领导为副组长，各有关职能部门负责人为成员。下设11个材料小组。

（1）办学定位与学校规模组，学校校长为责任领导，校长办公室等职能部门为小组成员。

（2）学科专业组，分管科研工作的校领导为责任领导，科技处等职能部门为小组成员。

（3）师资队伍组，分管师资工作的校领导为责任领导，人事处等职能部门为小组成员。

（4）学科建设与科研组，分管教学工作的校领导为责任领导，教务处等职能部门为小组成员。

（5）教育教学组（包括学生工作），分管教学工作的校领导为责任领导，教务处、学生处等职能部门为小组成员。

（6）办学基础设施组，分管教学、设备工作的校领导为责任领导，教务处、后勤与资产管理处等职能部门为小组成员。

（7）办学经费组，分管财务工作的校领导为责任领导，财务处等职能部门为小组成员。

（8）学校治理结构组，学校党委书记为责任领导，党委办公室等职能部门为小组成员。

（9）党的建设组，学校党委书记为责任领导，宣传部等职能部门为小组成员。

（10）秘书组，学校校长为责任领导，校长办公室等职能部门为小组成员。

（11）二级学院组，学校党委书记为责任领导，各二级学院院长为小组成员。

（二）各材料小组的主要工作任务

1. 秘书组

（1）负责申报材料的设计、修改、整理、制作。

（2）负责董事长、校长汇报材料、讲话稿的撰写。

（3）负责转设工作程序性材料的收集、整理。

（4）负责审定专家现场考察点解说词。

（5）负责上级领导及专家组需要的文字材料的代拟稿。

2. 其他材料小组

（1）根据本材料组对应的工作内容，负责材料目录的设计、支撑材料的制作、材料综述的撰写、佐证材料的收集。

（2）按照材料工作组的统一要求，负责本材料小组所有材料的整理、制作、装盒。

（3）负责专家现场查证材料时有关问题的回应、解释、印证。

（4）负责核对本材料组的各类数据、证据、论据，与论证报告要一一对应。

3. 二级学院材料组

负责专家组成员到二级学院检查材料的准备。

（三）形成材料的基本方法

（1）以教育部办公厅〔2020〕2 号文关于独立学校转设申报材料清单的要求为准绳，以转设论证报告为基本依据设计材料的一级目录、二级目录、三级目录，这是材料的骨架，也是体现和反映转设材料高度和水平的重要设计。各材料小组在材料工作组的指导下，在原有《转设材料目录》基础上，学习借鉴兄弟院校转设材料的好经验，按照附件 1《转设材料收集、整理、加工、建档工作指南》的要求，形成新的《转设材料目录》（见表 5-5）并及时印发各小组遵照执行。

（2）处理好目录及层级之间的关系。材料一级目录之间是并列关系，内容原则上不能彼此包含和交叉；一级目录与对应的二级、三级目录之间是层层递进关系，即所有二级目录之和是为了印证一级目录需要反映的内容，所有的三级目录之和是为了印证二级目录需要反映的内容。

（3）根据各级目录的内涵要求收集、整理、形成支撑材料，支撑材料可以文字、表格、图例等多种形式呈现。

（4）根据支撑材料的内涵要求收集、整理佐证材料。

（5）对于内容较多、体量较大、结构层次复杂的支撑材料和佐证材料，为了方便专家阅读和查证，为了突出材料需要表达的重点，需要对支撑材料和佐证材料进行综述；材料综述是对材料的第二次加工，需要融会贯通材料基本内容，熟练掌握材料表达的主要诉求。

（6）材料的成型需要经历多次的肯定—否定—否定之否定的过程，有时是自上而下的调整，有时是自下而上的调整，要在不断反复的过程中实现螺旋式上升，直至达到最好的效果。

（7）一本（册、盒）材料的形成一般都会经历收集、整理、编目、综述、装订、成盒几个阶段。

（8）重要材料的使用。转设材料是学校工作的真实记录，为了凸显学校工作的主题、主线和工作重点，有的重要材料可以“一件多用、重复再现”，使印证某目录的支撑材料和佐证材料自成体系。

（四）明确材料的质量标准

1. 总体标准

转设材料能够准确、全面展示学校转设为独立设置的普通本科院校的整体情况；转设材料务必做到数据可靠、支撑有效、逻辑清晰；转设材料可以进入学校校史陈列馆，成为述说学校建设发展成就的珍贵档案。

2. 具体标准

（1）数据精准。所有材料中的同一问题的数据必须高度一致，不能自相矛盾。

（2）支撑有效。材料要突出重点，能支撑论证报告中的所有观点。

（3）逻辑清晰。目录层级之间，材料综述与支撑材料、佐证材料之间，要做到逻辑链条清晰、结构层次严谨。

（4）形式精美。提交专家审阅的材料一律胶印成册或者线装成册，印制精美，严禁大夹套小夹。

（5）方便查阅。所有材料均应以册（本、盒）为单位统一编页码，便于专家翻阅、查证。

（6）界面友好。从制作材料的纸张质量、文字大小、成书（册）的厚薄、颜色选择多维度展示材料质量，切实做到界面友好。

（7）简明扼要。所有材料均要严格筛选，做到去粗取精、去伪存真、简单明了、恰到好处。

（8）语言精练。材料要描述准确、通俗易懂、文字精练。

（五）优化转设材料的时间安排

1. 总体安排

完成转设材料的全部准备。

2. 分阶段安排

（1）完成转设论证报告定稿。

（2）完成转设材料目录的研讨、建构、审定。

（3）完成支撑材料、佐证材料、材料综述的全部工作。

（4）完成转设材料的审定。

（5）完成转设材料的装订、胶印、装盒。

（六）优化材料工作的基本要求

1. 统一思想认识、增强责任心

本次转设工作是国家级大考，成功实现转设事关学校前途命运、事关教职工切身利益，全体工作人员务必统一思想、提高认识，以高度的责任感和主人翁精神全力投入材料的打磨，提高转设材料的实力。

2. 加强组织领导、完善工作机制

材料工作组全权负责材料的设计、整理、撰写、制作、审定，学校各职能部门、二级学院务必按照工作组的部署和安排，及时、精准地完成材料工作组下达的工作任务，齐心协力为转设做贡献。

3. 坚持正确导向、明确工作思路

按照“优化材料目录、丰富材料内容、提炼材料亮点、体现学校水平”的工作思路，对准合格标准千方百计守住底线要求，追求优良目标，全力提升转设材料的巧实力。

4. 理解材料内涵要求、增强材料的可信度

制作转设材料是一项具有很强专业性、系统性、科学性的工作，每一个

层级的目录都具有丰富的内涵，各小组要认真理解学校发展的工作思路、采取的工作举措、取得的工作成绩，打磨出材料的厚度和高度，增强材料的感染力和说服力。

5. 磨砺卓越品格、培育精品意识

转设材料只有更好、没有最好，材料组全体工作人员要自觉追求卓越、努力打造精品，严禁敷衍塞责、粗制滥造。

6. 明确质量标准、注重工作细节

材料工作涉及面广、内容复杂、彼此关联，构成材料的每个要件都有质量标准，从材料工作组成员到职能部门、二级学院、一线教师均有工作任务，提交材料的每位同志务必吃透质量标准、注重材料细节，按照标准要求，精准完成工作任务。

7. 做好表率示范、争当材料标兵

学校转设工作既是教育部专家组对学校工作的一次深度检阅，也是对学校干部职工素质的展示。学校领导、中层干部到一线工作人员都要争做理解材料内涵的表率、争当转设材料的标兵。

8. 锁定转设目标、赢得发展先机

学校不动产权证是转设工作的前提，各项指标达标是转设工作的基础，专家现场考察是转设工作的关键，材料决定着转设工作的成败。材料直接反映了学校的工作过程和工作成效，提升转设材料的质量和水平可以帮助学校顺利实现转设目标。

附件 1：转设材料收集、整理、加工、建档工作指南

根据教育部办公厅〔2020〕2 号文关于独立学院转设申报材料清单的要求，为确保转设料数据可靠、支撑有效、逻辑清晰，进一步提升转设材料的软实力、巧实力，把转设材料打造为学校建设发展的珍贵档案，结合学校转设工作实际，特制定转设材料收集、整理、加工、建档工作指南。

1. 转设材料的地位作用

通过阅读转设材料，可以全面了解学校的发展思路、治校举措、办学条件、水平特色。转设材料应该成为反映独立学院建设发展成就的最好证据，应该成为校史陈列馆的珍贵资料。切忌为了材料而堆砌材料。

2. 转设材料的构成要素

转设材料的基本构成要素为：材料目录、材料综述、支撑材料、佐证材料。

（1）材料目录。材料目录是材料的核心和灵魂，是转设材料的顶层设计，结构合理、体系完整的材料目录是形成转设材料的基础。材料目录一般分为一级目录、二级目录、三级目录，也可以根据材料建构的实际情况增设四级目录。所有一级目录所包含的材料都能够完整印证论证报告但不限于论证报告的内容；所有二级目录的材料都是为了印证一级目录需要反映的内容；所有的三级目录材料都是为了印证二级目录需要反映的内容。一级目录之间是并列关系，尽可能避免内容彼此交叉和相互包含，讲求结构严谨、体系完整；一级目录与对应的二级、三级目录之间是层层递进关系，同一次级目录之间也务必做到结构严谨、前后有序。材料目录的主要作用是方便专家检索、查找相关资料。

（2）材料综述。材料综述是对支撑材料的提炼和加工，主要任务是用精练的语言、图例、表格把本册（卷宗、盒）的材料进行高度概括，主要作用是方便专家快速知晓本册（卷宗、盒）材料的概况、可以印证的主要问题。

（3）支撑材料。支撑材料是为了印证学校转设论证报告、校长汇报材料展示的各种思路、举措、数据，起支撑、举证的作用，是呈现给专家核查材料的主体内容。

（4）佐证材料（原始材料）。佐证材料是印证支撑材料最直接、不可再溯源的材料，是材料中最硬核的证据。

3. 转设材料形成的过程与方法

（1）以教育部办公厅〔2020〕2 号文关于独立学校转设申报材料清单的要求为准绳，以论证报告为基本依据设计材料的一级目录、二级目录、三级目录，这是材料的主体骨架，是体现和反映学校转设材料高度和水平的重要设计。

（2）根据转设材料目录的内涵要求收集、整理佐证材料，形成支撑材料，支撑材料可以文字、表格、图例等多种形式呈现。

（3）为了方便专家阅读和查证，进一步突出材料需要表达的重点，对于内容较多、体量较大、结构层次复杂的支撑材料和佐证材料，原则上都应该做材料综述。材料综述是对材料的第二次加工，需要融会贯通材料基本内容，熟练掌握材料的表达诉求。

（4）材料的成型需要经历多次的肯定—否定—否定之否定的过程，有时是自上而下的调整，有时是自下而上的调整，要在不断反复的过程中实现螺旋式上升，直至达到最好的效果。

（5）一本（册、盒）材料的形成一般都会经历收集、整理、编目、综述、装订（胶印）、成盒几个阶段。

4. 转设材料的主要内容

（1）根据教育部办公厅〔2020〕2号文件要求，参照《普通高等学校本科教学工作合格评估指标体系》，为了系统呈现、完整反映学校发展思路、治校举措、办学条件、水平特色，印证学校已经具备普通本科院校设置的基本条件和办学水平，转设材料的一级目录可以从以下9个方面进行构建：办学定位与学校规模；学科专业；师资队伍；学科建设与科学研究；教育教学；办学基础设施；办学经费；学校治理结构；党的建设。

（2）根据材料在印证过程中的作用，依据材料属性，收集整理的支撑材料和佐证材料大致有以下三种类型：印证办学基本条件的材料，包括校园占地、校舍及行政用房、师资队伍、教学仪器设备、图书资源等；印证学校内涵水平和治校方略的材料，包括党的建设、学校定位、学科专业建设、师资队伍建设、教学工作、学生管理、后勤管理、财务管理等；印证学校转设的合规性材料，包括省政府、教育厅的批示、报告，以及母体学校的意见、合作办学协议、举办者资质、转设方案、法人财产的确权等。

5. 转设材料的格式规范

（1）佐证材料（如各类证书、证明、管理文件、会议记录、会议纪要等）一般应采用原件，以体现材料的真实性。

（2）文字材料均使用Word文档格式（不使用WPS），大标题用二号黑体字，正文用四号仿宋体字。凡材料有“统一格式”要求的各类统计表格按具体要求填报，一般不得更改格式；所有材料均采用A4纸双面激光打印；一册

（本）材料需要统一编页，并在目录中标注页码。

（3）复印材料统一使用 A4 纸张。

（4）学校文件、总结、工作计划、会议纪要等，必须依据公文要求规范格式，凡是与公文要求不一致、不规范的，需要进行整改和补充。

（5）文件、资料中如有附件，应在正文后标识“附件”，并有附件内容作为支撑；对于特殊的附件材料如课程试卷、毕业论文等，可以作为虚拟附件注明，但应标明详细的存放地点及序号。

（6）照片类、证书等必须进入支撑材料的，可以通过扫描等技术手段粘贴进入材料页面，尽可能做到材料图文并茂。

（7）转设中需要教师提交的个人证书（学历、学位、专业技术职务、获奖、荣誉证书等），材料组复印归入佐证材料后，证书交还教师本人保存，学校不统一保存。

6. 转设材料的成档规范

（1）转设材料采用胶印成册和装订成册两种方式呈现，一律不使用长尾夹（燕尾夹）；成册后的材料用统一的文件盒进行分装；文件盒侧面应有标签，标明内装材料所属的一级目录、二级目录、三级目录；如果有的材料因为体量过大不宜胶印成册或者装订成册，需要使用其他档案袋来装，该档案袋上要规范标注袋内材料目录。

（2）对尚需进一步斟酌、补充、完善、提炼的材料，在没有最后定稿前，不能急于装订或者胶印成册，严禁重复作业。

7. 转设材料的工作要求

（1）转设材料工作组对转设材料的科学性、逻辑性、严谨性、真实性全权负责，各材料小组对本小组材料的科学性、逻辑性、严谨性、真实性全权负责；各材料小组实行组长负责制，小组成员务必听从组长的统一安排。

（2）学校的转设论证报告是第一层次的材料，是高度浓缩的材料，也是各材料小组设计目录、收集整理支撑材料、佐证材料、撰写材料综述的基本遵循。各材料小组务必以此为依据对各单位、部门提交的材料进行审核把关；转设材料中的各类数据必须高度一致和精准，如有统计时间和口径的不同要求，需要各小组之间仔细商量后确定。

（3）转设材料是完整反映学校已经具备普通本科院校设置的基本条件和办学水平的系统档案，需要各小组之间相互协同，需要全校各职能部门、各学院之间相互协同。学校各单位、部门务必按照材料小组的要求，及时、精准地依据质量标准完成好收集、整理工作任务。

附件 2：转设材料目录（见表 5–5）

表 5–5 转设材料目录

一级目录	二级目录	三级目录	材料盒编号
1. 办学定位与学校规模	1.1 学校定位	1.1.0 学校定位综述	
		1.1.1 2016—2020 年董事会纪要	
		1.1.2 2016—2020 年学校主要领导讲话	
		1.1.3 2016—2020 年学校校长办公会议纪要	
		1.1.4 2016—2020 学年党政工作要点	
	1.2 学校事业发展规划	1.2.0 事业发展规划综述	
		1.2.1“十三五”事业发展规划	
		1.2.2“十四五”事业发展规划	
	1.3 学校规模	1.3.0 规模综述	
		1.3.1 2020—2021 学年学校在校生一览表	
2. 学科专业	2.1 二级学院及学科专业结构简况	2.1.0 二级学院及学科专业建设综述	
		2.1.1 二级学院简介	
		2.1.2 学科专业简况表	
		2.1.3 2016—2020 年学科专业布局和二级学院治理体系的有关文件、会议纪要	
	2.2 学科专业建设规划	2.2.1“十三五”学科专业发展规划	
		2.2.2“十四五”学科专业发展规划	
	2.3 专业设置	2.3.1 本科专业设置简况表	
		2.3.2 专业设置及学位点批复文件	

续表

一级目录	二级目录	三级目录	材料盒编号
3. 师资队伍	3.1 教师队伍数量与结构	3.1.0 教师数量与结构综述	
		3.1.1 专任教师名册	
		3.1.2 专任教师个人证书材料及协议	
		3.1.3 外聘教师名册	
		3.1.4 外聘教师个人证书材料及协议	
		3.1.5 薪酬发放情况说明及凭证	
		3.1.6 社保、个税缴纳情况说明及凭证	
	3.2 教师队伍规划与建设	3.2.0 教师队伍建设情况综述	
		3.2.1 师资队伍建设规划	
		3.2.2 师资队伍建设领导小组、师资队伍与学术道德委员会、教师发展中心有关文件	
		3.2.3 教师招聘文件	
		3.2.4 高级人才引进文件	
		3.2.5 强师工程建设方案及工作总结	
		3.2.6 师德建设方案及工作总结	
		3.2.7 优秀人才支持计划管理办法	
		3.2.8 特聘教授管理办法	
		3.2.9 专业（学科）带头人管理办法	
	3.3 教师队伍培养与培训	3.3.0 教师培养与培训情况综述	
		3.3.1 教师培训规章制度、实施方案	
		3.3.2 中青年教师提升学历文件及攻读博士学位教师名单	
		3.3.3 2016—2020 年访问学者情况汇总表	
		3.3.4 优秀人才支持计划评选文件及首批支持计划名单	
		3.3.5 骨干教师培养相关材料	
	3.4 教师队伍职称评审与聘任	3.4.0 教师职称评聘情况综述	
		3.4.1 学校职称评审规章制度	
		3.4.2 2018—2020 年学校职称评审方案	
		3.4.3 2018—2020 年学校职称评审结果	
		3.4.4 2018—2020 年学校职称评审工作总结	

续表

一级目录	二级目录	三级目录	材料盒编号
	3.5 教师队伍管理与考核	3.5.0 教师管理与考核情况综述	
		3.5.1 2018—2020 年教师考核文件	
		3.5.2 2018—2020 年教师考核结果	
		3.5.3 南粤优秀教师文件及名单	
		3.5.4 民办优秀教师、优秀教育工作者文件及名单	
		3.5.5 本市职业教育专家库文件及名单	
		3.5.6 2018—2020 年优秀教师、优秀教育工作者、优秀辅导员评选表彰文件、纪要	
	3.6 教学团队建设与管理	3.6.0 教学团队建设与管理情况综述	
		3.6.1 课程负责人建设管理办法	
		3.6.2 专业负责人建设管理办法	
		3.6.3 教研室主任建设管理办法	
		3.6.4 教学团队建设管理办法	
		3.6.5 课程负责人、专业负责人、教研室主任、教学团队建设情况	
4. 学科建设与科学研究	4.1 学科建设	4.1.0 学科建设情况综述	
		4.1.1 重点学科建设与管理办法	
		4.1.2“十三五”学科建设发展规划	
		4.1.3“十四五”学科建设发展规划	
		4.1.4 重点学科一览表	
		4.1.5 省级重点培育学科审批文件及建设资金下拨通知	
		4.1.6 校级重点学科立项及资助经费通知	
		4.1.7 省级重点培育学科建设 2018 年度执行报告	
		4.1.8 省级重点培育学科建设 2019 年度执行报告	

续表

一级目录	二级目录	三级目录	材料盒编号
	4.2 科研管理制度	4.2.0 科研管理情况综述	
		4.2.1 学术委员会章程	
		4.2.2 历届学术委员会名单	
		4.2.3 科研项目管理办法	
		4.2.4 科研机构管理办法	
		4.2.5 科研经费管理办法	
		4.2.6 科研业绩认定与量化计分办法	
		4.2.7 关于成立学术道德与学风建设工作领导小组的通知	
		4.2.8 哲学社会科学学术活动管理办法	
		4.2.9 学术不端行为查处细则	
	4.3 科研成果	4.3.0 2016—2020 年科研成果综述	
		4.3.1 2016—2020 年纵向科研项目一览表	
		4.3.2 2018—2020 年校级项目一览表	
		4.3.3 2016—2020 年知识产权一览表	
		4.3.4 2016—2020 年专著一览表	
		4.3.5 2016—2020 年教师发表论文一览表	
		4.3.6 2016—2020 年教师代表性论文一览表	
	4.4 科研机构	4.4.0 科研机构综述	
		4.4.1 北部湾发展研究中心	
		4.4.2 视觉文化艺术研究中心	
		4.4.3 拾艺匠坊文创空间	
		4.4.4 博士工作站	
	4.5 创新强校工程	4.5.0“创新强校工程”综述	
		4.5.1“创新强校工程”项目管理制度汇编	
		4.5.2“创新强校工程”实施方案	
		4.5.3 2016—2020 年“创新强校工程”项目一览表	
		4.5.4 2016—2020 年财政厅关于安排高校“创新强校工程”资金的通知	
		4.5.5 2016—2020 年学校关于“创新强校工程”专项资金安排	
		4.5.6 校级“创新强校工程”项目检查与验收文件	
		4.5.7 2016—2020 年“创新强校工程”考核自评报告	

续表

一级目录	二级目录	三级目录	材料盒编号
5. 教育教学	5.1 教学管理	5.1.0 教学管理综述	
		5.1.1 教学管理制度一览表	
		5.1.2 2018—2020 年教学工作要点	
		5.1.3 2018—2020 年教学检查工作安排	
		5.1.4 2018—2020 年督导听课记录表	
		5.1.5 2018—2020 年教学事故统计及处理文件	
	5.2 专业建设	5.2.0 专业建设综述	
		5.2.1 关于加强专业建设的指导意见	
		5.2.2 关于特色专业建设的指导意见	
		5.2.3 专业综合改革试点、特色专业一览表	
		5.2.4 本科专业对标评估报告	
		5.2.5 修订人才培养方案指导意见	
	5.3 课程建设	5.3.0 课程建设综述	
		5.3.1 关于修订课程大纲的指导意见	
		5.3.2 2020 年秋季学期开设课程及师资配备一览表	
		5.3.3“思想政治理论课”建设情况综述	
		5.3.4 关于精品课程建设的指导意见	
		5.3.5 精品课程、在线开放课程、专业核心课程一览表	
	5.4 实践教学	5.4.0 实践教学综述	
		5.4.1 实践教学管理文件	
		5.4.2 实践教学基地一览表	
		5.4.3 2020 年秋季学期实践环节及指导教师一览表	
		5.4.4 2018—2020 年各专业毕业实习安排一览表	
		5.4.5 2018—2020 年毕业论文（设计）工作方案及总结	

续表

一级目录	二级目录	三级目录	材料盒编号
	5.5 教研成果	5.5.0 教研成果综述	
		5.5.1 2016—2020 年教学质量与教学改革工程项目一览表	
		5.5.2 2016—2020 年教师发表教研论文一览表	
		5.5.3 2016—2020 年教师教学获奖一览表	
		5.5.4 2016—2020 年教学成果奖一览表	
		5.5.5 2016—2020 年教师出版教材一览表	
	5.6 学生管理	5.6.0 学生管理综述	
		5.6.1 2016—2020 年招生录取情况	
		5.6.2 学生管理工作规章制度列表	
		5.6.3 2016—2020 学年学风建设	
		5.6.4 学生权益保障机制	
		5.6.5 学生工作部（处）机构设置及工作职能	
		5.6.6 2016—2020 学年辅导员队伍建设	
	5.7 学生发展	5.7.0 学生发展综述	
		5.7.1 学生思想政治教育工作	
		5.7.2 学生党建工作	
		5.7.3 学生心理健康教育工作概况及学生心理健康状况报告	
		5.7.4 学生奖助贷育人工作	
		5.7.5 学生会工作	
		5.7.6 2016—2020 学年学生社会实践活动成效	
		5.7.7 2016—2020 学年学生社团建设情况	
		5.7.8 2016—2020 学年“青马工程”开展情况	
		5.7.9 学生职业生涯发展及就业指导工作	
		5.7.10 国际化培养	

续表

一级目录	二级目录	三级目录	材料盒编号
	5.8 培养质量	5.8.0 培养质量综述	
		5.8.1 2016—2020 年学生国家级、省级、市级获奖情况	
		5.8.2 2016—2020 年大学生创新创业比赛情况总结	
		5.8.3 2016—2020 年学生发表学术论文一览表	
		5.8.4 2016—2020 年学生体质检测数据统计	
		5.8.5 2016—2020 年学生考取研究生人数汇总	
		5.8.6 2016—2020 届毕业生基层就业情况汇总	
		5.8.7 2016—2020 年就业率统计表	
		5.8.8 2019 年毕业生就业质量年度报告	
6. 办学基础设施	6.1 学校土地	6.1.0 校园土地情况综述	
		6.1.1 校园土地面积一览表	
		6.1.2 学校已办土地产权一览表及土地不动产权证	
		6.1.3 学校在办土地产权进展情况一览表	
	6.2 学校校舍	6.2.0 学校校舍建筑综述	
		6.2.1 学校校舍建筑面积一览表	
		6.2.2 学校校舍建筑规划平面图	
		6.2.3 学校已办校舍建筑产权一览表及不动产权证	
		6.2.4 学校在办校舍建筑产权进度一览表	
	6.3 教学科研仪器设备	6.3.0 教学科研仪器设备综述	
		6.3.1 主要教学科研仪器设备清单	
		6.3.2 校企合作办学教学科研仪器设备清单	
	6.4 图书	6.4.0 图书馆基本情况综述	
		6.4.1 馆藏纸质图书分类汇总表	
		6.4.2 数字资源汇总表	
		6.4.3 2015—2019 年纸质图书利用情况	
		6.4.4 2015—2019 年电子图书资源利用情况	
		6.4.5 2016—2020 年馆藏纸质图书购销合同、凭证、入库清单	
		6.4.6 图书馆管理制度汇编	

续表

一级目录	二级目录	三级目录	材料盒编号
	6.5 实验、实训场所	6.5.0 实验室、实习基地基本情况综述	
		6.5.1 实验室制度汇编	
		6.5.2 实验室一览表	
		6.5.3 实习、实训教学基地一览表	
7. 办学经费	7.1 学校举办者财务情况	7.1.0 集团资质、经济实力及后续投入综述	
		7.1.1 集团民办非企业单位登记证书	
		7.1.2 学校事业单位法人证书	
		7.1.3 集团关于学校转设后继续加大投入的承诺函	
		7.1.4 集团2020年8月财务报表	
		7.1.5 集团2017—2019年年度财务报表审计报告	
	7.2 学校财务资产总体情况	7.2.0 学校财务资产总体情况综述	
		7.2.1 学校董事会关于同意学校申请转设的决议	
		7.2.2 学校转设财务清算专项审计报告、验资报告	
		7.2.3 学校董事会关于认可财务清算专项审计报告的决议	
		7.2.4 学校专项审计报告	
		7.2.5 学校在校生学费收费汇总表	
		7.2.6 学校2015—2019年年度资金保障分析表	
		7.2.7 学校2015—2019年年度日常教学经费支出及生均日常教学经费表	
		7.2.8 学校2015—2020年年度预算	
		7.2.9 学校2015—2019年年度财务预算执行情况审计报告	
		7.2.10 学校2015—2019年年度财务报表审计报告	
	7.3 学校财务管理情况	7.3.0 学校财务管理情况综述	
		7.3.1 学校学费、住宿费备案文书汇编	
		7.3.2 学校财务管理制度汇编	
		7.3.3 学校财务专职人员一览表	
		7.3.4 学校财务专职人员身份证及资格证书	

续表

一级目录	二级目录	三级目录	材料盒编号
8. 学校治理（综述材料）	8.1 董事会章程	8.1.1 学校董事会章程	
		8.1.2 董事会决议文件	
		8.1.3 学校法人证书有关材料	
		8.1.4 董事会成员任命文件及成员简介	
	8.2 学校章程	8.2.1 学校章程	
		8.2.2 董事会决议文件	
		8.2.3 校长办公会有关会议纪要	
		8.2.4 民主征集意见材料	
	8.3 组织机构	8.3.1 学校党政组织结构图	
		8.3.2 机构改革有关文件	
		8.3.3 党政领导班子成员任命文件	
	8.4 学术治理	8.4.1 学术委员会有关文件	
		8.4.2 学位委员会有关文件	
	8.5 民主监督	8.5.1 监事会有关文件	
		8.5.2 教职工代表大会有关文件	
		8.5.3 工会委员会有关文件	
	8.6 管理制度	8.6.1 制度汇编	
9. 党的建设	9.1 组织建设与管理	9.1.0 学校党建工作综述	
		9.1.1 学校党委部门及党组织架构图	
		9.1.2 学校各级党组织委员会组成人员一览表	
		9.1.3 学校党员人数一览表	
		9.1.4 学校党务领导干部任免文件	
		9.1.5 2019 年以来党委会议纪要、记录	
		9.1.6 2016—2020 年党建工作要点和总结	
		9.1.7 学校基层组织建设相关制度和文件	

续表

一级目录	二级目录	三级目录	材料盒编号
	9.2 思想政治建设	9.2.0 学校思想政治建设情况综述	
		9.2.1 2017—2020 年学校思想政治学习与管理相关文件	
		9.2.2 2017—2020 年学校党委中心组学习会议记录	
		9.2.3 2016—2020 年学校意识形态工作会议纪要	
		9.2.4 2018—2020 年学校意识形态安全隐患排查月报表	
		9.2.5 2017—2020 年学校意识形态安全管理相关审批材料	
		9.2.6 2017—2020 年学校民主党派人士信息登记一览表	
		9.2.7 学校意识形态管理相关制度和文件	
	9.3 党建研究及成效	9.3.0 学校党建研究情况综述	
		9.3.1 学校组织开展党建和思政工作研究的相关文件	
		9.3.2 2016—2020 年学校“书记项目”结项报告	
		9.3.3 2016—2019 年学校教职工发表党建论文情况一览表	
		9.3.4 2016—2019 年学校参加广东省党建论文评比获奖情况一览表	
		9.3.5 2016—2019 年学校党建课题省级立项情况一览表	
		9.3.6 2018—2019 年学校党建工作创新省级获奖情况一览表	

附件 3：转设材料规范说明

为进一步提升转设材料质量，增强材料的感染力，现就转设各类材料的规范要求做如下说明，各材料小组务必严格按照此说明对各类材料进行规范整理。各小组如果没有按照此标准对材料进行规范整理，务必重新加工制作。

1. 转设材料封面及内页目录规范

（1）封面需填写四个内容，分别为一级目录、二级目录、文件盒编号、责任单位。

（2）校徽、校名图标统一为“高度1.6厘米，宽度10厘米”。

（3）封面时间统一为“二〇二×年十月”。

（4）一级目录、二级目录根据《转设材料目录》建议进行填写。

（5）文件盒编号根据各材料组所负责一级目录序号编号填写。如“办学定位与学校规模”编写为“1. 办学定位与学校规模”，如有若干个文件盒，则依次编号为1-1、1-2、1-3……

（6）同一个二级目录进行分册装订时，各分册填写示例如下。

一级目录：	1. 办学定位与学校规模
二级目录：	1.1 学校定位（一）
文件盒编号：	1-1

一级目录：	1. 办学定位与学校规模
二级目录：	1.1 学校定位（二）
文件盒编号：	1-1

（7）多个二级目录装订为一册时，填写示例如下。

一级目录：	1. 办学定位与学校规模
二级目录：	1.1 学校定位 1.2 学校规划 1.3 学校规模
文件盒编号：	1-1

（8）成册材料扉页目录从一级标题开始填写，原则上写到三级标题，各材料组也可根据实际情况自行拟定，填写示例如下。

目 录

本页行距为固定值25磅

1.2 学校规划（二级标题：加粗，微软雅黑，四号，左对齐）

1.2.1 学校十三五发展规划

1.2.2 学校十四五发展规划（三级标题：微软雅黑，四号，左对齐）

1.2.2.1……（四级标题：微软雅黑，小四，左对齐）

（9）封面与目录填写字号、字体、对齐方式详见封面模板，页边距为普通。

（10）要求成册材料封面目录页均单面打印。

第三节　其他筹备工作

一、向当地教育主管部门汇报转设工作的情况

根据《教育部关于“十三五”时期高等学校设置工作的意见》《教育部办公厅关于做好 2019 年高等学校设置工作的通知》及《教育部办公厅关于加快推进独立学院转设工作实施方案》（教发厅〔2020〕2 号）的要求，在教育厅的坚强领导下，在市政府的支持下，在母体学校的帮助下，学校转设工作取得一定进展，也存在不少困难，现将有关情况汇报如下。

（一）学校基本情况

学校是粤东西北地区唯一的独立学院，在区域高等教育结构布局中具有重要作用，对于本市建成省域副中心城市、打造现代化沿海经济带重要发展极具有重要价值。学校经过 20 年的发展，基本具备独立举办本科教育的基础和能力。学校已经构建起以经济学和管理学为主体、文学和艺术学为两翼、教育学和工学为重要补充的学科专业结构，现有 41 个本科专业，面向全国 9 个省（市）招生，现有在校生 2 万余人；学校产权清晰、法人财产权明确，学校已购买并实际在用土地面积近 2000 亩、已建成并实际使用校舍建筑面积近 70 万平方米，现有教学仪器设备总值超 1 亿元，馆藏纸质图书 180 多万册；学校按照《民办教育促进法》的要求完善领导体制和治理结构，严格执行董事会领导下的校长负责制，充分发挥党委的政治核心作用；学校发展态势良好、运行健康有序，已经为广东经济社会发展培养毕业生 4.5 万人。

（二）学校转设工作的准备情况

1. 思想认识统一、组织机构健全

母体学校、举办者、学校三方均认为转设是独立学院步入良性发展的一

次重大机遇，三方领导班子和教职员工思想认识统一；董事会高度重视转设工作，成立学校转设专项工作组，工作组根据学校实际制定了路线图、时间表和任务书，实行挂图作战，各项准备工作按照时间节点有序推进。

2. 转设方案成熟、过渡期协议权责清晰

经母体学校、举办者、学校三方沟通协商，明确了学校为非营利性民办高校，共同确认了转设后学校的办学定位、师生安置、财产确权、举办者后续投入，并就转设后过渡期责权利关系达成了一致意见。

3. 对照教育部《普通高等学校基本办学条件指标》，学校办学条件基本达到指标要求

（1）基础设施设备与图书资料达到标准要求。校园占地总面积、校舍建筑总面积、教学行政用房总面积、学生宿舍总面积、教学科研仪器设备总值、已建成校内实训实验室、校外实践实习基地、每百生均电脑、多媒体教室与语音实验室座位数、每百生均座位数、纸电子图书数均达到或超过标准要求。

（2）师资队伍实力不断增强，基本达到指标要求。学校高度重视师资队伍建设，设立专项资金推进"人才强校"战略，近两年引进专任教师 200 余人。折合后生师比略高于 18∶1，基本达到指标要求。

4. 治理结构和治理体系优化，管理水平不断提高

学校坚持董事会领导下的校长负责制，董事会运行规范，举办校与投资方通过董事会依法依规参与学校管理；学校党政管理机构健全，党委的政治核心作用日益强化；学校发展目标明确、运行健康有序、发展态势良好。

5. 经费投入有保障，学校发展步入良性状态

投资方依法按时、足额履行出资义务。投资方承诺转设后 5 年内，每年持续投入，着力加强学校内涵建设。

（三）存在的主要困难

1. 土地不动产权证、房屋不动产权证办理未能达到预期要求

经市政府规划批准，学校实际在用的校园土地 2000 余亩。其中，部分土地和房屋尚未办理不动产权证。市委、市政府高度重视，正在依法依规继续推进手续办理。

2. 师资队伍的实力依然不强

学校地处粤西，远离珠三角，交通不便，人才引进、留住困难较多，学校成为为粤西地区公办高校、珠三角地区民办院校培养师资队伍的预科班，引进和留住人才十分困难，特别是高水平的专业人才数量、质量仍显不足。

（四）下一步工作计划

如期完成转设任务是当前学校工作的重中之重。学校将继续严格按照院校设置各项标准及教育部办公厅〔2020〕2 号文件要求，明确工作重点、锁定工作任务、攻坚克难，确保顺利实现转设目标。

1. 抓住转设工作的重点

严格按照教育部《普通高等学校基本办学条件指标》要求，逐一对照落实，确保“五项指标”（生均占地面积、生均校舍面积、生师比、生均图书、生均教学仪器设备值）满足转设标准。

2. 打通转设工作堵点

目前，转设工作的堵点在于土地不动产权证和房屋不动产权证的办理，争取省厅和市委、市政府的支持，在专家组进校考察前办结土地、房屋不动产权证。

3. 攻克转设工作的难点

转设工作的难点仍然是学校专任教师队伍的结构不优、层次不高、兼职过多。学校正持续加大投入，全力推进师资队伍建设，加大高级专业技术职称人才的引进力度，在增加数量的同时，同步提高质量、优化结构。

4. 精心打磨申报材料

对照独立学院转设申报材料清单，根据省教育厅发展规划处关于转设材料的质量要求，精心打磨转设申报材料，在省教育厅发展规划处规定的时限内准时提交各项材料。

独立学院转设工作政策性强、标准要求高、工作环节复杂，学校真诚希望得到省厅发展规划处的坚强领导、政策指导、业务辅导，我们将虚心学习、努力工作，不辜负省教育厅和市委、市政府一直以来对学校的关心厚爱！

二、教育厅实地考察转设前阶段准备工作

根据《教育部关于“十三五”时期高等学校设置工作的意见》《教育部办公厅关于做好2019年高等学校设置工作的通知》及《教育部办公厅关于加快推进独立学院转设工作实施方案》的要求，在教育厅的坚强领导下，在市委、市政府的支持下，在母体学校的帮助下，自2020年6月中下旬开始学校转设工作进入快车道，转设工作取得一定进展，但也存在不少困难。为压实职责，提高各项下阶段工作的效率，特制订本方案。

（一）集全校之力推动不动产权证办理

争取市政府相关部门大力支持，尽快依法依规办理学校部分土地、房屋不动产权证。

（二）强化师资队伍建设

学校高度重视师资队伍建设，现有教师折合后总数超过1100人。但依然存在专任教师队伍的结构不优、层次不高、兼职过多问题。学校须再加大人才引进力度，通过多种途径，引进足够数量的具有副高及以上职称人才和具有硕士以上学位人才，在增加数量的同时，同步提高质量、优化结构，提升专任教师队伍水平，达到学生与专任教师比大于等于18∶1。

（三）加快纸质图书购买进度

学校目前有纸质藏书178.42万册、电子图书104.3万册，折合生均图书135.14册。按照转设标准的要求，为更加稳妥达到此项标准，保证万无一失，学校须加大经费投入，加快纸质图书购买的进度，在2020年8月30日前使得学校纸质藏书达到209万册以上，以使得生均纸质图书大于等于100册。

（四）加大教科研仪器设备购买力度

学校目前教科研仪器设备总值超1亿元，生均超过5000元，符合转设所要求的生均教科研仪器设备大于等于5000元的标准，但其中存在统计范围存

在争议及部分教科研仪器老化问题。为使得此项指标更加稳妥达标，学校须加大经费投入，购置足够的教学仪器，以满足标准，确保专家现场验收万无一失。

（五）精心打磨申报和受检材料

目前，学校申报和受检材料已基本准备妥当，但在过去几个月里，学校的转设工作发生了较大的变化。因此，须结合学校最新实际，对照独立学院转设申报材料清单，继续精心打磨转设申报和受检材料，并及时开展自查及整改。

（六）周密筹划专家组进校考察期间的工作

1. 制订考察期间的工作方案

责任部门须在近期起草制订专家组考察期间各项工作总体方案和子方案，包括但不限于会务方案、接待方案、人员安排、后勤保障、校园环境以及与市政府、举办校相关单位的对接方案等各项具体工作方案。

2. 落实后勤保障的具体举措

在专家组进校实地考察前，学校相关部门务必协同完成校园环境专项治理工作。包括但不限于教学场所、实验场所、办公场所和学生宿舍的制度、铭牌上墙以及环境卫生治理，落实已通过会议确定的各项校园绿化整改举措，旧校区教学楼电缆更换，食品安全保障，工程建设项目安全及环境维护，校园安全网络安全等，确保专家组到校实地考察期间校园整洁、美观、安全。上述事项完成时间以专家组到校实地考察正式通知为准。

3. 开展迎检工作的全面自查

学校近期组织各有关单位、部门须做好自查准备工作，各受检部门负责人必须亲自带队接受检查。各实验室接受检查时，实验室管理人员及实验室介绍人员必须到岗，按照事前准备的解说词，进行实验室介绍。

（七）工作要求

1. 加强领导，明确分工

全校上下必须从全局高度认识和重视学校转设下阶段工作的重要性，明确分工，责任到人，任务到岗，工作到位。

2. 统筹协调，全员参与

全校师生员工都要上下一心，以良好的精神状态，认真做好各项工作。根据下阶段的工作重点，全身心地投入攻克转设工作难点重点中来，真正形成人人了解、人人关心、人人重视、人人参与的协同作战的良好氛围。

3. 加大投入，注重实效

认真做到人、财、物、思想、行动“五到位”，尤其是人、财、物等核心要素必须得到切实保障。根据学校转设工作目前遇到的难点，在关键领域加大投入，讲求实效。

三、迎接转设实地考察工作前一周工作安排

（一）会务工作组本周主要任务

（1）完成接待手册的电子版设计。目标要求：界面友好，简洁、精美、精致。

（2）检查专家组到校考察期间所使用会议室的音响、话筒设备状况。目标要求：确保没有故障，能够顺利使用，严禁中途出现更换话筒和音响故障。

（3）检查专家实地考察时“办学情况校长汇报会”及“评估专家意见反馈会”投影仪、话筒、音响的设备状态。目标要求：投影仪正常使用，图片文字播放清晰，话筒、音响状态正常，严禁出现故障和图文显示不清晰。

（二）文字材料组本周主要任务

（1）修改完善校长汇报稿（包括 PPT）、专家审核意见（代拟稿）、省教育厅考察报告（代拟稿）、专家组长主持词和讲话稿、省厅与会领导讲话稿。目标要求：顺利通过学校主要领导审核。

（2）完成给教育部的申报函。目标要求：高质量通过学校主要领导审核。

（3）完成独立学院举办者关于独立学院转设的请示。目标要求：高质量通过学校主要领导审核。

（4）完成独立学院决策机构关于独立学院转设的决议。目标要求：推动

学校决策机构决策并形成书面决议。

（5）形成科学完整的学校转设为民办本科院校的方案。目标要求：按照教育部办公厅〔2020〕2 号文件要求，形成转设方案的文字稿并通过主要领导审核。

（6）完成转设协议的再次审定。目标要求：根据教育部办公厅〔2020〕2 号文件要求，完善转设协议。

（7）确定转设后决策机构名单。目标要求：科学合理地建立学校董事会，并按照教育部办公厅〔2020〕2 号文件要求描述个人信息。

（8）准备学校办学许可证相关材料。目标要求：符合教育部办公厅〔2020〕2 号文件要求。

（9）审定修改完善新的学校章程。目标要求：符合《民办教育促进法》的各项规定。

（三）财务工作材料组本周主要任务

（1）弄清财务清算报告的基本要求并选定会计师事务所，帮助会计师事务所完成《财务清算报告》初稿。目标要求：符合教育部办公厅〔2020〕2 号文件规定。

（2）形成独立学院决策机构认可的《财务清算报告》决议初稿。目标要求：符合教育部办公厅〔2020〕2 号文件规定。

（四）不动产证书办理工作组本周主要任务

（1）再次审核校园建设规划图。目标要求：符合教育部办公厅〔2020〕2 号文件规定。

（2）推进土地、房屋不动产权证办理。目标要求：明确分批完成工作任务的时间表，并有实质性的工作进展。

（五）师资组本周工作任务

（1）按照教育部办公厅〔2020〕2 号文件要求整理教师队伍名册，达到 18∶1 的生师比基本条件。目标要求：做到教师名册与工资发放清单、社保清单、课程教学任务安排“四位一体”，一一对应，不出差错。

（2）根据人事处教师名册精准安排课程教学任务。目标要求：在教务处教学管理系统能够随机调阅，确保准确无误，迎检期间做到专线连通、专机调阅、专人负责。

（六）图书及教学设备组本周工作任务

（1）检查图书查询系统，整理馆藏图书，达到教育部要求的生均册数。目标要求：做到图书查询系统运转正常，电子资源可检索，确保查询结果与馆藏书籍一一对应，迎检期间要求专线连通、专机查阅、专人负责。

（2）整理学校教学科研仪器设备账目，确保生均设备值在5000元以上。目标要求：做到设备票据账单、设备清单、设备实物“三位一体”，一一对应，不出差错。

（七）专家组现场实地考察点专项工作组本周工作任务

精心准备、仔细检查专家组考察办学条件的线路和重点场所的各项准备工作。目标要求：检查各考察点的教学设施、实验实训场地（见表5–6）的各项准备，确保场地干净整洁、设施设备状态良好、管理规范有序；模拟演练专家组所经过的考察线路和重点考察场所，确定各考察点所需精确时间；确定学校总解说员和各考察点解说员，拟定解说词；培训解说员并在现场组织验收考核。

表5–6　二级学院备考察实验室

序号	学院名称	实验室名称
1	管理学院	知致楼：会计综合仿真实验室和财务共享服务实验室（120）；跨境电商综合实训室（115）；智慧酒店模拟实验室（112）；电子商务博弈沙盘实验（111）
2	艺术学院	雅颂楼1楼实验室（钢琴房、舞蹈室）
3	经济与金融学院	博思楼3楼：银行模拟实验室；证券模拟实验室；保险模拟实验室

（八）专家现场考察接待工作组本周工作任务

（1）设计、完善专家现场考察接待手册。目标要求：图文并茂，简要介绍学校办学历史、办学现状、发展战略；图文并茂，简要介绍学校的重要实验室；完善接待手册的其他内容设计。

（2）确定现场考察专家联络员并培训联络员。目标要求：要求联络员了解转设政策、熟悉学校情况、熟悉专家工作流程、熟悉学校转设材料。

（3）制订好专家工作室和住宿房间的电脑、打印机、计算器及日常办公用品的解决方案。目标要求：确保校园网络畅通，专家住宿房间和工作场所的网络和电脑能舒适使用。

（九）专家现场考察宣传工作组本周工作任务

（1）再次审定和完善反映学校 20 年办学成效的宣传片质量。目标要求：能反映学校发展水平。

（2）检查校园内的宣传设施是否运行正常，根据学校发展战略及时更新调整宣传内容。目标要求：确保宣传氛围良好。

（3）设计好专家组现场考察时宣传学校办学成绩的标语。目标要求：宣传好学校办学成绩、发展战略、办学目标，但要科学合规，留下好印象。

（十）专家现场考察后勤保障工作组本周工作任务

（1）制订校园环境清理、卫生整治的工作方案，在专家进校前一周左右实施。目标要求：充分展现新校区校园风貌，老校区要做到干净整洁、管理规范。

（2）负责检修校园公共设施设备运行情况，主要包括电梯运行情况、空调运行情况。目标要求：确保专家现场考察期间不出现任何异常状况。

（3）与当地水、电供应部门沟通，确保专家进校考察期间水电正常供应。目标要求：确保不出现任何异常情况。

（4）制订专家进校考察期间的医疗服务工作预案。目标要求：能满足个性化需求。

（5）制订严格的饮食安全监控措施。目标要求：确保饮食卫生安全。

（6）制订专家现场考察期间所需要的各种物资和设备的采购工作预案。目标要求：确保考察期间所需物资设备随叫随到。

（十一）专家现场考察校园安全工作组本周工作任务

（1）研究制订好返校学生迎接转设考察的动员工作方案，做到学生理解转设、支持转设。目标要求：如果专家召开学生座谈会，确保效果良好。

（2）研究制订好专家进校考察期间确保校园及校园周边安全稳定的工作方案，千方百计排除各种安全隐患。目标要求：确保专家现场考察期间校园平安、稳定。

（3）整治校园交通秩序，规范校园内车辆停放（包括电动车、摩托车），规划好专家工作车辆停放地点。目标要求：校园车辆停放规范，专家工作车辆进出、停放有序。

四、校领导在转设工作动员大会上的讲话稿（节选）

在省教育厅、学校董事会的关心支持下，经过学校全体干部职工的艰辛努力，学校转设工作取得了阶段性成果。近期教育厅组织有关专家，到学校实地察看了会计学院、管理学院、经济金融学院、音乐舞蹈学院的实验室建设情况，并针对学校师资队伍的材料，房屋、土地证件及说明材料，教务管理信息系统及其数据，教学仪器设备材料及其数据，图书资料信息及其系统，学校财务状况及其经费使用进行了检查，就学校转设的有关工作提出了很多有见地的意见和建议，对于学校做好迎接教育部专家组进校实地考察工作具有极大的帮助和指导作用。

1. 关于申报材料、校长汇报材料、汇报 PPT

（1）存在的问题：申报材料、校长汇报材料、汇报 PPT 是学校转设工作的核心材料，根据省厅发展规划处的意见，需要进一步丰富和完善“转设后学校治理结构、领导班子的履历、省厅专家组实地考察后的显著变化、学校财务状况、青年教师的培养”等方面的举措和材料。

（2）整改措施：秘书组需要准确理解上述问题的内容要求，同步在校长汇报材料、汇报PPT中丰富和增加相关内容。

（3）责任单位：材料组。

2. 关于转设支撑材料的问题

（1）目前存在的共性问题：各材料小组对三级目录内涵理解不准确，根据三级目录内涵要求，对近五年所开展的工作，普遍存在思路梳理不清楚、工作举措碎片化、支撑材料堆砌、缺乏支撑效力问题；二级目录的综述普遍存在质量不高，既不能综也没有述，既没有分析也没有归纳，没有特点描述，综述材料逻辑混乱、语句不通，难以体现一所本科院校应该具有的基本水平问题；对支撑材料与佐证材料把握不准、左右摇摆、标准不统一问题；有的支撑材料、佐证材料呈现形式零乱、格式不规范问题。

（2）整改措施：严格落实校领导责任包干制。各责任校领导按照《转设材料工作组工作方案》的要求，准确理解三级目录的内涵要求，系统梳理近五年的工作思路、工作举措、工作成效，优化支撑材料、核准佐证材料，精心撰写好综述材料；各材料小组组长、副组长务必认真学习、仔细思考，严禁马马虎虎，应付了事。

（3）完成时间：11月10日前责任校领导审核签字后，交秘书组验收；各材料小组组长协助秘书组在教育部专家组进校前5天将支撑材料统一胶装成册成书（封面由秘书组统一设计）。

3. 关于解决好教育部专家组实地考察时全面掌握学校办学基本条件问题

（1）存在的问题：教育部专家组进校实地考察时间很紧、任务很重，但学校工学类专业的实验条件、学校的馆藏图书资料、旧校区的校舍房产无法展示，特别是新校区图书馆没有竣工，专家无法实地考察图书馆馆藏文献资料。

（2）改进措施：学校通过三个微视频拍摄旧校区的主要校舍建筑、图书馆馆藏图书资料、工学类专业主要实验室，链接到校长汇报材料PPT对应内容上。

（3）责任单位：宣传部。

4. 关于师资队伍的有关细节问题

（1）存在问题：专任教师的准确性问题；退休返聘人员的名册单列问题；

专任教师和外聘教师档案资料（纸质版与电子版）的编号问题。

（2）完善措施：对于工资关系学校的专任教师，人事处再次一一核准个人基本信息、教学任务、聘任合同、薪酬、社保，精准做到一一对应，严禁出现任何形式的错、漏、乱；对个别特情教师（病假、产假、事假、访学进修、攻读学位等）单独列出名册，逐一精准说明原因，严禁出现任何形式的错、漏、乱；对于工资关系不在学校已经退休的返聘人员，需要再次一一核准个人基本信息、教学任务、聘任合同、薪酬，精准做到一一对应，严禁出现任何形式的错、漏、乱；在申报材料中增加“专任教师中退休返聘教师名册”，按照正高级职称、副高级职称排序，在同一职称等级中按照来学校工作时间先后依次排序，同时在支撑材料中对应提供完整信息的表册；通过教学管理系统打印教师课程表，分年度、按学期装订成册后，放在教师个人纸质档案袋内。

（3）责任单位：师资组。

5. 关于人事管理信息系统的建设问题

（1）关注的主要问题：人事管理系统基础数据的准确性、完整性问题；人事管理系统功能与专家组实地考察要求的适切性问题。

（2）新建人事管理信息系统务必达到的最基本目的：通过人事管理信息系统快速准确导出全校教职工花名册、专任教师花名册、外聘教师花名册，花名册内容包括但不限于教职工工号、性别、年龄、学历、学位、职称、所在部门、岗位性质（专任教师、教辅人员、行政人员）以及工资关系、来校工作时间等基础数据，并与申报材料中各类教师名册保持完全一致；顺利导出申报材料中各类教师的工资发放明细表、社保缴纳情况等；能够实现按照职称、来校工作时间、岗位性质等关键字段检索统计教师人数；能够使用教职工工号检索教职工个人信息，确保无错漏、无重复；能够按照专家要求检索、统计、分析各类教师的薪酬和社保缴纳情况；按照专家要求查询所需要的各类数据信息。

（3）责任单位：师资组。

6. 关于教学工作的重要问题

通过教务管理系统提供教师承担教学任务的根本目的是：证明学校提供

给专家审查的专任教师、外聘教师的真实性，相关人员务必实事求是，确保材料的有效性。

（1）需要关注的细节问题：按照教职工工号、身份证号进行覆盖后仍然出现教职工个人相关信息与现在实际状况不符问题（如机构设置等）；教师教学任务情况异常的问题；公共必修课、专业基础必修课程、专业必修课程的副高级职称教师的配备问题；学校“双肩挑”人员教学任务安排的额定量问题；根据教育部《普通高校设置暂行规定》的要求，依据课程性质检索任课教师、根据教师职称检索承担的课程教学任务问题；对全校公共基础必修课、专业基础必修课、专业必修课情况的总体把握问题；对全校教学班额的整体把握问题；对全校专任教师、外聘教师教学工作量的总体把握问题；对全校教学用房的把握问题；对全校实验室和实验实训基地的把握问题；近两年全校各教学班的课程表问题；教师个人教学任务书、教学进度计划、教案、PPT 载入专家工作电脑问题；教学工作的基本思路、工作举措、实践成效的整体性展现问题。

（2）完善的举措：通过技术编程覆盖、隐藏或者人工修改等手段，实现按照教工号检索后教师的呈现形式规范统一；按照学校规定落实专任教师和外聘教师的教学任务（含课程教学任务、指导学生毕业论文、指导学生专业实习等），对有明显异常情况的个别教师，人事处一人一策研究具体措施，做到身份、岗位、薪酬相适；根据教育部《普通高校设置暂行规定》的要求，系统清理公共必修课、专业基础必修课、专业必修课教师的配备情况，做到差距和痛点心中有数，并有改善计划和举措；根据学校《关于管理岗位人员承担教学工作的有关规定》要求，合理安排好“双肩挑”人员的教学任务；对全校公共基础必修课、专业基础必修课、专业必修课的课程门数、教学班额、任课教师情况、课堂教学质量评价、课程考试情况有详细的情况把握，对上述问题要有信息收集、问题梳理、改进举措、成效反馈，形成有效的教学质量监控闭环；对全校分学院、分科类、分专业、分课程性质的教学班额和教学现状要了然于胸，对存在的短板和弱项应该清清楚楚，对全校专任教师、“双肩挑”教师、外聘教师的教学工作量要做到数据清楚、标准明确，对存在的弱项与短板要了然于胸；对全校的教室、实验室的使用与管理具体情况要做到数据清晰，对存在的问题有透彻的了解，相关的管理规定有具体制度支撑；以行政班级为单位打印、装订、制作近两年学校课程表，便于专家全面掌握学校教学状况，同时以Excel形式载入专家工作用电脑，便于专家检索；以申报材料中教职工工号对应的序号在专家工作电脑载入近两年包含教师个人教学任务书、教学进度计划表、教案、PPT电子版的文件夹，同时在教职工纸质档案袋内准确无误装入教师个人教学任务书、教学进度计划表；竭尽所能理清近三年学校教学基本建设、教学管理、教学改革的工作思路、工作举措和工作成效，能够用专业的视角与专家进行探讨和交流。

（3）责任单位：教育教学组。

7. 关于教学管理信息系统的建设问题

（1）关注的问题：教学管理信息系统基础数据的准确性、完整性问题；教学管理信息系统功能与专家组实地考察要求的适切性问题。

（2）新建教学管理信息系统务必达到的最基本目的：通过该系统快速准确地分类别导出全校课程表；使用教职工工号通过该系统快速准确地查询教师个人教学任务；通过该系统快速准确地分课程性质查询任课教师情况；通过该系统快速准确地以教师类别（身份类别、职称类别）导出教学任务安排情况；能够按照专家要求检索、统计、分析其他与教学相关的数据和信息。

（3）责任单位：教务处。

8. 关于教育部专家组实地考察办学条件的问题

教育部专家组进校实地考察学校办学基本条件这个环节十分重要。学校拟选取四个学院（管理学院、经济与金融学院、会计学院、音乐舞蹈学院）的实验室作为必备考察点。

（1）存在的细节问题：线路优化问题；解说的吸引力问题；展板、展台的特色问题；场景氛围的营造问题。

（2）改进的措施；工作方案另行制订。

（3）责任单位：有关二级学院。

9. 关于教学科研仪器设备的问题

（1）存在的细节问题：没有总体设备清单；提供的课程表信息欠准确；10年以上的设备处理问题；新建实验室的设备入账问题。

（2）完善的措施：用 Excel 表按照每台套单价 800 元、1000 元两个标准导出教学仪器设备清单，载入专家工作用电脑，并作为支撑材料装订成册供专家核查；迅速录入新建实验室资产情况，一并纳入统计范围（合同、发票）。

（3）责任单位：办学基础设施组。

10. 关于图书资料的问题

（1）存在的细节问题：专家使用工作电脑中的图书馆管理系统正常高效使用问题；图书馆管理系统的阅读界面过小、查看不方便问题；学生图书资料借阅量问题。

（2）完善措施：解决图书管理系统技术性能问题，确保专家方便快捷使用（这是必查、必检项目）；从技术的角度解决专家电脑阅读界面过小的问题；充分准备回应专家关注学生借阅量的问题。

（3）责任单位：办学基础设施组。

11. 关于生均校舍建筑面积的问题

（1）存在问题：生均校舍建筑面积办证比例尚未达到要求；目前生均教学行政用房办证比例过低，与教育部合格标准存在一定差距。

（2）完善措施：加快两校区建筑物办证进度。

（3）责任单位：办学基础设施组。

12. 关于学校财务的问题

（1）存在问题：出资方承诺连续 5 年每年投入的资金来源问题；由于工资和税务明细表中的教师名单顺序与申报材料中教师名册不一致，检索速度很慢的问题；办学经费支出中有的部分比例偏低问题。

（2）完善措施：为出资方想清楚资金来源渠道，能够让教育部专家信服；选择一名技术人员，熟练掌握工资系统、税务系统的检索方法，能够以最快的速度查找到专家需要的信息；对办学经费支出的各部分比例做出说明，并对比例明显偏低的部分准备好合理的解释。

（3）责任单位：办学经费组。

第六章　转设材料

第一节　部分重要申报材料

一、报教育部的转设论证报告

根据教育部《普通本科学校设置暂行规定》（教发〔2006〕18号）、“26号令”、《教育部办公厅印发〈关于加快推进独立学院转设工作的实施方案〉的通知》（教发厅〔2020〕2号）等文件精神，母体学校、投资方、学校三方一致同意学校转设为由投资方举办的独立设置的民办普通本科高校。我厅按照有关程序组织开展对学校转设的论证工作，论证结果如下。

2006年，经教育部批复同意试办独立学院，同年招收本科生；2011年，学校获得学士学位授予权；2013年，学校通过广东省教育厅独立学院本科教学基本状态评估；2017年，学校转设列入广东省“十三五”高校设置规划。经过20年的建设和发展，学校已成为粤西地区规模最大、具有重要区域性影响、办学特色鲜明的民办本科高校，累计为社会培养和输送了接近5万名本专科毕业生。学校始终坚持以提高人才培养质量为核心，办学条件不断改善，教育教学质量稳步提高，各项事业步入良性发展状态。

（一）学校转设的必要性

1. 落实国家关于独立学院发展政策的新要求

学校根据《广东省“十三五”高校设置规划》的安排，按照教育部办公厅《关于加快推进独立学院转设工作的实施方案》要求，于2020年初向教育厅呈报转设请示，教育厅专家组已对学校转设工作进行了实地考察，经过相关程序审批后报请教育部批准学校转设，学校接受教育部专家组的实地考察。

2. 发展粤东西北地区高等教育的新举措

《广东省教育现代化 2035》中多处提出“提高粤东西北地区高等教育发展水平，持续提升全省高等教育毛入学率”“打造粤东西北地区高等教育升级版”。学校作为粤东西北地区唯一的独立学院，学校转设为独立设置的民办普通本科高校是提高粤东西北地区高等教育发展水平的重要举措，对于经济欠发达的粤东西北地区发展民办高等教育有着重要的示范意义。

3. 适应本市建成省域副中心城市、打造现代化沿海经济带重要发展极的新需要

本市处于粤港澳大湾区、北部湾城市群、海南自由贸易港三大国家级区域发展战略地带交会处，正按照习近平总书记视察广东时的要求，加快建设省域副中心城市，打造现代化沿海经济带重要发展极。大学因城市而兴，城市因大学而盛，本市高等教育的数量与质量、结构与规模直接决定着这座城市的品质和品位，在很大程度上定义着本市未来的发展水平。在这样的重大历史关口，学校转设为独立设置的民办普通本科高校，可以更好地发挥本科院校服务区域经济社会发展的引擎作用，学校将更加紧密结合地方人才需求，培养大批“作风务实、基础扎实、能力真实”的应用型人才，提升本市城市知名度和综合竞争力，为本市加快建成省域副中心城市、打造现代化沿海经济带重要发展极做出积极贡献。

4. 培育本市高等教育加速发展的新动能

学校转设为独立设置的民办普通本科高校，必将促进学校进一步转变教育思想、明确办学定位、凝练办学特色，进一步释放民办高等教育在管理机制体制上的活力，形成与公办高校良性互动的新格局，在互惠共赢中进一步挖掘新潜力、培育新动力、形成新优势，这样的模式与格局必将从更深层次上推动本市高等教育得到新发展，为本市高等教育释放新供给、培育新动能。

5. 提升学校办学水平的新台阶

学校转设为独立设置的民办普通本科高校，不是简单意义上的与母体学校脱离，而是要独立承担起一所本科院校在人才培养、科学研究、社会服务、

文化传承与创新的使命和责任。学校经过20年的建设发展，紧跟市场需求着力打造特色专业，形成了具有自身特点的应用型人才培养模式。经济学、管理学已成为主干学科，经济学类专业、金融学类专业、工商管理类专业已经成为学校的主干专业，与本市乃至粤西地区本科高校的学科专业布局形成了错位发展。学校转设后将继续强化经济类、管理类学科专业建设，大力发展“新工科”专业，探索具有民办高等教育时代特征、应用型人才培养特色的发展之路，进一步提升学校办学水平。

（二）学校转设的可行性

学校转设经过举办校和出资方一致同意，按照教育部办公厅〔2020〕2号文件要求签署了三方协议，已经纳入《广东省高等学校设置“十三五”规划》。学校转设为独立设置的民办普通本科高校基本条件具备、申报论证充分、前置程序合规、发展思路清晰、办学举措有力，具有可行性。

1. 学校办学条件满足教育部《普通高校设置暂行规定》的基本要求，转设标准已达到

（1）办学规模。截至2020年10月15日，在校生近2万人。学校已累计为社会培养将近5万名本专科学生，毕业生以“作风朴实、基础扎实、能力真实”的品牌形象受到用人单位的普遍欢迎。

（2）学科专业。学校现有学科涉及经济学、管理学、工学、文学、艺术学和农学六大学科门类，主干学科管理学、经济学具有一定优势；设有41个本科专业，经济学类专业、金融学类专业、工商管理类主干专业具有一定特色，文学、艺术类专业有一定基础，工学类专业发展态势较好。其中，管理学类专业12个、经济学类专业3个、工学类专业11个、文学类专业6个、艺术学类专业8个、农学类专业1个。

（3）师资队伍。学校高度重视师资队伍的规划和建设，相继推出“优秀人才支持计划”“银发工程计划”“特聘教授计划”，努力克服学校既地处粤西又是民办院校的引进人才难稳住人才更难的办学困境；学校始终坚持把师德师风作为评价教师的第一标准，加强师德师风建设。专任教师队伍在困境中实现良性发展，队伍结构整体合理、状态良好。学校现有专任教师1100人，

其中具有副高级以上职称 300 余人，具有研究生学历 900 余人，有海外留学背景的博士、硕士 200 余人。每门公共必修课、专业基础必修课程均配备了 2 名副高以上职称的专任教师；每门专业必修课程均配备了 1 名副高以上职称的专任教师；每个本科专业均配备了 1 名正高职称专任教师。

（4）教育教学与科学研究。学校坚持突出人才培养的中心地位，教学质量逐年提高。学校现有会计学、英语语言文学两个广东省重点培育学科以及音乐学、园林专业两个省级特色专业；经济管理实验教学中心是省级实验教学示范中心；电算化会计学等 5 门课程是省级精品视频公开课程和精品资源共享课程；有省级教学改革项目 26 项；先后有 11 名教师获得省级教学竞赛等级奖；学生参加各级各类竞赛活动，近五年获得国家级、省级奖项 441 项。学校高度重视科研在内涵建设中的重要作用，按照“注重应用、聚焦区域、凝练特色”的思路，取得了一系列科研成果。学校组建了北部湾发展研究中心，已连续两年主办了北部湾区域经济国际论坛。近 3 年，学校获省、市级研究项目 97 项，获得资助经费 514.5 余万元；教师主编教材 8 部、参编 5 部，发表学术论文 991 篇，其中被 SSCI 收录 1 篇，SCIE 收录 3 篇，EI 会议收录 3 篇，CPCI 会议收录 1 篇，CSSCI（含扩展版）收录 8 篇，CSCD（含扩展版）收录 5 篇，中文核心期刊收录 38 篇；获得专利授权 50 项。

（5）基础设施。学校拥有现代化的大学校园，现有两个校区，校园占地面积 2000 余亩，校舍建筑面积 70 万平方米。学校现有教学科研仪器设备总值超过 1 亿元，生均超过 5000 元 / 人；建有校内实验室 165 个，校外实践教学基地 127 个，能够满足全校本科专业实践教学需要。学校现有纸质藏书 186.50 万册，电子图书 106.43 万册，生均纸质图书 93.56 册 / 人，近三年年生均购书 5.4 册 / 人；有中文纸质期刊 693 种，中文报纸 43 种，电子期刊 9441 种，有 15 个数据库，能够满足师生学习科研需求。学校建有音乐厅、多功能厅、室内运动场馆、田径运动场、游泳池、各种球类场地等体育设施。现有 25 栋学生宿舍，共计 3 万余个床位，师生食堂 4 个，校卫生所 2 个，师生生活服务设施齐全。

（6）办学经费。学校办学资金来源持续稳定，办学经费满足需要；资金全部纳入财务专户，实行财务预决算制度，编制财务会计报告，每年委托会计师事务所依法进行审计并报教育主管部门备案。学校对举办者投入的资产享有法人财产权，并依法依规管理使用，历年办学结余全部投入学校事业发展中，出资方从未提取合理回报。学校转设后，出资方承诺每年持续投入资金，用于加强学校内涵建设、提高人才培养质量。

（7）领导班子。学校党政领导班子成员 6 人。其中，中共党员 5 人；具有教授职称 2 人、副教授职称 1 人；具有博士学位 3 人、学士学位 3 人。领导班子成员政治素质高，长期从事高校教学科研、行政管理和党务工作，管理能力强，符合国家相关规定。

（8）党的建设。学校始终牢牢把握社会主义办学方向，党委全面落实管党治党责任，深入推进党的建设，党的基层组织健全，党委政治核心作用发挥充分。学校党委书记依法进入学校董事会，参与学校重大决策；学校坚持落实和完善二级学院党政联席会议制度，深入实施基层组织建设“三年行动计划”和“双带头人”培育工程，扎实开展“不忘初心、牢记使命”主题教育，推行“月检查、季督查、年考评”，完善监督考核机制，确保了党建工作任务的落实和绩效监控。

2. 学校已具备转设的前置性条件

（1）转设路径清楚。举办校与出资方一致同意学校转设为独立设置的民办普通本科高校，选择非营利性办学性质，并联合行文请示省教育厅；相继制订了转设工作方案、签订了转设协议，对过渡期事宜形成高度共识、达成一致意见、做出明确安排。

（2）权属关系明确。学校由投资方独立投资，不存在任何权属关系不清楚、股权关系不明确的情况，转设后学校财产权属关系明确，不存在财产分离。

3. 学校达到民办普通本科高校规范管理的基本要求

（1）办学资质合法合规。学校按照规定办理了办学许可证、法人登记证、组织机构代码证、收费许可证、税务登记证等各种证照；学校的资产总额、净资产、负债率符合相关规定；学校转设后校名符合教育部《高等学校命名暂行办法》相关规定。

（2）办学思想和办学定位明确。学校坚持社会主义办学方向和教育的公益性原则，牢记为党育人、为国育才使命，致力于为区域经济社会事业发展培养“作风踏实、基础扎实、能力真实”的应用型人才；学校定位是以经济学、管理学为主干学科的应用型本科院校。

（3）法人治理结构清晰。学校实行董事会领导下的校长负责制，充分发挥学校党委的政治核心作用；制定了董事会章程、学校章程，通过章程明确了学校性质、办学层次、办学指导思想、办学规模、管理体制等重要问题，规范了人才培养、科学研究、学术组织、资产管理、条件保障、民主监督与管理、党的基层组织和群团组织等方面的权利和义务。

（4）师生权益得到充分保障。学校依法保护教职工权益，按照规定为教职工购买“四险一金”，教职工通过教职工代表大会和工会会员代表大会参与学校管理；学校依法维护学生合法权益，按照规定发放奖学金和资助经济困难学生完成学业，学生通过学生代表大会参与学校管理。

（三）学校转设的发展规划

学校转设后将紧紧围绕办学指导思想，瞄准学校发展目标，根据学校办学定位，立足区域发展需求，明确发展思路，突出学校教育教学的中心地位，持续加大改革的力度，抓住学校内涵建设的关键领域，完善学校内部治理体系，切实推动学校发展迈上新台阶、办学治校进入新阶段。

1. 明确指导思想、办学定位

（1）学校的办学指导思想。以习近平新时代中国特色社会主义思想为指导，全面贯彻党的教育方针，坚持社会主义办学方向和教育公益性，落实立德树人的根本任务；以教育教学为中心，以结构优化和内涵建设为主线，以专业建设为抓手，以师资队伍建设为关键，以内部治理体系和能力建设为保障，全面提升人才培养质量；弘扬“育人育才，造福桑梓”传统，秉承“守正敏行”校训，培养能够立足粤西地区、扎根广东，积极融入粤港澳大湾区和北部湾城市群、主动对接海南自由贸易港，服务国家“一带一路”建设所需要的高素质应用型人才，提高学校服务区域经济社会发展的能力。

（2）学校的发展目标。按照“紧跟产业调整专业、融入企业联办专业、依靠行业促进就业”的工作思路，创新应用型人才培养体系，探索校企合作人才培养模式。经过 5 ~ 10 年的努力，学校经济学类、金融学类、工商管理类等专业具有明显优势，语言、艺术类专业具有自身特点，“新工科”专业具有良好态势。初步构建起学校的发展战略与区域经济社会事业发展相同步、学校的学科专业结构与区域经济主导产业相适应、学校的科技创新与区域经济发展技术需求相衔接、学校的人才培养目标与区域所需的专业人才职业能力要求相匹配的事业发展新格局，实现学校在国内民办高校中有一定影响、广东有重要地位、粤东西北地区有标杆示范作用的发展目标。

（3）学校的办学定位。办学目标定位：建设区域性、应用型、国际化，具有鲜明经济学、管理学特点的高水平民办本科院校。服务面向定位：立足粤西地区、扎根广东，积极融入粤港澳大湾区和北部湾城市群、主动对接海南自由贸易港，服务国家“一带一路”建设。办学类型定位：以培养应用型本科人才为核心和主体，创造条件开展专业学位研究生教育；积极拓展国际教育、适度发展继续教育。学科专业定位：以经济学、管理学为主体，文学、艺术学为两翼，以工学、教育学为重要补充的多科性本科院校。人才培养目标定位：培养具有良好职业道德和社会责任感，具有宽厚的基础知识和扎实的专业基础，具有较强的实践动手能力和创业精神，具有较好的外语水平和信息技术应用能力的高素质应用型人才。

2. 明确学校的发展思路

紧紧抓住学校内涵建设的主题主线，按照“质量立校、人才兴校、特色强校、服务荣校、文化名校”的办学思路，进一步强化人才培养的中心地位、专业建设的龙头地位、教学条件的保障地位、师资队伍的核心地位、依法治校的基础地位，沉心静气地抓好教学基本建设，积极稳妥推进教学改革，严格规范做好教学管理，凝心聚力提高人才培养质量。

3. 推进校内综合治理改革，完善学校内部治理长效机制

学校将深入贯彻落实国家《民办教育促进法》及其实施条例的要求，完善以学校章程为龙头的制度建设，严格按照章程要求依法依规办学；执行好董事会领导下的校长负责制，保障好校长依法治校的权利，充分发挥好学校党委的政治核心作用；以体制机制创新为动力，着力推进校内综合治理改革，优化二级学院设置，深化校院两级管理，完善基层学术组织，强化工会、教

代会在办学治校中的作用。

4. 聚焦主干学科，打造专业集群

根据学校办学定位，聚焦经济学、管理学等主干学科，牢牢把握“专业建设是主线、课程建设是主体、实践教学是主阵地”的教学基本建设主旋律，五年内从出资方承诺转设后持续投入的资金中分配一部分，用于建设主干专业，形成经济学类、金融学类、工商管理类专业集群，提升学校专业建设的整体水平。

5. 深化人才培养模式改革，着力培养一流应用型人才

落实立德树人根本任务，立足服务本市建设省域副中心城市、打造现代化沿海经济带重要发展极，与海南自由贸易港建设的国家战略，结合学校目标定位，主动适应区域现代服务业发展需要，与相关龙头企业深化校企合作建立行业学院，促进人才培养与行业需求的深度融合，在融合中完善应用型人才培养模式，使学生在产教融合的教学环节中掌握专业基础知识和实际操作的技能技巧，真正实现“作风踏实、基础扎实、能力真实”的人才培养目标。

6. 实施人才强校战略，提升队伍整体水平

根据学校发展需要，五年内从出资方承诺转设后持续投入的资金中分配一部分，用于优化教师队伍结构，提升师资队伍实力。向重点优秀人才倾斜，加大中青年优秀教师和高级职称教师引进力度；完善人才培育制度，进一步加大“优秀人才支持计划”“优秀团队建设计划”的资助力度；不求所有，但求所用，借力、借智母体学校等区域内高校开展师资建设合作；加强教师实践应用能力建设，提升“双师型”教师队伍整体水平。围绕主干学科、专干专业群，着力打造 3 ~ 5 个在广东省具有一定影响力的高水平课程教学团队和科技创新团队。

7. 深入实施以应用能力培养为导向的教学改革

中共中央、国务院在《深化新时代教育评价改革总体方案》明确提出“探索建立应用型本科评价标准，突出培养相应专业能力和实践应用能力”。五年内从出资方承诺转设之后持续投入的资金中分配一部分，专项用于教学改革。学校通过增加学生“走出课堂、走入社会”实践活动，建设实施翻转

课堂的“智慧教室”，实行“小班化教学”，建构“大班上课＋小班研讨”课堂教学新形式，推行“合作式学习”，变革课程评价方式，丰富“实地考察、实践教学、见习实习”教学内容，系统开展以培养应用能力为目标的教学改革，提升学生的实战应用能力。

8. 坚持开放办学和提升服务能力

一是充分借力本市是国家“一带一路”海上合作建设支点城市这一独有的开放优势，加大与东盟国家高校之间的合作与交流，通过院校整体合作、联合举办专业、课程学分互换、学生短期游学等多种途径，加大学生国际化培养的力度；积极开展与国外、境外高校之间互访，促进教师、管理人员交流研修学习，提升教师、管理人员的国际化视野，形成学校对外开放的国际化办学新格局。

二是关注北部湾城市群的发展，加大北部湾发展研究中心建设力度；深度参与本市文化开发与建设，建立文化研究中心；适应国家“一带一路”倡议的需要，建设泛南海经济圈研究中心；集中人力、物力、财力建设创新平台，提升学校为区域经济社会发展服务的能力，为本市建设省域副中心城市贡献“学校方案”、发出“学校声音”、打造“学校品牌”。

9. 持续加大投入，提升办学实力

学校选择非营利性办学性质，转设后学校办学所有收入将投入教育教学活动、改善办学条件和保障教职工待遇。

一是加快完善校区功能布局，推进新校区三期工程建设，科学安排好二级学院办学的物理空间，为师生员工学习、生活、工作创造更加舒适的环境。

二是在已建成的实验室基础上，五年内从出资方承诺转设后持续投入的资金中分配一部分，精心建设财经管理类文科综合实验实训中心、工程科技实训实践中心、前沿技术研发中心、大学生创新创业园、虚拟仿真实验实训共享平台、校外实践实训基地、数字化图书馆等重点项目，打造学校办学的新亮点。

三是以智慧校园建设为抓手，五年内从出资方承诺转设后持续投入的资金中分配一部分，围绕教学科研、人事管理、财务管理、学生管理、后勤保卫等核心业务，高水平建设信息化管理系统，全面提升信息化管理水平。

四是五年内从出资方承诺的资金中分配一部分，用于丰富图书馆数字资源、完善文献服务体系，为学生适应新时代学习方式变革提供保障。

五是加大学校校园文化的建设力度，精心策划好转设后新学校的理念识别系统、行为识别系统、视觉识别系统，强力打造学校的文化品牌。

二、依法办学规范管理的情况说明

近年来，学校以习近平新时代中国特色社会主义思想为指导，认真学习贯彻落实党的十九大精神，以立德树人为根本任务，以教学工作为中心，以安全稳定为前提，以规范管理为手段，秉承“心中有学生”的办学理念，以学生全面发展为目标，全面提高人才培养质量，促进学校持续发展。

（一）全面加强党的建设

学校党团组织机构健全、制度完善，拥有一支稳定实干的党务团务干部队伍。学校成立了学校党委，隶属举办校党委领导，党委书记由举办校委派并经广东省委教育工委批准。在各二级学院成立了党总支，配备专职党总支正副书记；现有党总支 7 个、直属党支部 2 个、教工党支部 11 个、学生党支部 16 个。学校设立了学校团委和二级团委，配备了专职学校团委书记和专兼职二级团委书记；全校有二级团委 8 个、学生团支部 657 个。

校党委组织党员深入学习宣传贯彻习近平新时代中国特色社会主义思想、“十九大”精神和全国教育大会精神，制定年度党建工作要点和工作台账，规范各级党组织的党务工作，完善基层党支部抓党建工作述职评议考核制度，为党建责任落实提供制度保障。校党委编印学习资料《党建学习》，组织召开党建工作专题会议完成“书记项目”《推行党政融合，构建党建工作新格局》；组织省级党建研究课题，论文获省二等奖。组织党建主题活动与党建特色品牌活动。全面推进党建台账管理，落实“第一议题”“两学一做”“三会一课”；落实党员干部上党课、民主评议和党支部测评考核制度。

学校落实思政课程标准，成立辅导员工作室。校党委书记为学生讲“思政第一课”，为学校“青马班”上动员课；改版校园网站，打造“一网两微”

的新媒体矩阵，培育与践行社会主义核心价值观。校党委与各单位签订落实意识形态工作“六项责任制”的责任书，牢牢把握党对学校意识形态工作的话语权。

校党委严格执行党风廉政建设责任制，落实党委主体责任和纪委监督责任，加大党风廉政建设问责工作力度，强化主职干部主抓作风建设的责任，发挥带头示范作用。严格按照上级要求开展年度考核与述职述廉述德工作，报告个人落实党风廉政建设责任和个人廉洁自律等情况。通过校级党员干部民主生活会，广泛听取教职工的意见及建议，接受教职工的民主监督，解决党风政风、师德师风、教风学风等方面存在的问题。

通过系列党建项目实施，推进台账式管理，形成了党建工作新格局，规范了党务党规管理，夯实了党建服务基础，建立了科学的考评体系，优化了党员激励机制，调动了广大党员干部的积极性，增强了党支部的活力。

（二）不断提升法人治理水平

学校实行董事会领导下的校长负责制。目前，学校董事会成员为 9 人，分别由举办学校 2 人、投资方 4 人以及校长、党委书记、教职工代表各 1 人组成。董事长为学校法人代表。董事会严格执行《民办教育促进法》及其实施条例的相关规定，依法履行职责，支持学校独立依法办学。举办学校和投资方均通过董事会加强对学校的管理和监督。

（三）落实各项法人财产权

学校依法落实各项法人财产权。2006 年，经学校所在地市人事局核准，学校取得事业单位法人证书。

学校办学资金来源主要为投资方投入、历年教育事业收入及其他来源。经审计，投资方已依法按时、足额履行出资义务；所有资金来源均用于学校的固定资产基本建设、设备购置、各项教学支出及公用支出等；按照《民办教育促进法》及其实施条例的相关规定提取发展基金，用于学校建设及维护、更新等。

（四）积极推进资产过户

学校实际独立使用的土地，除部分因政策原因尚未取得不动产权登记证书以外，其余所有土地依法登记的权利人均为学校。学校独立使用的房产，除部分证件正在办理和过户之中以外，其余所有房产依法登记的房地产权属人均为学校。转设后，将依法将所有学校名下土地及房产过户至新学校名下。

（五）狠抓思想政治教育

学校深入贯彻落实全国高校思想政治工作会议精神和《关于加强和改进新形势下高校思想政治工作的意见》，秉承“心中有学生”的工作理念，紧密围绕育人中心工作，开展思想政治教育工作。

学校党委组织中心理论组、基层党支部组织党员学习“十九大”和全国教育大会精神，教职工开展教育思想大学习大讨论，积极拓展“三全育人”格局，构建一体化育人新模式，突出思想引领、专业思政、管理创新，不断提升思政教育亲和力。按照中宣部、教育部规定，学校全额开设马克思主义理论课。党委书记、校长上好开学“第一堂”思政课，坚持问题导向，陆续出台《举办校思想政治工作质量提升工程实施方案》等文件，修订完善有关管理育人及服务育人制度 8 项、思政工作队伍管理制度 3 项、心理育人及资助育人工作制度 7 项、学生奖惩制度 5 项。

建设高质量学工队伍，培养学生思想教育高效成长的领航人。按照教育部“43 号令”的相关精神，校党委着力打造一支专业化、规范化的青年辅导员队伍，采用“请进来、走出去”的办法，推进辅导员队伍专业化、职业化建设。为更好地探索总结学生思想教育管理经验，提高理论研究水平，指导具体工作，学校学工队伍积极参与广东高校思想政治工作论文征集，经过层层筛选，《新时代民办高校大学生思想特点和成长规律研究》与《习近平青年观背景下高校团学干部培养路径的探索》两篇论文荣获此次评选活动的二等奖。

发挥党建育人引领思想政治教育作用，落实立德树人根本任务。结合庆祝中华人民共和国成立 70 周年，学校团委开办 14 场思政教育类大讲坛，参与人数达 5065 人次，多名专家学者先后走上大讲坛，打造了一批学生关注度高、互动性好、实用性强的微信公众号。

校团委依照《广东青马工程标准化实施手册》组织开展校、院“青马工程”培训班，近两年共遴选出1800余名学生参加校、院“青马工程”培训班，占全校人数的9%；组织开展共青团系统专兼团干培训6场，选派46人次团干参与市级及以上共青团系统培训活动。

（六）严格规范办学行为

学校依据《民办教育促进法》《民办教育促进法实施条例（修订草案）》《广东省实施〈民办教育促进法〉办法》《广东省教育厅民办高等学校年度检查实施办法》（粤教策〔2013〕7号）等文件精神，规范管理办学，全面提高人才培养质量。

办学管理规范。学校自成立以来，严格按照《民办教育促进法》等相关法律法规依法办学。没有发现擅自改变学校名称、层次、类别和举办者的情况；没有跨地市异地办学情况。

规范教育教学管理。严格按照人才培养计划的规定开设课程；严格教学过程质量监控，保证课堂教学质量；严抓专业考察、毕业实习、毕业论文等实践性教学环节；加强教学常规检查，定期组织全校性的教学检查活动；坚持听课制度；加强对学历（学位）证书的管理，不存在非法颁发或者伪造学历证书、结业证书、培训证书、职业资格证书的现象。

做好招生就业工作。严格执行教育部和省教育厅公布的招生专业与计划，招生简章、广告、宣传册等向省教育厅备案，所有学生通过高考，经省招办统一录取，收费项目与标准按照学校招生简章及对社会公示的执行。做好新生学籍注册、在校生电子注册工作，避免出现对违反规定招收的学生和不具备入学资格的学生予以学籍注册或留校学习的情况。始终坚持“全员抓就业、全面抓就业、全程抓就业”的方针，加强就业指导工作，以实现社会需求与毕业生就业的良性互动。

依法保障教职工各项权益。与全体教职工签订正式聘任合同，按期发放工资和足额缴纳法定的“四险一金”。成立工会组织，依法维护教职员工的各项权益。

（七）切实承担安全责任

学校贯彻落实中央、教育部、省委省政府、中共广东省委教育工委和广东省教育厅有关安全稳定系列工作部署，坚持“抓安全、保稳定、促发展、上台阶”的工作思路，把安全和稳定列为学校重中之重的工作来抓，全面落实安全工作主体责任，构建校园安全维稳工作长效机制。

坚决维护学校政治安全。搭好“防火墙”，多措并举确保学校政治安全：每月定期开展政治风险排查，重大节日及敏感节点前召开专项安全会议强调安全防范工作，对各级官网、微信、微博实行年度检查制度并进行登记备案。

加强校园意识形态阵地管理。制定意识形态安全管理工作制度，学校领导班子与中层党政领导签订意识形态工作责任书，将抓好意识形态工作纳入了学校党建工作考核。以“筑牢五个阵地”（筑牢基层党组织阵地、筑牢宣传舆论阵地、筑牢课堂教学阵地、管好学术文化活动、筑牢网络舆论阵地）为抓手开展工作，同时确保网络信息安全，牢牢守护好学校意识形态安全防线。

着力预防化解校园矛盾和安全隐患。建立健全各项矛盾纠纷排查工作机制，加强预警预测，建立灵敏有效的信息网络，及时掌握矛盾纠纷信息，把矛盾纠纷化解在基层，解决在萌芽状态。创建“平安校园”，定期组织校园安全检查，杜绝安全隐患。切实抓好安全教育、心理健康咨询等主题活动，奠定校园安全基础。

（八）资产管理和财务会计制度

学校重大经济决策、重大投资（融资）项目以及大额度资金使用均经过董事会决定。根据《广东省民办高校财务管理暂行办法》的规定，结合学校的实际情况建立了教育事业财务管理制度、财务实物管理制度和内部控制管理制度。学校单独设置财务处、资产科，配备专职财会人员。学校采用电算化核算，制定了较为完整的管理制度并在日常工作中有效运行，包括财务管理制度、内部会计控制制度、票据管理制度、资金管理实施细则、财务报销制度、审批权限管理办法、资产管理规定、固定资产管理暂行办法等。学校财务管理活动除依法接受广东省教育厅、财政厅、物价局、举办校监督外，在每个会计年度结束时提供财务会计报告，委托会计师事务所依法进行审计，并出具审计报告。

综上所述，学校能够严格遵守和执行《民办教育促进法》及其实施条例，能够严格遵守和执行国家有关民办高等学校规范管理的各项规章制度，坚持加强学校党的建设，坚持强化思想政治教育，依法办学、依法治校、依法治教，符合国家关于独立学院转设的要求。

三、转设方案

根据《关于加快推进独立学院转设工作的实施方案》要求，举办高校、出资方、学校高度重视转设工作，按照《民办教育促进法》及其实施条例的有关规定，经过充分沟通协商，上述三方共同制定了符合学校实际且有利于学校长远发展的转设方案。

（一）统一思想认识，形成转设合力

学校转设为独立设置的民办普通本科高校，是学校实现良性发展的重大历史机遇，是学校建设和发展的头等大事。学校党委、行政班子紧紧抓住转设契机，加强学校基本建设，深化教育教学改革，推动学校发展迈上新台阶。全校师生员工思想认识高度统一，形成了人人关心、人人重视、人人参与转设工作的良好氛围。

（二）加强组织领导，明确工作责任

学校董事会高度重视转设工作，董事长亲自挂帅转设工作领导小组，工作组根据学校实际制定了路线图、时间表和任务书，实行挂图作战。

（三）对照标准要求，提升学校建设水平

学校转设工作领导小组多次召开转设专题会议，按照教育部《普通高校设置暂行规定》的指标要求，加大经费投入、完善办学基本条件。经过几年的艰辛努力，学校办学基本条件达到《普通高校设置暂行规定》的相关规定。

广东省教育厅已把学校转设纳入“十三五”高校设置规划，学校将按照《普通高校设置暂行规定》继续完善各项指标条件，做好迎检的各项准备工作，力争在 2020 年内成功实现转设。

（四）突出转设重点，明确转设后学校办学的重大问题

经举办学校、出资方、学校三方沟通协商，明确了学校转设为独立设置的民办普通本科高校，三方共同确定转设后的高校为非营利性，并明确了转设后学校的办学定位、发展方向、过渡期办学、师生安置、财产确权、举办者后续投入等重要问题。

1. 明确办学指导思想和办学定位

（1）学校办学指导思想。学校将以习近平新时代中国特色社会主义思想为指导，全面贯彻党的教育方针，坚持社会主义办学方向和教育公益性，强化爱国主义教育，落实立德树人的根本任务；以教育教学为中心，以结构优化和内涵建设为主线，以专业建设为抓手，以师资队伍建设为关键，以内部治理体系和能力建设为保障，全面提升人才培养质量；弘扬“育人育才，造福桑梓”传统，秉承“守正敏行”校训，培养能够立足粤西地区、扎根广东，积极融入粤港澳大湾区和北部湾城市群、主动对接海南自由贸易港，服务国家“一带一路”建设所需要的高素质应用型人才，提高学校服务区域经济社会发展的能力。

（2）学校办学定位。学校将立足粤西地区、扎根广东，积极融入粤港澳大湾区和北部湾城市群、主动对接海南自由贸易港，服务国家“一带一路”建设；以培养应用型本科人才为核心和主体，创造条件开展专业学位研究生教育；积极拓展国际教育、适度发展继续教育；以经济学、管理学、工学为主体，文学、艺术学为两翼，以教育学为重要补充，建设区域性、应用型、国际化，具有鲜明经济学、管理学、工学学科特色的高水平教学型本科院校。

2. 签署过渡期办学协议

举办学校、出资方、学校已签署过渡期协议，明确了转设后董事会人员构成及运行机制、资产处置方式、学生培养管理等方面的责权利，为学校转设后顺利过渡和良性发展奠定了良好基础。

按照政策及转设协议约定，在学校正式获得国家教育部批准转设成为独立设置的民办普通本科高校之后，方启用新建制和新校名。

（1）转设过渡期内，举办学校和出资方的权利及责任。过渡期期间，举办学校应继续对新学校的教学、科研、行政管理等工作给予帮助和指导，以帮助新学校持续提高教育质量和办学水平，并为以学校名义招收的学生培养提供必要的保障；过渡期期间，新学校继续享有“学校”使用权；过渡期期间，新学校向社会发布的招生简章应明确说明新学校的管理体制及毕业证书、学位证书的发放方式。

（2）转设过渡期内，确保学生培养及毕业证书、学位证书的授予。在学生的培养和管理体制上采取“老生老办法、新生新办法”的总原则，即以学校名义招收的学生按转设以前的管理体制培养，举办学校、出资方双方继续承担合作办学协议规定的义务，直至以学校名义招收的学生全部毕业离校（因故未能应届毕业的个别学生除外）；以新学校名义招收的学生，按新学校的管理体制进行培养。毕业证书及学位证书的颁发按以下原则执行：以学校名义招收的学生，颁发学校毕业证书，符合学士学位授予条件的，授予学校学士学位；以新学校名义招生的学生，按照新学校名称及毕业、授位条件颁发毕业证书和授予学位证书。

（3）转设过渡期内的管理架构。转设后，新学校需制定新的章程，并按照新章程组建新学校的董事会。新学校实行董事会领导下的校长负责制，包括：①董事会是新学校最高决策机构，董事长是新学校法定代表人。新学校董事会由 9 名董事组成，分别由举办学校推荐和委派 2 人，出资方推荐和委派 4 人，新学校校长、党委书记和 1 名教职工代表担任。董事会设董事长 1 人，副董事长 2 人。董事长由出资方推荐和委派，副董事长由举办学校和出资方各推荐和委派 1 人，经董事会确认。转设过渡期结束后，举办学校委派的董事自行退出新学校董事会。董事会及董事长职权及议事规则，执行国家及广东省有关法律、法规及政策的规定。②新学校校长及副校长人选由新学校董事会聘任，依法依规执行董事会的决议，负责新学校日常教育教学及行政管理工作。③新学校党委书记由举办学校委派。副书记由新学校党委选举产生，报举办学校党委批准任命。新学校党委正副书记均为学校领导，主要负责学校思想政治工作，参与学校重大问题决策。转设过渡期结束后，新学校党委书记及党委副书记人选根据国家及广东省有关规定确定。

新学校应按有关规定加强党的建设。建立健全基层党组织以及群团组织，包括各级基层党组织、工会、共青团和学生会等，对党群组织工作机构进行设置和工作人员配备，并提供必要的物质条件和工作经费，保证党群工作的有效开展。新学校党组织关系根据广东省有关规定执行。

3. 妥善安置师生

（1）学生安置方式。学校目前建有旧校区和新校区两个校区，两校区基本办学条件满足学校办学需要。转设后，继续两校区办学。对学校转设获批及正式更名之前的在校生、转设筹备期间继续招生即将入学的学生，将按“老生老办法、新生新办法”的总原则进行安置。

（2）教师安置方式。学校现有教职员工平稳有序过渡为新学校教职员工。学校教职员工过渡至新学校，按国家有关法律法规，与新学校签订新的劳动合同。

4. 明晰财产确权

（1）法人财产权明确。学校转设为新学校后，举办学校不再作为新学校的举办者，对新学校不负责任何资产和资金的投入；新学校办学所需的全部资产及资金均由出资方负责投入。学校法人财产平稳有序全部过渡为新学校法人财产。学校需按国家有关法律法规要求，配合新学校办理有关法定手续，确保新学校落实法人财产权。

（2）学校资产处置及债权债务的承继。举办学校对学校没有任何有形资产和资金投入。学校办学所需的资产及资金均由出资方投入，学校及经批准转设后的新学校对此享有法人财产权。举办学校不承担学校的任何债权债务，也没有学校任何财产的处置权。学校的全部债权债务由新学校享有和承担。法律法规另有规定的除外。

5. 保障后续投入

学校办学经费主要来自举办者投入和学费收入，办学经费来源稳定可靠。学校对举办者投入的资产享有法人财产权，并依法依规管理使用。出资方依法按时、足额履行出资义务。出资方承诺转设后继续投入资金用于学校加强内涵建设、提高人才培养质量。

6. 完善领导体制和治理结构

认真贯彻落实国家《民办教育促进法》及其实施条例，及时修订和完善学校章程并严格执行。加强党的建设，全面贯彻党的教育方针，落实好学校党建与思想政治工作五年发展规划，充分发挥党委的政治核心作用；坚持董事会领导下的校长负责制，完善“董事会领导、校长负责、教授治学、师生参与、依法治校”的体制机制；优化和完善学术治理结构，进一步发挥各级学术组织在学术评价、资源配置、学科专业建设中的积极作用；完善师生民主参与、民主管理、民主监督机制，强化工会、教代会在办学治校中的重要作用，充分调动广大师生员工在学校民主管理中的积极性；构建社会参与和反馈机制，逐步推进社会第三方参与办学。

7. 优化学科布局和专业结构

根据学校办学定位，紧贴区域发展需求，实施“222”重点学科建设计划，持续加强会计学与英语语言文学两个省级重点（培育）学科建设，遴选确定两个工学重点建设学科和两个工学重点（培育）学科，形成重点突破、协调发展的学科布局；以经济学、金融工程、互联网金融为核心，建设经济、金融学类专业群；以会计学、工商管理、财务管理为核心，建设工商管理类专业群；以计算机科学与技术、物联网工程为核心，建设计算机类专业群；以土木工程为核心，建设土木类专业群；以数字媒体艺术、视觉传达设计、服装与服饰设计为核心，建设设计学类专业群；以音乐学、舞蹈编导、音乐表演为核心，建设音乐与舞蹈学类专业群；以小学教育、学前教育为核心，建设教育学类专业群；以播音主持、广播电视编导为核心，建设戏剧与影视学类专业群。

8. 强化师资队伍和管理团队建设

根据学校办学定位，按照学科专业发展需要，加强队伍建设。一是加大力度实施“优秀人才引进计划”，设立专项资金，在5年内，引进具有高级职称或具有博士学位的专任教师100名，具有中级职称或硕士学位专任教师200名，学校在编专任教师队伍超过1000人。二是持续深入实施“优秀人才支持计划”，通过明确学术标准、规范遴选程序、给予经费支持，启动“优秀人才支持计划”，5年内培养150名左右中青年骨干教师。三是实施“优秀团队建设计划”，通过政策引导与经费支持，在5年内重点打造10个优秀教学团队和8个优秀科技创新团队，使之能够与粤西地区经济社会发展紧密结合并在广东同类高校中具有明显比较优势。四是优化和完善学术评价体系、职称评审机制，构建科学严谨、符合民办高校实际的教师队伍学术发展通道和管理队伍晋升成长通道。五是鼓励专任教师和管理骨干通过多种形式到东盟国家攻读博士、硕士学位和进修访学，提高队伍的国际化水平。六是不断提高教职工薪酬待遇，使教职工收入水平逐年提升，按照国家有关政策要求，落实教职工各类社会保障，让教职工共享学校发展成果。

9. 完善基础设施和办学条件

学校抓住新校区建设机遇，加快推进工程科技实训实践中心、前沿技术研发中心、大学生创新创业园、数字化图书馆等重点项目建设，改善办学基本条件；围绕教学科研、学生管理、后勤服务等核心业务，科学谋划智慧校园建设；加强虚拟仿真实验实训共享平台建设，拓展校外实践实训基地，为学校应用型人才培养提供良好条件；提高图书馆智能化、信息化建设水平，完善文献服务体系，为学生适应新时代学习方式变革提供保障。

10. 坚持开放办学和提升服务能力

学校围绕办学所在市建设省域副中心城市、打造现代化沿海经济带重要发展极的战略目标，及时调整办学定位，优化学科专业结构，切实提升服务区域经济和社会事业发展的能力。一是借助办学所在市的区位优势，提高学校办学国际化水平。充分发挥办学所在市是通往东盟和亚太地区桥头堡的功能，加强与东盟国家全方位的交流与合作，探索国际化人才培养的新模式；承办中国与东盟高等教育合作论坛，打造学校国际合作与交流品牌。二是集聚优质资源，建立“校企、校地”合作办学新模式。通过联合制订培养方案、共建实验实训实践平台等方式，探索学生多元化的成长路径，提高人才培养与办学所在市经济社会发展的吻合度。三是积极参与以企业为主体、以市场为导向、产学研相结合的技术创新体系建设，推进科技成果转化。四是加大北部湾发展研究中心建设力度，深度参与地方文化的开发、保护、传承与推广，不断提升为地方政府提供智力支持的能力与水平。

第二节　校长办公室负责部分的重要材料

一、近几年学校党政工作要点

（一）学校 2017 年党政工作要点

1. 总体思路

围绕“提质量、保安全、尽职责、促发展”这一基本思路，以安全稳定为前提，以全面贯彻国家的教育方针为重点，以教学工作为中心，以规范管理为手段，秉承“心中有学生”的工作宗旨，以学生全面发展为目标，全面提高教育质量，促进学院持续健康发展。

2. 主要任务

（1）重视教学工作中心地位，强化教学管理，改革体制，深化机制。

第一，狠抓教学管理，提高教学质量。一是强化师德管理与考核，建设良好的教风、学风，致力打造优质师资队伍，提高教师的师德修养和教学水平。二是狠抓教学管理，推进学籍、排课、选课、排考、培养模式管理改革，落实教学各管理环节责任和教师任课资格审核等教学管理工作。三是落实教学质量监控工作。狠抓教学检查工作，加强监考和巡考工作；坚持日常查课与全院性全覆盖的教学检查相结合，坚持督导、教学管理人员听课制度。做好教学督导的服务、协调工作，充分发挥教学督导在教学质量监控与教学评建工作中的作用。进一步扩大学生教学信息员队伍，完善学生评教工作。认真贯彻落实奖惩制度，做好学生评奖、评优工作，做好违纪学生处分、教育和申诉工作。

第二，深入推进人才培养模式改革，提高本科人才培养质量。一是以开展应用型人才培养研讨活动为切入点，探讨应用型本科人才培养的新机制和新途径，进一步推进人才培养模式改革。二是在部分专业中开展“订单培养”或“3 + 1 模式培养”的试点工作，加大创新型人才的培养力度。三是加快推进实习实践基地建设，加强实践教学环节，切实有效提高应用型本科人才培养质量。

第三，优化教学管理机制，实现教学制度系统化。一是优化院、系两级管理机制，规范教学过程管理，完善教育教学管理等方面的各项规章制度。二是进一步强化学生处的宏观管理和调控职能，协助各系党总支自主开展工作，提升全体学工人员的责任意识。

第四，营造学术氛围，扩大学术视野，提升办学水平。加强学术交流，营造浓厚的学术氛围，邀请知名专家学者前来讲学，鼓励教师积极参加校外学术交流活动，同时组织开展校内学术活动。完善教学改革和教学质量工程建设与管理。主要包括：持续改进《学校教学质量与教学改革工程项目管理规定》；加快推进专业结构调整和优势专业建设，开展新增学士学位授予专业的评估工作和新专业的申报工作；深化教育教学改革，实施教学研究与改革项目；完成基本教学文件编制工作、人才培养方案的印制工作和人才培养方案教学大纲的编写工作。

（2）加强师资建设力度，提升中青年教师教学能力。坚持对青年教师实行导师制培养方式，提高青年教师教学水平和科研能力；组织老教师给青年教师上示范课，让青年教师学习授课技巧，从而提高教学水平；开展听课评课活动，通过听课评课互相学习，共同提高，坚定其搞好教学的信心；创造条件聘请校外专家学者为中青年教师开讲座。

（3）深化“学生在心中”的理念，做细做实学生工作。秉承“以育人为本、德育为先、能力为重，全面发展”和“心中有学生”的工作理念，紧紧围绕学院育人的中心工作来抓。一是维护学生的安全与稳定；二是认真贯彻落实奖惩制度；三是加强学生党建，巩固基层组织；四是进一步完善学生资助工作体系；五是加强校风、学风建设；六是做好新生入学教育工作。

（4）强化招生和就业工作，开拓招生工作新局面。

（5）积极推进党团工作。一是落实党建带团建要求，探求党团建设新发展；二是注重创新争优，提升基层活力，树立优秀典型；三是开展专题知识教育，夯实思政教育根基。

（6）苦练内功，充实内涵，提高学院核心竞争力。一是加强教学设施建设；二是加强人才队伍建设；三是加强校园文化建设。

（7）加强对外交流与合作，提升学院综合影响力。

（8）结合地方经济发展，加强科研工作。要完善有关科研制度，规范管理。做好各类科研项目的申报、结题和管理，跟踪在研课题，推进项目按时结题。

（9）狠抓安全与稳定工作。党政同责，谁主管，谁负责。真抓实干，坚持“定期重点检查与日常检查相结合”，特别关注教室、实验室、宿舍等地方的安全与稳定工作。

（10）加强常规管理力度，进一步提高工作效率和质量。

（11）加强干部队伍建设，推进学院工作上台阶。

3. 工作要求

（1）要加强组织领导，强化责任落实。“在其位，谋其政”，各级干部要大胆工作，大胆管理，敢于担当，有所作为，把工作的着力点真正放到抓好各项目标任务的落实上来，对重点工作要做到责任到人，措施到位。“第一责任人”对学院的决定或工作安排要坚决执行，确保领导到位，责任落实。各系的负责人要兼顾教学管理与行政管理，借助管理手段，完成组织目标。要进一步强化内部管理，确保学院政令畅通，有令则行、有禁则止。加强督办督查工作，保证学院各项规章制度和党政决策决议落到实处。

（2）要加大全体教职工培训力度，提高管理和执教能力，提高教师队伍的整体素质。

（3）要重视教职工“教书育人、管理育人、服务育人”的主体地位，加强对全体教职工的培训，拓宽培养渠道，提高教师队伍的整体素质，提高教育教学工作综合水平。

（4）要加强团结，做到心往一处想、劲往一处使，为实现共同目标而努力团结是做好一切工作的前提，团结出凝聚力、战斗力、生产力。全体教职工一定要顾大局、讲团结，珍惜学院今天来之不易的大好局面。各级领导班子成员要相互尊重、相互信任、相互谅解、相互支持，遇事要勇于负责、团结一致、齐心协力，共同把工作做好。

（5）要围绕工作中心，明确工作重点，提高工作效率。工作中要理清工作思路，紧紧围绕工作中心，明确工作重点，制订有效的工作计划。教学是学院工作的中心，我们要长抓不懈。不同的阶段又有不同的工作重点，我们要举全院之力去做，建立和完善相关工作制度，先重点后一般，科学安排，有效提高工作效率，努力把各方面工作做好。

（二）学校 2018 年党政工作要点

1. 总体思路

新时代、新形势、新要求、新目标，下学期，学院将继续学习贯彻党的十九大精神，学习贯彻习近平新时代中国特色社会主义思想，以立德树人为根本任务，以安全稳定为前提，以教学工作为中心，以党建和思政工作为保障，以改革创新为动力，以转设工作为抓手，以队伍建设为关键，秉承“心中有学生”的工作宗旨，以学生全面发展为目标，凝心聚力、砥砺奋进，全面提高人才培养质量，全面开创新时代学院工作新局面。

2. 主要任务

（1）真抓实干、攻坚克难，加快推进转设工作。转设是学院未来发展的重大战略举措，已纳入国家高校设置“十三五”规划。转设工作涉及办学方方面面，是学院、集团当前和今后一段时间的重点工作，全院上下要全力以赴，真抓实干、攻坚克难，以转设工作为契机，做好学院顶层设计，明晰学院发展定位；要科学规划学院发展未来，凝练学院办学特色；要以转设条件为指标，全面推进新校区、实验条件、图书资料等办学条件的建设；要高质量按时间节点完成各项申报材料。

（2）强化教学管理，深化教学改革，规范教学行为。坚持立德树人的根本任务，始终突出教学这个中心，转变观念，完善规章，规范操作，严格要求，提高教学质量。

第一，加强专业内涵建设，逐步完善专业布局，提高专业建设水平。充分准备好 2019 年新增学士学位授予专业审核评估工作；做好 2019 年新专业论证与申报工作；做好专业评估的准备工作；做好 2019 版人才培养方案教学大纲的编写工作；筹划开展相关专业认证工作；组织开展专业自评工作。

第二，实施质量工程，深化教育教学改革，提高教学质量。做好 2017 年院级大创项目和教改项目的中期检查工作；做好2018年院级大创项目和教改项目的立项工作；重点做好2018年省级质量工程项目建设成效的检查和建设过程的管理，提高2019年度省级结题验收通过率。

第三，深化应用型人才培养模式改革，强化实践教学，加强学生的实践能力培养。加强实习基地建设与管理，强化实习、实训组织与监督；继续利用学校大讲堂平台，面向全院学生举办学术等各种类型讲座。

第四，规范教学行为和教学过程，完善教学管理文件。研讨修订《学校教学工作规程》等文件；研讨修订《学校关于加强专业建设的指导意见》《学校本科专业设置与建设管理办法》等文件。

（3）强化“心中有学生”理念，立德树人，诚信教育。秉承“心中有学生”的工作宗旨，坚持以学生全面发展为目标，以人为本，以学生为主体，遵循大学生身心发展的特点和规律，切实开展“关怀教育”和诚信教育，增强工作的针对性、实效性、时代性和吸引力、感染力，不断开创学生工作新局面。

第一，建章立制，规范管理。一是深化院系两级管理机制，进一步强化学生处的宏观管理和调控职能，协助各系党总支自主开展工作，提升全体学工人员的责任意识。二是进一步完善和贯彻日常考核、学院考核、学生测评、政工人员互评等量化考核评价制度，全面评价政工人员的德才和绩效。

第二，加强学生党建，巩固基层组织。一是加强学生党建工作，充分发挥学生党员的先锋模范作用；二是加强学生基层党支部的组织建设，严把入口关，保证学生党员的质量；三是巩固学习实践科学发展观活动成果，加强学生党员的思想政治教育和先进性教育；四是督促各学生党支部开展党组织生活。

第三，推进工作方法，提高德育实效。一是加强校风、学风建设，继续以班级、课室、寝室建设为突破口，做好诚信教育、感恩教育、职业观教育、安全法制教育、考风考纪教育、校情校史教育，开展系列主题教育活动，培育求真务实的校风、学风；二是开展网络思想政治教育，加强学工网建设，使网络成为弘扬思想政治教育的主旋律，利用网络为学生学习、生活提供服务，对学生进行教育和引导，拓展学生思想政治教育渠道和空间；三是开展调查研究，做好 2018—2019 学年学生思想政治状况滚动调查、学生思想动态分析等专题调研活动；四是开展典型教育，大力挖掘、宣传学生中品德高尚、自强自立、创新创业等方面的先进典型，充分发挥模范榜样的示范作用，引导学生学习典型，发奋成才；五是面向全院学生实施大学生职业生涯规划，开拓学生目标管理新渠道，提高学生的就业竞争力，全面提高学生的综合能力；六是做好新生入学教育，不断总结新生教育工作中的经验和不足，进一步完善新生的教育方案，使新生教育工作日趋成熟，成为新的工作品牌，为深入探讨学生的分层次、分年级教育打下基础；七是抓好学生军训和军事理论课教学工作，进一步增强学生爱国和遵规守纪的意识，提高学生的自我管理能力。

第四，强化管理，服务育人。一是认真贯彻落实奖惩制度，做好学生评奖、评优工作，做好违纪学生处分、教育和申诉工作；二是推进辅导员进公寓工作，发挥辅导员走访宿舍的作用，定期开展学生寝室卫生和安全检查评比活动，引导学生创建文明寝室，形成健康文明的生活习惯；三是继续完善信息报告制度，落实节假日、敏感期和重大活动期间值班制度，学生异常情况预防预警机制，坚持开展校园安全检查，抓好周末点名工作，排查和处理不稳定因素和隐患；四是加强学生公寓管理，做好内务卫生评比，严抓公寓纪律，杜绝晚归、外宿等现象，加强寓区文化建设，做好文明宿舍评比，创建文明、舒适、整洁的生活环境；五是丰富校园文化活动，搞好校园各项校园文化建设活动，创造条件开设各类讲座，开展形式多样的社会实践活动，发挥学生干部作用，引导广大学生树立正确的人生观和价值观，将学风建设融入各项校园文化活动中去，寓教于乐，提高思想政治教育的实效。

第五，进一步提升资助成效，切切实实帮困助学。一是加大力度认真做好党和国家对学生资助政策的宣传工作；二是进一步完善学生资助工作体系，实现家庭经济困难学生资助工作制度化、规范化；三是组织好各项助学金评审发放工作，积极开拓勤工助学渠道，增设勤工助学岗位；四是完善国家助学贷款风险防范机制，科学、规范做好 2018 级新生助学贷款工作；五是加强对家庭经济困难学生的思想教育、人文关怀和心理疏导，积极引导学生自强自立、健康成才。

第六，完善心理健康教育与管理工作。一是做好队伍培训工作，加强对辅导员、班主任、班级心理委员的专业培训，进一步提高思想政治工作队伍学生心理辅导的理论水平和实际工作能力，提高工作成效；二是做好宣传教育工作，继续举办心理知识讲座、组织心理知识教育系列活动和新生适应性教育活动，加强对心理协助会的指导，进一步做好心理健康知识普及工作；三是认真做好学生心理普测、进一步完善心理危机预警机制，加强对“问题学生”思想动态的关注，有针对性地开展心理教育，及时发现潜在的问题，采取有效措施，减少危机发生的突发性和意外性。

第七，加强学工队伍建设，提高工作水平。一是开展形式多样的思政工作研讨交流会，进一步提高学生工作队伍的理论水平和业务能力；二是定期召开例会，分析情况，交流经验，要求学生处每两周组织一次，各系每周组织一次；三是鼓励和引导辅导员参加科研活动，开展课题研究，发表职业论文，提升学历层次。

（4）强化党的建设，促进党政融合发展。

第一，扎实做好党建工作。认真贯彻落实中共中央组织部中共教育部党组关于印发《高校党建工作重点任务》（组通字〔2018〕10号）的通知要求，加强与学院主办方沟通，理顺学院党组织的隶属关系，争取获得上级部门的指导和政策上的各项支持，为学院发展提供强有力的政治保障。完善党委工作制度，进一步完善党委工作管理制度，进一步把党组织的政治核心作用发挥好，推动学院各项事业向前发展。

第二，持续推进台账式管理。根据学院《2018年党建工作要点》和党建工作台账，督查各党总支及直属党支部，对照本组织的党建工作要点和月工作台账，各基层党支部根据所属党总支工作要点和月工作台账制定党支部月工作台账，按时记录落实党建责任、专题学习宣传、思想政治工作、基层组织建设、党风廉政建设、统战群团等工作。同时，执行学院党委半年一次督查工作制度，对照指标认真检查。

第三，加强党建理论研究。加强对党建课题研究工作的指导与考核，确保各个课题研究工作顺利进行。筹备开展学院第二届“微党课”比赛，选拔优秀选手代表参加省比赛。组织开展学院2018年党建和思想政治工作论文征集与评选活动。

第四，进一步促进党政融合发展。根据 2018 年学院党委“书记项目”《推进党政融合，构建党建工作新格局》，进一步把思政教育与办学理念相融合、党建工作与中心工作相融合、党员队伍与教工队伍建设相融合、党风廉政建设与师德师风建设相融合、党建宣传与校园文化建设相融合、党建考核与业务考核相融合。落实党政联席会制度，把党建工作和中心工作一起谋划、一起部署、一起考核，努力打造优秀管理团队和优秀教学团队，充分发挥党组织的政治核心作用，形成合力，共同推进学院各项事业的发展。

第五，加大监督考核力度。下半年，要组织开展好各级民主生活会，认真做好 2018 年度二级党总支书记及直属支部书记述职和书记述职考核。加大党务干部监督及考核力度，增强党务干部责任意识、担当意识，改进工作作风，提高执行力。健全党务工作者激励机制，有意识地培养一些素质高、能力强、有发展潜力的教工党支部和学生党支部书记，为学院快速发展培养好党政干部后备力量。

第六，加强师德师风建设。深入开展师德师风教育活动，建立师德师风评议机制。以师德师风评议考核为主导，评选优秀教师、优秀教育工作者为引领，大力宣传学校师德先进的典型事迹。健全师德考评制度，将师德表现纳入教师年度考核、评聘和奖惩中。健全学术不端行为监督查处机制，实行师德一票否决制。开展师德标兵、师德先进个人评选表彰活动，增强教师教书育人的责任感与荣誉感。

第七，强化党风廉政教育。以开展“2018 年纪律教育学习月”专题活动为契机，认真开展纪律学习教育活动，贯彻落实廉洁自律准则和党纪处分条例，落实中央“八项规定”精神，坚持不懈反对“四风”，把党风廉政教育贯穿于师德建设中，营造清正廉明的校园氛围，筑牢思想道德防线，提高拒腐防变能力。同时，进一步改善信访工作，加强信访监督，完善举报人和证人保护制度。建立健全案件分析报告制度，加强预防职务犯罪工作。

（5）强化招生就业工作，开创招生、就业、校友工作新局面。建立招生、教学、就业、校友四者统筹协调、良性互动的机制，在探索中前进，在前进中总结，在总结中提高，开创招生、就业、校友工作新局面，为培养我院高技能应用型人才做出新的更大的贡献。

第一，招生工作。做好新生报到接待工作；做好2019年专插本招生计划、宣传、报名等工作；做好2019年舞蹈编导校考工作。

第二，加强就业指导。拓宽毕业生就业渠道。开拓就业市场，进行毕业生初次就业率的排查；确定2019届毕业生资源信息；举行职业生涯规划比赛；举行公务员备考讲座、公务员模拟考试；做好2019届毕业生就业手续办理工作；跟踪2018届毕业生的就业情况；开展招聘会；走访企业，建立就业基地。

第三，进一步做好校友工作。走访各地校友，广泛发动校友，筹备成立校友会；走访广州校友，广泛发动广州校友，筹备成立广州校友会；联系校友企业，筹备举办校友企业专场招聘会；联系系部，筹备建立系部校友分会，首先在有深厚校友基础的系部进行试点，做好学院建校20周年校庆活动方案和做好筹备学院建校20周年校庆活动的相关工作事宜。

（6）突出重点，着力推进宣传思想工作创新发展。我院将继续以学习宣传贯彻党的十九大精神为主线，突出思想理论和意识形态工作两个重点，增强舆论引导、内外宣传两种能力，紧紧围绕学院中心工作和转设工作，着力推进宣传思想工作创新发展。

第一，深入学习宣传贯彻习近平新时代中国特色社会主义思想。一是把学习宣传贯彻习近平新时代中国特色社会主义思想作为首要的政治学习任务，继续以党委中心组理论学习为引领，抓好全院师生员工的政治理论学习，推进习近平新时代中国特色社会主义思想在学院落地生根；二是切实推进学院关于学习宣传《中华人民共和国宪法》方案的落实，加强推进宪法精神在学院的全覆盖，督促各二级党组织切实开展好宪法的学习和宣传工作；三是坚持做好《党建学习》编印工作，选辑党和国家的重大政治理论、政策法规和高等教育动态等编印成册供党委中心组成员和基层党组织学习，促进理论学习的常态化和规范化。

第二，全面落实意识形态工作责任制，牢牢把握意识形态工作的领导权、管理权、话语权。一是进一步修订学院意识形态工作责任制实施细则，按照中央、省有关文件要求，进一步修订完善《学校意识形态工作责任制实施细则》并发文，推进学院各单位、部门与学院党政领导签订意识形态工作责任书，成立意识形态工作领导小组，建立意识形态工作联席会议制度，加大意识形态工作隐患排查力度，加强意识形态工作分析研判，增强工作的主动性、精准性和有效性；二是切实加强校园舆情监控工作，严格执行哲学社会科学报告会、研讨会、论坛、讲座的审批程序和管理制度，着力提升对重大突发事件和复杂敏感问题的舆论引导能力和水平，加强校内各种媒体的管理和掌控，完善舆情信息收集、报送机制，提升网上舆论引导能力和水平；三是制定学院宣传思想阵地管理制度，进一步牢牢把握意识形态工作的领导权、管理权、话语权，全面梳理学院宣传思想阵地管理制度，完善制度，推进落实，促使宣传思想阵地管理规范化。

第三，推进学院思政工作质量提升工程相关方案的落实，推进思政工作理论研究和方法创新。一是抓好《学校思想政治工作质量提升工程实施方案》的落实，做好督办和检查，切实推进方案各项工作落到实处；二是用社会主义核心价值观引领大学文化建设，用社会主义核心价值观引领校园精神文明建设，深化校园的精神文明建设力度，进一步凝练总结学院的“大学精神”和校园文化建设成果，推进学院网络文化建设；三是加强中华优秀传统文化的教育与传承，推动学院校园文化建设相关工作委员会的成立，研讨开展校园文化品牌项目培育工作，引导打造“中华优秀传统文化教育”主题活动，推荐优秀的校园文化成果参评全省高校校园文化建设优秀成果奖。

第四，紧扣学院改革发展的主旋律，讲好学院故事，传递学院声音。一是继续加强学院各宣传思想阵地建设，继续以精品意识打磨“两微一网一报”，进一步发挥校内 LED、横幅标语、宣传橱窗、宣传展板的效用，不断提升学院宣传思想阵地多位一体联运宣传和教育的力量；二是加大典型榜样与专题宣传力度，把先进典型榜样的引领作为推进社会主义核心价值体系建设的重要内容和有效手段，注意用身边人、典型事来教育和影响广大师生，综合运用新闻通讯、人物访谈、特写、系列报道、专题宣传等多种方式，打造典型榜样的正能量；三是加大对外宣传力度，收集外宣报道精华，进一步加大对外宣传力度尤其是对外网络宣传力度，加强与社会媒体的沟通联系，深入挖掘校园的新闻亮点，大力推进校园新闻上大报和大网，做好对外宣传报道精华的收集，储备外媒报道素材。

第五，全力推进专项工作，为学院转设工作贡献力量。一是继续做好办学特色凝练、校园文化成果凝练工作，进一步做好学院各项工作特色材料收集、文化成果材料收集，进一步凝练好学院办学特色，总结好校园文化建设成果，为学院成功转设贡献力量；二是继续做好党建核查工作的查漏补缺，根据校内自查结果，继续跟踪落实好相关材料的查漏补缺，以查促改，全力推进党建工作质量提升。

第六，加强自身建设，建设一支有守有为有担当的宣传工作队伍。一是加强宣传工作人才队伍的建设管理，加强校内宣传队伍的建设与管理，建立完善基层党组织抓宣传思想工作机制，强化政治责任和领导责任，全面提升基层宣传思想工作水平，深入开展“走基层、转作风、改文风”活动，对教职工通讯员、二级单位宣传工作负责人、学生记者队伍开展集中的业务培训；二是开展“十佳学生记者”“优秀通讯员”等评选表彰活动，评选表彰为学院新闻宣传工作做出突出贡献的优秀学生记者、通讯员，表彰优秀的校园新闻宣传作品，精心打造我院新闻宣传工作的品牌形象，提升学院新闻宣传工作的凝聚力和影响力。

（7）加强对外交流与合作，提升学院综合影响力。积极响应国家战略要求，“走出去，引进来”，前往国际教育名校学习经验，并做好部门培训，提升部门工作人员专业技能，做好国际交流合作工作。一是配合学院总体迎新工作，开展2018级国际班招生工作；二是组织开展本部门学生干部招新工作；三是组织开展我院国际交流项目宣传、申请、跟进等工作；四是开办第七届雅思培训班，邀请雅思教师到校开展雅思学习相关讲座；五是开办第一届小语种（日语）培训班，为学生多元化发展做好基础；六是组织举办第四届粤西国际文化节，加强学院国际文化色彩；七是招收国外来华留学生，加强留学生课堂及生活管理；八是加强外籍教师考核，规范教师队伍，储备外教资源；九是邀请国（境）外名人来我院进行专题讲座，加强学术交流活动；十是积极寻求优质国（境）外大学开展合作交流关系；十一是前往国际教育名校学习经验，并做好部门培训，提升部门工作人员专业技能。

（8）推进二级管理，激活办学活力。

第一，调整院系设置，推行二级目标管理。

第二，做好放、管、服工作，激活办学活力。办学自主权下放，将专业和学位点的增列、收费标准的制定、职称评审等权力下放到办学单位，人、财、物下放到二级单位和部门。在经费的使用上，将审批权下放，团委、学工、教务也要将经费分配到单位，下学期项目经费下放，在人事的招聘管理上也要下放权力。

（9）加大图书资源投入力度，实现管理科学化。

第一，加强文献资源建设，提高馆藏质量。继续加强图书馆与各系在文献资源建设和服务方面的联系，结合已有的荐购渠道和采购方法，努力提高文献的采购质量，围绕转设工作，力争使中文纸质图书数量达到 30 万册以上。

第二，加强与读者互动，提高服务水平。继续加强读者互动，多渠道、多层面、多形式听取读者的办馆意见，集中读者智慧办好图书馆。牢固确立“读者为本”理念，进一步加强网上信息服务，重新设计图书馆主页，对现有的版块和功能进行更新、整合和健全，对内容进行充实。不断完善移动图书馆服务，为读者提供更加便利的信息服务。此外，通过举办图书资源与利用培训等系列活动，加强导读工作，开展信息素质教育，培养读者的信息意识和获取、利用文献信息的能力，使师生更充分地利用我校文献资料，促进校风、学风建设，达到服务育人的目的。

第三，加强员工队伍建设，开展优质服务建设。继续加强作风建设，规范工作人员的职业行为，改善服务态度，提高服务质量，计划在 2018 年 9～10 月举办优质服务月活动，以此为契机，进一步强化对员工文明礼貌行为的规范、专业技能的培训，采用“请进来，走出去”、开讲座和传帮带等办法，为馆员提供学习和考察的机会。下学期计划举办业务技能竞赛活动，以提高馆员的业务水平和综合素质，为提升图书馆的服务水平和服务质量再创佳绩。

第四，加强软硬件环境建设，提升现代化办馆水平。加强图书馆自动化设备的管理与维护，确保图书馆设备资源具有较高的完好率和利用率。进一步推进图书馆服务的数字化、移动化，提高图书馆的服务层次；积极配合基建、后勤部门做好新校区搬迁和新馆的建设工作。以新馆建设为契机，进一步加强图书馆的文化环境建设，创建从图书馆专业视角和服务需要出发的平面媒体展示平台和立体展示平台。

（10）进一步修订完善相关科研制度，加强科研工作。

第一，规划工作。起草学院关于设立二级学院规划方案，并提交院务会议讨论；开展 2017 年“创新强校工程”建设项目的中期检查工作；组织相关专家对省重点培育学科进行中期检查工作；组织校内重点学科申报工作。

第二，评建工作。根据省教育厅规划处反馈意见，修改充实转设申报材料，继续加强基本办学条件建设，力争各项指标达到或超过教育部评估标准；2018 年 11 ~ 12 月和 2019 年 1 月分别迎接广东省教育厅、国家教育部专家组来我院进行转设实地查验工作。

第三，科研工作。2018 年 9 月 ~ 12 月完善科研管理制度，修订和颁布《学校科研成果认定与奖励办法》及其他科研管理制度；组织教师申报校内科研项目，组织专家评审，报院长办公会议审定、公示；举办国家自然科学基金与社科基金项目申报报告会；2018 年 10 月 ~ 2019 年 1 月组织教师积极申报国家、省厅科研项目；统计我院 2018 年度科技 / 社科数据，并报省厅；组织开展到期的科研项目验收工作。

（11）积极开展群体竞赛活动，丰富校园体育文化生活。

第一，积极开展各项课外竞赛活动，做好大学生体质健康标准达标测试工作、男女篮球赛、学校足球赛、校田径运动的筹备，组队参加广东省大学生运动会的准备工作等，通过系列校园体育活动与竞赛的开展，丰富校园体育文化生活，营造良好的校园文化氛围。

第二，积极开展校园体育文化的宣传、推广活动，进一步提高师生的体育锻炼意识与体育文化素养。

（12）促进团队建设，打造学术氛围，加强科研实力。

第一，鼓励教师参加各种形式的学习以提高业务水平，切实提高教师队伍整体素质，改善教师的职称及学历结构。

第二，组织讲师一级、副教授二级以上人员开展科研申报工作，发挥带头作用，从而带动体育部科研水平的全面提升。

第三，加强学术交流，营造浓厚的学术氛围，邀请知名专家学者来体育部讲学，鼓励教师积极参加校外学术交流活动，同时组织开展部内学术活动。

第四，做好各类科研项目的申报、结题和管理，跟踪在研课题，推进项目按时结题。积极参与国家体育总局哲学社科、教育部哲学社科等研究项目的申报工作，全年力争在国家级科研项目上有所突破。

（13）狠抓安全与稳定工作。

第一，坚持“定期重点检查与日常检查相结合”，特别关注教室、实验室、宿舍等地方的安全与稳定工作。做好实验室、多媒体设备、学院网络网站的日常维护管理工作，期初、期末对所有实验室设备和多媒体设备进行全面检查，保证教学教研工作的正常开展。做好 2017 年度、2018 年度新建实验室建设计划实施工作和配合相关部门做好实验建设工作。做好新校区实验室准备工作，新校区公共教学楼 A、B 新实验室及网络、多媒体规划和建设工作。

第二，层层签订安全目标任务书，建立校园安全稳定工作信息网络，做好网站安全防护工作；制订突发性事件处置预案，加强校园安全技防工作，人防与技防相结合，为学院加快建设和发展创造良好环境。

3. 工作要求

（1）要加强组织领导，完善规章制度，提高执行力。

第一，完善规章制度，规范各种管理行为，提高执行力。以转设工作为契机，加大制度建设力度，狠抓各项规章制度的落实与执行，坚持用制度管人、照制度办事。

第二，确保领导到位，责任落实。把工作的着力点真正放到抓好各项目标任务的落实上来，对重点工作要做到责任到人、措施到位。

第三，进一步强化内部管理。确保学院政令畅通，有令则行、有禁则止。加强督办督查工作，保证学院各项规章制度和党政决策决议落到实处。

（2）要加大全体教职工培训力度，提高管理和执教能力，提高教师队伍的整体素质。要重视教职工“教书育人、管理育人、服务育人”的主体地位，加强对全体教职工的培训，拓宽培养渠道，进一步落实教师素质提升工程，提高教师队伍的整体素质，优化教师队伍结构，充分调动广大教师的工作积极性和创造性，提高教育教学工作综合水平。

（3）要牢固树立“四个意识”，加强团结，为实现共同目标而努力。全体教职工要牢固树立政治意识，讲规矩，不利于团结的话不说，不利于学院发展的事情不干；树立大局意识，顾大局，讲团结，遇事要从学院大局出发来考虑，相互信任、相互谅解、相互支持；树立核心意识，坚决拥护中国共产党在中国特色社会主义事业中的领导核心；树立看齐意识，要向党中央看齐、向党的理论和路线方针政策看齐，要严守政治纪律和政治规矩，把铁的政治纪律具体化为严格的工作纪律，齐心协力，把工作做好。

（4）要围绕工作中心，明确工作重点，提高工作效率。要理清工作思路，明确工作重点，制订切实有效的工作计划。转设工作是目前学院工作的重中之重，我们要举全院之力去做。要突出教育的中心地位，致力打造特色品牌专业，打造过硬的师资队伍，营造良好的校园文化氛围，增强向心力和竞争力，争取早日把我院建成校园环境优美、教学设施先进、师资力量雄厚、人才培养质量高、与地方经济社会发展相适应的具有鲜明特色的在省内外具有较大影响的本科院校。

（三）学校 2019 年党政工作要点

1. 总体思路

2019 年是中华人民共和国成立 70 周年，是落实新时代全国高校本科教育工作会议和全国教育大会精神的重要之年，也是学院转设工作的关键之年。新的学期，我们要继续积极学习贯彻党的十九大精神，坚持以习近平新时代中国特色社会主义思想为指导，以立德树人为根本任务，以转设工作为契机，以改革创新为动力，以规范管理为手段，以“三风”建设为切入点，全面加强学院内涵建设，推动学院转型转设发展，谱写好学院发展的“奋进之笔”。

2. 主要任务

（1）强化教学管理，改革体制，深化机制。

第一，加强专业内涵建设，提高专业建设水平。做好 2019 年新增学士学位授予专业审核评估工作（国际商务、服装与服饰设计）；根据专业评估结果，推动专业整改，做好 2019 年新专业论证与申报工作；开展应用型人才培养工作总结研讨活动，修订 2019 版人才培养方案。

第二，深化教育教学改革，提高教学质量。开展各类质量工程项目期中检查。

第三，强化实践教学，加强学生的实践能力培养。开展校外实践教学基地抽查走访；加强实践教学过程管理；检查、督促 2019 年度大学生学科竞赛进展；举办学科竞赛经验交流会；加强 2019 届毕业生毕业实习及论文（设计）工作。

第四，规范教学行为和教学过程，完善教学管理文件。研讨修订《教研室工作活动规范》；研讨修订《学校督导章程》，做好校内教学督导组成立筹备工作；完善学生课程学习考核过程管理文件；逐步完善教学系的排课管理；完善教材选用的相关制度和措施，提高教材选用质量。

（2）真抓实干、攻坚克难，谱写好转设工作的“奋进之笔”。转设工作是学院目前工作中的重中之重。2019 年 3 月中下旬广东省人民政府将同意我院转设的材料报送教育部，接着教育部将组织专家组到我院进行严格的现场考察。我们要聚全院之力，查漏补缺。

（3）加大“内培外引”力度，建设结构相对合理、数量满足教学需要的师资队伍。

第一，2019 年度职称评审准备工作。一是根据院领导要求、2018 年职称评审工作存在问题、职称评审专家所提意见建议，结合我院实际，修订职称评审相关制度文件，进一步提升职称评审工作的规范性；二是沟通协调院领导、教务处、科研处做好 2019 年度职称评审动员工作和培训工作。

第二，引才、育才、励才工作。一是下一学期人事处将切实围绕学院转型规划，优化师资队伍引进机制，提升人才引进数量及质量，制定《高层次人才引进管理办法》，按照 2019—2020 学年招聘计划，完善招聘渠道，加大高级职称人才、专业带头人的引进；二是启动扬帆百青工程，创造条件、提供平台，大力促进本院中青年骨干教师教学、科研能力的提升，促进中青年管理干部管理水平、管理能力的提升，厚植人才沃土，助力学院质量发展；三是规范人才评价考核流程，通过多种渠道，评优促先，形成创先争优的良好局面。

第三，深化人事制度改革。一是整合多方意见，完善现有薪酬制度，调整薪酬结构，建立与分类管理相配套的薪酬体系，提高教职工社会保障水平，初步推行年金制度；二是拟定《行政教辅和外聘人员上课管理办法》，做到正确导向、规范管理；三是修订完善值班、请销假、教师聘用等人事相关制度文件，召开专题研讨会议，认真梳理问题，形成高质量调研报告，为解决工作中的实际问题服务，做好人事规章制度的“废改立”工作，促进人事工作流程化、信息化、公开化。

第四，深入细致做好人事管理、服务工作。一是继续做好薪资福利发放、“四险一金”购买、补充医疗保险购买、人事档案、合同管理、教师资格评定等日常人事事务；二是继续加强劳务人员用工规范管理工作，在前期工作的基础上，健全岗位编制、合同签订、参保等各项管理规定，形成较为完备的劳务用工管理制度。

（4）强化“心中有学生”理念，在立德树人、以德为先上下功夫。

第一，做好日常学生管理工作。做好新学期学工人员值班安排及值班费的统计与发放；做好学生回校报到、注册和学费催缴工作；更新各系学生管理数据信息；做好周末点名、节假日前后学生安全教育工作及离返校人数统计；收集各系学生获奖情况，开展招生“喜报”制作、邮寄工作；做好学生课堂考勤及处分相关工作；开展我院优秀奖学金颁奖仪式；做好优秀毕业生评选工作；做好 2018 届毕业生返校，毕业生文明、安全离校教育管理工作；做好文件的发文及存档；跟踪好奖学金的发放；做好学生证的补办、发放及毕业生学生证的注销工作。

第二，做好大学生助学贷款工作。认真做好国家助学贷款等相关工作，完成 2018—2019 学年度贷款档案资料的整理及归档工作；重点抓好贷后管理工作，对本学年还本付息的贷款工作要求各系对学生做好详细的跟踪情况记录；做好贷款毕业生离校相关工作；积极做好勤工助学管理工作，切实做到“济困助学、服务学生”；做好国家助学金春季学期的发放工作；做好校内特困补助工作；创新并拓展资助工作途径，增强学生社会责任感，建立回归社会、服务社会的信心；为学生树立典型，表彰先进，营造自强崛起、爱心互助的氛围，拟在 2019 年 6 月初举办国家奖学金、励志奖学金、优秀贫困生奖学金颁奖大会；开展“助梦扬帆”资助高校家庭经济困难优秀大学生海外研学工作，拟选派 1～2 名优秀学子参加广东省组织的海外研学项目；与国际交流处联合举办资助家庭经济困难优秀学子国际志愿服务活动，拟选派家庭经济困难优秀学子于暑假期间参加志愿者活动；拟在 2019 年 5 月中旬组织各系贷款经办人开展家庭经济困难认定及国家助学贷款工作培训会议；拟在 2019 年 7 月初在新旧校区各举办一场生源地贷款暨国家资助政策宣传活动；不断提高学生资助管理水平，对我院 2018 年的资助工作进行自我检查、自我纠正，完成对 2018 年资助工作的绩效考核。

第三，完善制度，规范管理。推进“易班”建设，成立校级辅导员工作室，举办辅导员技能大赛，推动学生工作室建设；推进辅导员职级晋升，切实加强和规范我院辅导员队伍的职业化、专业化建设；推动完善《学校辅导员晋升方案》；召开学生工作研讨会，出台进一步加强辅导员队伍建设和心理健康教育的意见；鼓励和引导辅导员参加科研活动，开展课题研究，发表职业论文，提升学历层次。

第四，推进大学生创新创业教育。指导、支持更多的教师参与“双创”教育，鼓励更多的学生参加“SYB”等课程，创新建设线下平台项目，深化创新创业质量工程建设。

第五，深化德学教育，加强学风建设。落实全国教育大会、全国高校思想政治工作会议精神，大力开展“德学”教育实践活动，组织学生参观有关德学展览、专题讲座；强化校风、学风、班风建设，制订《学风建设活动方案》，建立优良学风评价机制；教育学生不使用手机，强化课堂质量。

第六，加强安全教育。组织学生学习宪法，邀请专家进行法制安全教育、网络安全教育、交通安全教育、宿舍安全教育，防毒、防骗、防传销陷阱；关注重点群体，通过情况通报、告知书、温馨提示、网络渠道等各种方式，加强安全教育和引导，并及时处理突发事件。

第七，加强心理健康教育。召开干部会议部署本学年工作，开展心理主题班会的培训，规范心理工作制度，对重点关注学生进行心理回访、完善更新心理档案；落实各系部学生心理健康状况季报制度；开展心理健康月心理活动准备工作；针对大学生普遍存在的、较为集中的心理问题安排专题讲座，开展心理游园会活动；做好《心晴》报纸的派发；做好系部毕业生就业心理指导，整理心理咨询记录，并将资料归档。

第八，加强学生公寓管理。探索、推进学生公寓建设改造工作；加强学生公寓的安全管理工作；做好毕业生文明离校宿舍管理工作；加强治安员及宿管老师业务培训。

（5）强化党的建设，以党建带团建。

第一，继续以习近平新时代中国特色社会主义思想为指导，进一步落实党要管党、从严治党的部署和要求，进一步落实党建工作主体责任，优化党建工作台账式管理，大力推行党政融合，充分发挥党组织的政治核心作用，推动学院各项事业向前发展。按照习近平总书记考察广东时提出的四个方面的要求，努力做好以下工作：进一步落实好《关于加强民办学校党的建设工作的实施意见》，以改革开放的精神推进党建强校，提升立德树人的成效，充分发挥党组织的政治核心作用；进一步落实好《〈广东省加强党的基层组织建设三年行动计划（2018—2020年）〉实施方案》，按要求配齐专职组织成员，落实兼职党务干部待遇，加强党务干部的培训和交流；进一步加大党建经费投入，把握新校区建设的契机，加强党建场所的建设；进一步开展“大学习、深调研、真落实”活动，深入基层一线调研，听取群众意见和建议，切实为教职工办实事，聚力推动学院新发展；进一步落实《思想政治工作质量提升工程实施方案》，加强学生党建工作，大力培育与践行社会主义核心价值观，打造好学生党员优秀团队，提高党建育人的成效。

第二，全面加强学院党建和思想政治工作，切实把习近平总书记重要讲话精神贯彻落实到学院教学、科研、管理、服务等工作中，深入思考如何围绕立德树人的根本任务，办人民满意的应用型本科大学。

（6）强化招生就业工作，开创招生、就业、校友工作新局面。建立招生、教学、就业、校友四者统筹协调、良性互动的机制，在探索中前进，在前进中总结，在总结中提高，开创招生、就业、校友工作新局面，为培养我院高技能应用型人才做出新的更大的贡献。

第一，开展多形式招生模式。三月：做好专插本考试工作、摄影专业校考工作、招生章程上报工作。四月：举办第二届“我的专业我代言”专业介绍视频征集比赛；做好招生宣传材料。五月：做好专插本录取工作，发放录取通知书；做好招生计划上报工作；做好招生宣传工作；制作招生简章；举办第二届“我的专业我代言”之最美专业照征集比赛。六月：做好招生咨询工作；参加招生咨询会。七月：继续做好招生咨询工作；做好招生录取准备工作。

第二，加强就业指导，拓宽毕业生就业渠道。2019 年 3 月：省部属高校应届毕业生求职补贴申领；上报毕业生就业信息、就业方案。4 月：开展 2020 届毕业生信息资源采集工作、创业系列讲座。5 月：开展三支一扶、暂缓就业等办理工作；模拟面试比赛。5 月至 6 月：签订指导协议书，上报就业方案。6 月：就业手续办理、毕业生就业疑惑咨询；发放报到证、签订暂缓就业协议书；联系企业单位招聘、企业回访。3 月至 7 月：跟踪 2019 届毕业生的就业情况，统计初次就业率。7 月至 8 月：走访企业，建立就业基地。

第三，进一步做好校友工作。3 月至 7 月：做好校友信息数据的收集；做好校史校志编写工作；搭建校友工作宣传平台；举办深圳、广州地区的校友新春联谊会；举办学院校友吉祥物设计大赛；开展多方位校友活动；走访杰出校友；推动校友与各系部的就业创业合作；培养在校学生的校友意识。

（7）突出重点，着力推进宣传思想工作创新发展。

第一，深入学习宣传贯彻习近平新时代中国特色社会主义思想。一是把学习宣传贯彻习近平新时代中国特色社会主义思想作为首要的政治学习任务，继续以党委中心组理论学习为引领，抓好全院师生员工的政治理论学习，推进习近平新时代中国特色社会主义思想在学院落地生根；二是坚持做好《党建学习》编印工作，选辑党和国家的重大政治理论、政策法规和高等教育动态等编印成册，供党委中心组成员和基层党组织学习，促进理论学习的常态化和规范化。

第二，全面落实意识形态工作责任制，牢牢把握意识形态工作的领导权、管理权、话语权。一是切实加强学院意识形态监控。继续在全院范围内开展意识形态安全排查，包括政治安全风险排查、校园网络媒体意识形态安全排查，每月向广东省委教育工委、母体学校报送学院意识形态安全排查情况报告，严格实施《学校官方微博微信管理办法》，对校内的官方微信、微博实行登记备案，对全院的 QQ 群、微信群进行清理及登记备案，贯彻落实《学校哲学社会科学类论坛讲座管理办法》，对学院内开展的各类论坛讲座实行审批及备案制度，通过多种措施进一步掌握意识形态工作的话语权，确保意识形态安全。着力提升对重大突发事件和复杂敏感问题的舆论引导能力和水平，加强校内各种媒体的管理和掌控，完善舆情信息收集、报送机制，提升网上舆论引导能力和水平。二是制定学院宣传思想阵地管理制度。进一步牢牢把握意识形态工作的领导权、管理权、话语权，全面梳理学院宣传思想阵地管理制度，完善制度，推进落实，促使宣传思想阵地管理规范化。

第三，推进学院思政工作质量提升工程相关方案的落实，推进思政工作理论研究和方法创新。一是抓好《学校思想政治工作质量提升工程实施方案》的落实。做好督办和检查，切实推进方案各项工作落到实处。二是用社会主义核心价值观引领大学文化建设。用社会主义核心价值观引领校园精神文明建设，深化校园的精神文明建设力度，进一步凝练总结学院的“大学精神”和校园文化建设成果；推进学院网络文化建设，举办学院网络文化节。三是加强中华优秀传统文化的教育与传承。推动学院校园文化建设相关工作委员会的成立，研讨开展校园文化品牌项目培育工作，引导打造“中华优秀传统文化教育”主题活动，推荐优秀的校园文化成果参评全省高校校园文化建设优秀成果奖。

第四，紧扣学院改革发展的主旋律，讲好学院故事，传递学院声音。一是继续加强学院各宣传思想阵地建设。继续以精品意识打磨“两微一网一报”，进一步发挥校内 LED、横幅标语、宣传橱窗、宣传展板的效用，不断提升学院宣传思想阵地多位一体联运宣传和教育的力量。对学院网站进行手机端口开发，完善新校区电子屏规划及建设，建立新闻访谈室。二是加大典型榜样与专题宣传力度。把先进典型榜样的引领作为推进社会主义核心价值体系建设的重要内容和有效手段，注意用身边人、典型事来教育和影响广大师生，综合运用新闻通讯、人物访谈、特写、系列报道、专题宣传等多种方式，打造典型榜样的正能量。三是加大对外宣传力度，收集外宣报道精华。进一步加大对外宣传力度尤其是对外网络宣传力度。加强与社会媒体的沟通联系，深入挖掘校园的新闻亮点，大力推进校园新闻上大报和大网。做好对外宣传报道精华的收集，储备外媒报道素材。

第五，全力推进专项工作，为学院转设工作贡献力量。一是继续做好办学特色凝练、校园文化成果凝练工作。进一步做好学院各项工作特色材料收集、文化成果材料收集，进一步凝练好学院办学特色，总结好校园文化建设成果，为学院成功转设贡献力量。二是继续做好党建核查工作的查漏补缺。根据校内自查的检查结果，继续跟踪落实好相关材料的查漏补缺，以查促改，全力推进党建工作质量提升。

第六，加强自身建设，建设一支有守有为有担当的宣传工作队伍。加强校内宣传队伍的建设与管理，建立完善基层党组织抓宣传思想工作机制，强化政治责任和领导责任，全面提升基层宣传思想工作水平。深入开展“走基层、转作风、改文风”活动，对教职工通讯员、二级单位宣传工作负责人、学生记者队伍开展集中的业务培训。树立师生对学院宣传工作的大局意识，努力形成学院大宣传格局。

（8）加强对外交流与合作，提升学院综合影响力。积极响应国家战略要求，“走出去，引进来”，前往国际教育名校学习经验，并做好部门培训，提升部门工作人员专业技能，做好国际交流合作工作。一是组织开展我院现有国际交流项目宣传、申请、跟进等工作；二是积极寻求优质国（境）外大学开展合作交流关系，并引进优质项目，尤其是教师交流项目；三是开办第八届雅思培训班，邀请雅思教师到校开展雅思学习相关讲座；四是开办第二届小语种（日语）培训班，以基础班及提高班两种形式丰富语言培训班资源；五是开办国际文化特色精品课程，邀请国（境）外行业专家来我院进行专题讲座，丰富学院国际文化交流；六是举办第二届北部湾经济国际研讨会，邀请国内外知名学者到我院进行学术交流活动；七是举办国际文化系列活动，增强校园国际文化气息；八是招收国外来华留学生，加强留学生课堂及生活管理；九是加强外籍教师考核，规范教师队伍，储备外教资源；十是响应“走出去，引进来”的号召，前往国际教育名校学习经验，并做好部门培训，提升部门工作人员专业技能；十一是完善部门各项工作制度，规范工作流程；十二是做好部门其他常规工作，如外事接待、外事管理审核等。

（9）推进二级管理，激活办学活力。

第一，调整院系设置，推行二级目标管理。

第二，做好放、管、服工作，激活办学活力。办学自主权下放，将专业、学位点的增列、收费标准的制定、职称评审等权力下放到办学单位，人、财、物下放到二级单位和部门。在经费的使用上，将审批权下放，团委、学工、教务也要将经费分配到单位，下学期项目经费下放，在人事管理的招聘管理上也要下放权力。

（10）加大图书资源投入力度，实现管理科学化。

第一，加强文献资源建设，提高馆藏质量。继续加强图书馆与各系在文献资源建设和服务方面的联系，结合已有的荐购渠道和采购方法，努力提高文献的采购质量，围绕转设工作，力争使中文纸质图书达到30万册以上。

第二，加强与读者互动，提高服务水平。继续加强读者互动，多渠道、多层面、多形式听取读者的办馆意见，集中读者智慧办好图书馆。牢固确立“读者为本”理念，进一步加强网上信息服务，重新设计图书馆主页，对现有的版块和功能进行更新、整合和健全，对内容进行充实。不断完善移动图书馆服务，为读者提供更加便利的信息服务。

第三，加强导读服务，提高图书馆资源的利用率。开展优质服务建设，计划在2019年4～6月举办读书服务月活动，以此为契机，通过举办图书资源与利用培训等系列活动，加强导读工作，开展信息素质教育，培养读者的信息意识和获取、利用文献信息的能力。使师生更充分地利用我校文献资料，促进校风、学风建设，达到服务育人的目的。

第四，加强软硬件环境建设，提升现代化办馆水平。一是加强图书馆自动化设备的管理与维护，确保图书馆设备资源具有较高的完好率和利用率，进一步推进图书馆服务的数字化、移动化，提高图书馆的服务层次。二是积极配合基建、后勤部门做好新校区搬迁和新馆的建设工作，以新馆建设为契机，进一步加强图书馆的文化环境建设，创建以图书馆专业视角和服务需要出发的平面媒体展示平台和立体展示平台。

（11）进一步修订完善相关科研制度，加强科研工作。

第一，完善有关科研制度。完成《学校科研成果认定与奖励办法》《学校科研经费管理办法》的修订工作。

第二，做好各类科研项目的申报、结题和管理。跟踪在研课题，推进项目按时结题，积极参与国家体育总局哲学社科、教育部哲学社科等研究项目的申报工作，力争在国家级科研项目上有所突破。

第三，推进“创新强校工程”。开展“创新强校工程”科研项目验收工作。

（12）狠抓安全与稳定工作。

第一，建立校园安全防范联动机制，提升快速反应能力。发挥好巡逻电动车、对讲系统的作用，提升指挥水平和反应速度，切实做到治安、交通、消防管理三位一体，加强校园巡逻执勤力度。推动保卫处安全保卫力量与门卫、各执勤区域保安建立联动机制，形成针对突发事件的快速反应机制，加大对违法犯罪分子的威慑，降低案件发生率，增强师生安全感。

第二，不断完善校园监控系统，有效发挥监控系统预警机制。实施昼夜24小时轮流值班制度，不断提升监控管理员业务水平及操作技能，充分发挥监控设施的预警和指挥中心作用。

第三，加强校园道路管理，确保交通安全有序。加强巡查，纠正制止主干道、人行道、草坪、广场车辆的乱停行为，严格整治校内车辆超速、逆向行驶、酒驾等危险驾车行为；加强对校园临时员工自行车、摩托车的停放管理；不断完善“车辆出入管理系统”，实现车辆出入智能化管理，提高工作效率，杜绝一切不安全因素，排除各类安全隐患。

第四，提升“四个能力”建设，构筑消防安全“防火墙”。一是继续贯彻落实《消防法》及《高等学校消防安全管理规定》，完善体制机制，明确管理职责，落实整改措施，夯实防范基础，达到防火器材标准化、检查维修制度化、宣传教育经常化、防火队伍专业化的要求。二是形成依法防控火灾、按制度落实责任的机制，达到校园防火职责明确，师生自救、逃生方法熟悉，不发生火灾责任事故，一般性隐患大幅下降。三是实行安全防火岗位责任制，保卫处与各重点防火部门的主要责任人签订《安全防火责任书》，明确责任和任务。每季度对全院的安全防火工作进行一次大检查，节假日进行重点检查，发现火灾隐患，及时提出整改意见，并督促整改。四是利用宣传栏、板报、广播等形式宣传消防法规和消防知识，使安全防火宣传教育经常化。五是严格落实《消防安全管理制度》，全面掌握消防设施布点、安全状态，及时向辖区派出所、本市消防大队做好消防安全月报工作；不断完善微型消防站建设，强化义务消防员选拔、培训工作，组建一支反应快、靠得住、能灭火的义务消防队。

第五，加大校园周边治安环境综合治理，积极创造文明和谐环境。积极配合派出所对我院周边环境进行综合治理工作，积极营造良好的校园周边环境，严格准确地对校内从业人员、施工人员及部分聘用教师及所属车辆进行信息分类摸底登记，并联系辖区派出所办理有效证件。

第六，加强师生安全宣传与法制教育。充分利用各种宣传阵地，主动与宣传部、学生处以及团委等协作，广泛开展安全宣传和法制教育，帮助师生牢固树立安全法制意识，提升防范水平。开展“校园治安综合治理宣传月”活动，宣传国家的法律法规，定期邀请公、检、法、司等部门的专家，为学生做法制报告。强化安全教育，采取多种形式，大力宣传安全用电、防火、防盗、防事故等方面的基本知识和安全常识教育。

3. 工作措施

（1）加强领导，强化责任，狠抓落实。抓工作的关键在于落实，再好的思路不落实也只能是一句空话。各级干部要进一步强化责任意识，做到“在其位，谋其政”，勇于负责，积极主动，创造性地开展工作，把工作的着力点真正放到抓好各项目标任务的落实上来，对重点工作要做到责任到人、措施到位。各系和各职能部门要切实负起责任。学院实行部门首长负责制，部门首长是第一责任人，对学院的决定或工作安排要坚决执行，并保证效果；各系的负责人既要负责教学管理，也要负责行政管理，要多花气力，把自己的系管好管活。要进一步强化内部管理，确保学院政令畅通，有令则行、有禁则止。加强督办督查工作，保证学院各项规章制度和党、政的决策决议落到实处。

（2）加大全体教职工培训力度，提高管理和执教能力。

（3）顾全大局，加强团结。团结是做好一切工作的前提，团结出凝聚力、战斗力、生产力。全体教职工一定要顾大局、讲团结，珍惜学院今天来之不易的大好局面。各级领导班子成员之间要相互尊重、相互信任、相互谅解、相互支持，遇事要勇于负责，团结一致，齐心协力，共同把工作做好。

（4）要突出中心，明确重点，提高效率。由于工作头绪多，在方法上必须突出中心。教学是学院工作的中心，我们要长抓不懈。不同的阶段又有不同的工作重点，新校区的搬迁工作是本学期的工作重点之一，我们要举全院之力去做。中心与重点明确了才有可能纲举目张，才能把各方面工作都做好。

2019 年，立足新起点，展现新作为，谋求新发展。新的一年，让我们以锐意进取、永不懈怠的精神状态和敢闯敢干的奋斗姿态把责任扛在肩上，把任务抓在手上，用更高的标准、更实的行动、更大的热情不断谱写学院事业发展的精彩华章！

（四）学校 2020 年党政工作要点

2020 年，是我国全面建成小康社会、实现第一个百年奋斗目标的决胜之年，是学校“十三五”规划收官、“十四五”规划谋划之年，是学校由独立学院转设为普通本科院校的关键之年，是全力应对新冠肺炎疫情的特殊之年，做好今年的工作异常重要。

2020 年学校工作的指导思想是：以习近平新时代中国特色社会主义思想为指导，宣传学习党的十九大和十九届二中、三中、四中全会精神，贯彻落实习近平总书记视察广东重要讲话精神和重要批示指示精神，按照全国、全省教育大会的要求，根据省委“1 + 1 + 9”工作部署，统筹做好防疫抗疫、教育教学和学校转设工作，完善综合配套改革措施，进一步优化学校治理结构，提升治理能力，强力推进内涵建设，奋力提升学校办学水平。

2020 年学校的重点目标任务是：举全校之力实现学校转设目标；集全校之智完善机构设置和职责分工；汇全校之思优化学科专业结构；统全校之源摆布好二级学院办学物理空间；聚全校之神培育师资队伍；齐全校之心提升专业建设水平；动全校之能完善教学基本条件；用全校之劲谋“十四五”规划；纳全校之言全力推进学校教学改革；鼓全校之气提升学校美誉度。

1. 以习近平新时代中国特色社会主义思想为指导，不断提升基层党组织建设水平

（1）强化理论武装，筑牢政治定力。制订学校党委中心组学习计划；落

实第一议题制度；建立健全“不忘初心、牢记使命”主题教育长效机制，切实推动主题教育成果转化为学校快速发展的强大动力。

（2）抓实“书记项目”，推进党政融合。开展以“实施‘三维一体’育人工程，提高立德树人成效”为主题的“书记项目”；落实二级学院党政联席会议制度；推进“双带头人”培育工程；探索党建带团建新路径。

（3）抓好基层党支部规范化建设，发挥“党建强校”作用。以组织力提升为主题，推进学生党支部和教师支部的规范化建设；抓实党校培训工作；实施“对标争先”计划；开展党建“双创”（示范创建和质量创优）工作，培育党建工作标杆院（系）、党建工作样板支部。

（4）加强思想政治工作，提升思想政治教育实效。落实全国高校思想政治工作会议精神，加大专职政工队伍建设力度；加强马克思主义理论学科建设，提升马克思主义学院建设水平；高质量上好校院两级书记、校（院）长“思政第一课”，发挥示范引领作用；实施思想政治工作质量提升工程，完善“十大育人体系”；扎实开展“青马工程”，为党为国育才；组织好大学生实践活动，创建大学生暑期社会实践活动品牌。

（5）筑牢意识形态安全防线，确保校园政治安全。签订意识形态工作“六项责任制”责任书，落实好意识形态工作责任制；严格执行哲学社会科学讲座论坛、微博微信新媒体等宣传思想阵地的审批制度，加强学生社团管理，牢牢掌握意识形态主动权；严密防范境内外敌对势力和“三股势力”渗透破坏，维护校园政治安全和意识形态安全。

（6）加大宣传工作力度，提升学校美誉度。改版校园网主页、强化二级单位网页建设，突出学校内涵建设的主题、主线，充分展示学校发展成绩；用好学校“一网两微一报”新媒体，加强内外媒体合作，及时宣传学校办学新成果，有效提升学校美誉度。

（7）严肃纪律作风教育，营造风清气正氛围。签订党风廉政建设责任书，落实领导班子成员履行“一岗双责”；压实层级党支部书记第一责任人责任，开展述责述廉活动；开展好纪律教育月活动，增强教育实效；充分运用好“四种形态”，做好纪检信访工作。

（8）畅通民主管理渠道，形成发展合力。建立民主党派定期沟通协调机制，广泛凝聚共识；开好第二次“双代会”，推进教职工依法参与民主管理和民主监督；创建“教工之家”，引导教职工积极参与学校建设。

2. 对标本科院校设置标准，加快推进学校转设工作

（1）深入分析政策与形势，掌握转设工作主动权。密切关注转设政策调整，加强与相关单位、部门的沟通联络；争取各方支持，确保转设成功。

（2）依据转设基本标准，加强硬实力建设。聚焦工作重点，统筹全校资源，全面改善办学基本条件，进一步提升转设工作的硬实力。

（3）挖掘办学亮点，高质量做好转设申报材料。严格对照转设指标体系撰写、提炼、打磨申报材料，深挖、组合和优化各类数据，确保相关数据真实可靠、精准科学；协同各方力量，做好佐证支撑材料。

3. 突出教学工作中心地位，切实提高人才培养质量

（1）以新版人才培养方案修订为契机，探索应用型人才培养新模式。根据学校办学定位，对标《广东省深化普通高校考试招生制度综合改革实施方案》，科学修订新版人才培养方案，探索适合学生发展需求的应用型人才培养新模式。

（2）强化专业内涵建设，提高专业建设水平。根据国家本科教学质量标准，强化专业内涵建设，完善实验教学条件，强化实践教学环节管理，改革课程评价方式，突出学生动手实践能力培养；对标广东省一流专业建设条件，立项建设校级重点专业，全面提高专业建设水平。

（3）抓住教学改革重点，突出教学改革的主题、主线。围绕人才培养目标定位，以课程建设为突破口，明晰教学改革的主要抓手，立项教学改革项目，加大力度培育教学成果奖。

（4）加强国际交流合作，提高学校办学国际化水平。创造条件、创新制度鼓励学生到国外高校学习，构建便捷通道转换课程学分，拓展学生成长成才路径；加强与国外大学的校际合作交流，大力推动师生双向交流，提高学校办学国际化水平。

（5）围绕专业建设重点任务，修订完善专业申报、建设、评估制度。做好 2020 年新增学士学位授予专业审核评估工作；做好 2020 年新专业论证与申报工作。

（6）深化创新创业教育，全面提高学生学科竞赛成绩。建设全方位、立体化的创新创业教育生态系统，在通选课程中开发建设好创新创业类课程，利用新校区“双创”实训基地平台，举办校内创新创业大赛，动员鼓励学生积极参加国家级、省级学科竞赛，强化重点团队、重点项目培育，力争大学生学科竞赛成绩取得新突破。

（7）严格教学常规管理，提高教学管理效能。修订完善教学管理制度，升级教务管理信息系统，提高教学管理信息化水平；强化教学督导委员会职能，健全教学质量监控体系，建立教学运行动态监测、智能评估、专项督导的新型评估体系。

（8）完善各教学环节质量标准，严格教学运行管理。建立健全教学主要环节质量标准，制定《学校教学工作规程》，规范教学运行；利用疫情期间线上教学契机，推动教师更新教育观念，提升运用互联网技术的能力，打造“网络金课”。

（9）加强美、体、劳和健康教育，提高学生综合素质。开设高质量美育课程，打造特色艺术品牌；加强学生体质健康抽测，强化抽测结果应用，提升学生体质健康水平；丰富校园体育文化，引导学生全民健身运动；组织开展丰富多样的劳动实践，教育引导学生崇尚劳动、尊重劳动。

4. 选优学科建设路径，切实提升科研创新水平

（1）以重点学科建设为抓手，培育学科增长点。加强会计学、英语语言文学两个省级重点（培育）学科建设，提升学科实力；根据学校发展战略和办学定位，遴选 2 ~ 3 个校级重点建设学科；围绕重点学科，引进学科带头人，构建学术梯队，搭建创新平台，为学科建设开好局、起好步。

（2）打造北部湾发展研究中心，提升服务区域经济发展的能力。围绕北部湾城市群经济社会发展的前沿问题，凝练研究方向、整合研究力量、产出学术成果，打造研究北部湾发展的创新高地。

（3）高质量实施“创新强校”工程，力争获取更多政策支持。深入推进“创新强校”工程，高质量做好项目申报立项、推进实施、结题验收各环节工作，评价结果有较好进步。

5. 推进“人才强校”战略，增强学校核心竞争力

（1）完善人才引进和培养制度，厚植人才成长土壤。大力实施“优秀人才支持计划”和“优秀人才引进计划”；加大专任教师队伍尤其是骨干教师、青年教师的培养力度；根据工作性质和业务需求，分类对各类人员进行专业化、创新性培训。

（2）大力推进人事制度改革，完善分类管理办法。根据学校发展需要，建立健全人事管理制度；完善职称评聘标准，切实做好 2020 年职称评审工作；继续推进人事制度改革，实施分类管理。

（3）强化师德师风建设，提升教师队伍素质。将师德师风建设摆在首位，完善师德师风建设长效机制，建立师德档案，实施师德承诺制；严格师德考核评价制度，树立先进典型，加大违规行为查处力度，提升教师队伍整体素质。

6. 落实立德树人根本任务，开创学生工作新局面

（1）完善《二级学院学生工作考核指标体系》，提升团学工作治理水平。加大对二级学院学生工作的年度考核评估，充分调动二级学院工作的主动性；加强学生工作队伍建设，全面客观评价政工队伍的德、勤、能、绩，提高辅导员队伍综合素质；明确校、院两级管理职责，处理好学校顶层设计与院部落实的关系；强化学风建设在学生工作中的龙头作用，激励学生全面发展；加强疫情期间学生思想教育的针对性，进一步增强“四个自信”、坚定“四个意识”、做到“两个维护”。

（2）高质量完成招生和就业工作，提高生源质量和毕业生就业质量。主动对接《广东省深化普通高校考试招生制度综合改革实施方案》，高起点谋划 2020 年招生工作，高质量完成招生任务；健全就业反馈机制，完善就业服务体系，积极应对新冠肺炎疫情对就业工作的冲击，做好 2020 届毕业生就业指导服务工作，确保毕业生初始就业率、年终就业率处于较好水平，切实提高专业对口率；抓早抓实学生考研工作，提高学生考研率、录取率，提升就业质量。

（3）创新共青团工作，引领青年学生成长。加强党对共青团的领导，规范团的基层组织建设，增强组织的凝聚力；加强学生社团管理，强化社团育

人功能；充分发挥共青团在校园文化建设中的主力军作用，开创校园文化建设新局面；精心组织好“挑战杯”比赛，力争实现“挑战杯”成绩的新突破；继续深化“青马工程”；扎实推进“灯塔工程”。

（4）加强学生心理健康教育，提升学生心理素质。进一步推进二级心理辅导站建设，加强心理健康知识普及教育；做好新生心理普测工作，强化心理异常学生管理；加强心理辅导专兼职队伍建设，提高心理危机识别与干预能力。

7. 细化综合配套改革举措，科学推进学校治理体系和治理能力建设

（1）精心完善机构设置和职责分工，科学构建符合学校实际的治理体系。深入推进校院管理体制改革，健全职责清晰、权责明确的分级管理体制；调整部门设置，完善职能职权，理顺权责关系；把握推进改革的节奏方法，处理好改革、发展、稳定的关系。

（2）调整学科专业结构，完善二级学院组织架构。科学论证、精准确定学校的主干学科、骨干专业、主要专业群，优化二级学院设置，完善二级学院办学基本条件，形成二级学院良好的发展态势。

（3）加强对二级学院和职能部门的工作绩效考核，有效提升治理能力。进一步修订完善《二级学院学生工作考核指标体系》，建立职能部门年度重点目标任务责任制；实行学院院长、部门负责人年度工作业绩汇报制度，形成比、学、赶、帮、超的工作氛围；提前做好年度考核工作方案，精准推进各项考核工作科学化、专业化。

（4）强化学校管理制度的体系化建设，全面规范学校管理。切实落实董事会领导下的校长负责制，确保校长在办学治校中的法定性权利；充分发挥学校党委的政治核心作用，切实加强党委对学校工作的领导；落实学校章程有关规定，增强学校章程在办学治校中的法规性功能；执行校长办公会、党委会议事规则，完善“三重一大”决策制度；做好学校管理制度的“废改立”工作，推进管理制度的体系化、科学化、专业化。

（5）以编制学校“十四五”事业规划为契机，做好学校发展战略顶层设计。完成学校“十三五”总体规划、专项规划的总结工作；编制学校“十四五”事业发展规划，周密论证学校发展战略、办学定位，正确处理好结

构、规模、质量、效益的关系，力争办学效益的最优化。

8. 加快推进新校区建设，科学规划二级学院办学物理空间

（1）加快推进新校区建设，逐步实现“一校区”办学。加强新校区建设管理，优化功能设计；按期竣工在建工程，开工建设青年教师公寓和学生宿舍，夯实“一校区”办学的硬件基础；科学分配新校区已建成教学行政用房，规划好二级学院办学的物理空间，完善学院办学的基本条件；加快与市政府相关部门的沟通，尽快取得校舍建设的各类证件。

（2）合理利用旧校区，构建学校建设发展新的增长点。结合未来“一校区”办学战略，科学做好旧校区办学发展规划，培育学校发展新的增长点。

（3）精心设计好搬迁工作方案，顺利完成搬迁任务。科学研判疫情形势，及时启动搬迁工作；落地落细艺术学院、经济与金融学院和相关学院的搬迁任务，确保设施设备不丢失、使用功能不损坏；根据行政楼的建设装修进度和学校工作需要，及时做好行政部门的搬迁工作。

（4）加强新校区文化建设，打造文化育人品牌。根据学科专业特点，按照二级学院“一院一策”、职能部门学校统一的原则，加大新校区文化建设的统筹力度，打造新校区文化育人品牌。

9. 统筹做好新冠肺炎疫情防控工作，确保师生生命安全和正常教育教学秩序

（1）提高站位，全力做好疫情防控工作。强化学校疫情防控领导班子责任，制定完善学校的“两案八制”精准施策；校园实行封闭管理，校内实行网格化管理，校内人员实行分类管理；全员全覆盖地进行重点人员排查统计，做好全员健康监测；严防疫情输入校园，严防发生校园聚集性疫情。

（2）对标学生返校防控工作清单，周密做好开学准备。按照“四精准”“六分”“一独立”“三全”“五管”要求做好开学准备工作；严格按照上级要求做好防控物资准备，确保学生到校正常教育教学活动的开展。

10. 对标高校平安校园建设标准，切实加强校园安全管理

（1）守住校园安全红线，确保校园和谐稳定。对标高校平安校园建设标准，加强校园安全基础条件建设；加强安全宣传教育，开展应急演练，切实增强师生安全意识；强化舆情信息收集、分析和研判，加强“校—警”合作，

织密舆情防护网；严格门卫制度，规范校园交通管理，维护校园秩序；坚持预防为主，做到安全检查、隐患排查常态化。

（2）进行拉网式排查，消除安全隐患。开展校园安全大检查以及专项检查，整改薄弱环节，强化管理举措，实行人防技防联动，确保校园安全稳定。

二、近几年学校主要领导讲话

（一）在2018级新生开学典礼上的讲话（节选）

同学们，进入大学，进入学校，你们将迎来新的人生起点，开启新的人生旅程。学校虽然可能不是你们的首选，但实践将证明你们不会后悔自己的选择。学校是一所办学条件日趋完善、治学严谨、管理规范、充满生机和活力的学院；是一所注重能力与特长培养，在全国大学生创新创业大赛、全国大学生职业能力大赛、全国大学生“挑战杯”等赛事中与全国知名大学同台竞技表现出色、屡获佳绩，能力不亚于任何一所名牌大学的学院；是一所在18年办学过程培养出40000多名学有所长、在社会各行业崭露头角、深受用人单位好评的优秀学生，就业率一直高居全省同类院校前茅的学院；是一所能培养出考入清华、西安科大、澳门科大等国内外知名大学研究生的学院。伴随新校区的建设和启用，可以预见，学校的未来会更加美好。在这样一所充满活力、蒸蒸日上的大学里读书学习，只要明确目标、脚踏实地、逐梦前行，学校一定会成为你们放飞理想的地方。

同学们，我知道，上大学是你们美好的理想和孜孜不倦的追求。因为，大学是文化的高地、是人才的高地，大学是创造知识、传播知识的神圣殿堂，大学还是培养人才的沃土与摇篮。今天的开学典礼，既是一个热烈的欢迎仪式，也是你们进入学校的首开课。为了让同学们学有所成，让大学生活的每一天都精彩纷呈，我代表学院党政领导向同学们提几点期望。

第一，做一个志存高远有理想的人。立志是成功的基石。高尔基曾说，一个人追求的目标越高，他的才力就发展得越快，对社会就越有益。古今中外成大事者无不具有远大理想。因此，我们首先要做一个有理想的人，有了理想，就有了奋斗的目标，就有了前进的动力。有了这种动力，我们就会有战胜各种困难的信心与力量，做一个不蹉跎岁月、追梦前行的人。今天坐在这里的同学，我相信大部分是带着人生理想而来的。希望有理想的同学能坚定心中的理想，为之主动学习，自信自强，不骄不躁，努力奋斗，坚持不懈。同时也希望心中尚有迷茫的同学能从这一刻起明确自己的人生目标，重新认识自己、了解自己、超越自己。

第二，做一个顺应潮流会学习的人。我们要有理想、有追求，但是更重要的是脚踏实地、身体力行去实现。早在 20 世纪六七十年代联合国教科文组织就提出了终身教育理念，并认为终身教育有四大支柱，这就是学会学习、学会做事、学会共处、学会发展。当今，新知识层出不穷，知识更新越来越快，这就要求我们要尽快实现从中学学习到大学学习的转变。大学的学习不仅在于掌握了多少知识，更在于培养独立思考、独立分析、解决问题的能力。我们不求面面俱到，但求厚积薄发，我们不能天天变，更需以不变应万变，以更好地应对日新月异的形势发展和与时俱进的知识更迭。作为大学生，同学们一定要创造性地学习，学习新知识、学习新方法，与时俱进、增长才干，跟上时代的发展需要。希望每天能在校园里看到你们捧书驻读的身影，那将是校园中最美的风景；希望每天能在校园里听到你们朗朗的读书声，那将是校园中跳动着的最美音符。

第三，做一个修身立德有担当的人。常言道："做人先修身，立业先立德"。大学的根本使命就是立德树人。中国古人历来就有"修身、齐家、治国、平天下"的道德要求，历来就有"居庙堂之高则忧其民，处江湖之远则忧其君"的处世境界，历来就有"先天下之忧而忧，后天下之乐而乐"的牺牲精神，历来就有"为天地立心，为生民立命，为往圣继绝学，为万世开太平"的情怀与担当。这些都体现了中国古代知识分子个人对国家、集体、家庭的责任与贡献，是他们人生最高理想和价值观的追求。这也就是我们今天所说的家国情怀。这种家国情怀，不是要你们去达到某个高不可攀的目标，而是希望你们做一个真实、健康、善良的人，做一个热爱生活、与人为善、和谐相处有品位的人，做一个在学习、生活中严以自律、宽以待人的人。

第四，做一个热爱集体懂包容的人。无论是学校、班级还是宿舍，都是集体。我们学校不仅是个大集体，更是一所治学严谨、纪律严明的学校，严格遵守校规校纪是对每一个同学最基本的要求。同学们大多是第一次远离家门，过这种集体生活，面对这样的转变，希望大家一定要增强集体主义精神和组织纪律观念，要学会宽以待人。正所谓“没有规矩，不成方圆”，生活在集体中，不能处处只为自己着想，要自觉遵守学院的规章制度，以大局为重，团结同学、帮助同学，学会包容、懂得包容，才能更好地融入集体、融入社会。在包容中，还可以发现自身的不足，提高自身品格，学会更好地与人交流合作。希望同学们调整心态，迅速适应大学的学习生活，以凤凰涅槃、浴火重生的勇气，抛弃“小我”，关注社会、关心集体，和谐发展、共同进步。

新的大学生活让你们充满憧憬与期待。学习知识，提高能力，全面发展，是你们今后的努力方向。今天你们是芬芳的桃李，明天你们是祖国的栋梁。机遇总是垂青那些有准备的人，新学期，新起点，新目标，让我们振作精神、团结一致、鼓足干劲、更新观念、锐意创新、与时俱进，以崭新的姿态和面貌去迎接新的挑战，争做一名党和国家需要的合格人才！希望同学们对大学生活、对未来充满信心，高扬理想的风帆，用炽烈的激情、用不懈的奋斗去书写大学生活的崭新篇章，去创造人生的辉煌！

（二）在 2019 级新生开学典礼上的讲话（节选）

今天在座的你们，带着对大学的向往和对美好人生的憧憬，汇聚在这里，开启新的人生篇章。1999 年，学校创办成立；2006 年，经教育部批准为独立学院；2010 年，获得广东省民办教育突出贡献奖；2012 年，获得学士学位授予权。学校办学历史悠久，建校以来，一直秉承着“坚韧不拔、自强不息”的精神，始终坚持以教学改革为核心，以队伍建设为重点，以条件建设为保障，围绕“提高教学水平、培养合格人才”这一中心，加强基础设施建设，深化教育教学改革，创新人才培养模式。学校开设有国际经济与贸易、计算机科学与技术、英语、会计学、财务管理、艺术设计等 41 个本专科专业，到 2019 年，在校学生人数已达 21479 人。2016 年，随着我校办学规模的扩展，新校区正式投入建设并启用，我们学校将会有越来越多的可爱学子与同学们一起共勉学习。在这 19 年办学过程中，我校培养了各行各业的多名优秀毕业生，也培养出多名考上清华、西安科大、澳门科大等知名大学的研究生，同学们要始终相信，在这座充满活力、生机勃勃的大学里，只要脚踏实地、仰望星空、逐梦追行，你们一定能在学校实现自己的理想，拥有一个无限的未来。

同学们，“人生中没有什么成功是纯粹偶然得来的”，大学对你们而言，是你们整个人生中尤为美好、尤为珍贵的时光，也是你们人生当中一段重要而特殊的经历，它不仅是你们的人生观、价值观、世界观形成的重要阶段，还是你们一生中为数不多的可以改变未来的机会，我希望你们能好好珍惜，能够将大学生活的每一天都过得精彩纷呈，能够学有所成。在此，我想向同学们提出几点期望。

第一，志存高远，追求有意义、有价值的人生理想。立志是成功的基石，“才须学也，学须静也；非学无以广才，非志无以成学。”只有志立得好，我们才能做对社会有贡献、有用的人。高尔基曾说，一个人追求的目标越高，他的才力发展就越快，对社会的贡献就越大。在群星璀璨的智慧星空中，那些伟大的人无不闪耀着理想的光辉。“凡事预则立，不预则废”，在追求理想的过程中，我们要始终认准自己的目标，脚踏实地，刻苦学习，在求知的道路上“博学之，审问之，善辩之，笃行之”，努力使自己成长为一个成熟、独立和有精神追求的大学生。

第二，创造性地学习，成就非凡的自我。时代的紧迫感催促我们进步，在 21 世纪，会学习是高素质人才必不可缺的一项基本能力。学习是终身的事情，我们要牢固树立终身学习理念，学会学习、学会做事、学会共处、学会发展。在这日新月异的社会，跟上新知识更新的步伐，在层出不穷的新知识中，学会学习，学会创造性地学习，与时俱进，跟上时代的步伐，适应时代发展的需要，积极学习，主动学习，在学习中进步，才能在学习中发现更不一样的自己。

第三，崇尚文明，做一个修身立德有担当的人。“勿以善小而不为，勿以恶小而为之”，文明从小事做起，从自我做起，无论在何时何地，我们都要自觉遵守规章制度，做一个讲文明、有品德的人。现代社会是一个崇尚文明的社会，作为大学生的你们，在现代社会的文明建设中有着义不容辞的责任，更应该成为崇尚文明的典范，更应该担起现代社会文明建设的任务，做到修身立德、有所担当。古语云“修身、齐家、治国、平天下”，我们每个人都应该要有对国家、集体、家庭做贡献的家国情怀，带着这种情怀去做一个在生活中与人为善、有品德、有担当的人，做一个在学习中严于律己、刻苦奋斗的人。

第四，团结互助，做一个宽容谦让的人。良好的学习氛围、和谐友爱的校风、文明的生活环境，对于我们同学的成长和进步是至关重要的。或许你们当中的很多人是第一次走出家门，千里迢迢来到学校，第一次体验集体生活，面对这种转变，希望大家一定要增强集体主义精神和组织纪律观念，学会宽以待人，学会团结互助。“己所不欲，勿施于人”，生活在集体当中，不能只是想着一己私欲，而要以大局为重，识大体、得大体，要团结同学、帮助同学，学会宽容谦让。希望同学们在适应集体生活时，尽快调整好心态，融入集体，关心集体，包容集体，抛弃“小我”，成就“大我”，共同营造一个美好的生活环境。

同学们，你们凭着自己的努力，实现了大学梦，攀上了人生的一个高峰，然而，大学并不是你们人生的终点，而恰恰是人生中的另一个起点，路在同学们的脚下，未来掌握在你们手中！学校是同学们成就卓越、放飞梦想的舞台，希望同学们以学校作为新的起点，在追求理想的路上不断前行，在迎接挫折中砥砺前进，做到自尊、自爱、自强、自立，秉承勤勉、踏实、进取的精神，扬帆起航！

（三）在庆祝第 35 个教师节大会上的讲话（节选）

过去的一学年，是学校转型、转制工作重要的一年，学校各项工作在全校教职员工的共同努力下，得到顺利推进。一是教学秩序稳定，应用型人才培养质量稳步提升；二是多措并举，队伍得到了加强；三是强化“心中有学生”理念，学团工作出现了新局面；四是推进创新强校，教科研工作取得新的进步；五是招生就业稳中向好，校友会工作取得新突破；六是校园文化建设明显加强，学校影响力持续扩大；七是真抓实干，确保了两校区和谐稳定；八是加强党的建设，政治保障和政治核心作用得到了增强；九是加强制度建设，完善了人事考核、学籍管理、职称评审等规章制度；十是攻坚克难，积极推进了机构设置调整和转设工作等。这些成绩的取得，是全校教职员工共同努力的结果，将载入学校的发展史册！

目前，学校人才培养和转设工作已进入一个新的阶段。新形势，赋予我们新的任务和担当。在新的一学年，我们将以十九大精神和习近平新时代中国特色社会主义思想为指导，继续以人才培养为中心，以转设工作为抓手，优化人才培养方案，强化思德建设，落实和规范院校两级管理，加强干部队伍建设，充实办学条件，不断提高人才培养质量，全面推进学校工作快速发展。

习近平总书记指出："一个人遇到好老师是人生的幸运，一个学校拥有好老师是学校的光荣，一个民族源源不断涌现出一批又一批好老师则是民族的希望。"那么如何做一个好老师呢？下面我谈几点体会，与大家共勉。

一是回归本分，潜心教书育人。

陈宝生部长在新时代全国高等学校本科教育工作会议上指出，教师的天职就是教书育人，教授就得教书授课，离开了教书授课就不是教授。必须明确，高校教师不管名气多大、荣誉多高，老师是第一身份，教书是第一工作，上课是第一责任。因此我们教师要热爱教学、要倾心教学、要研究教学。同时也应做到"德高"，以德立身、以德立学、以德施教；做到"学高"，下苦功夫、求真学问，以扎实的学识支撑高水平教学；做到"艺高"，提升教学艺术，善于运用现代信息技术，提升改造学习、改造课堂的能力。说到底，回归本分，按照总书记对教师的要求就是，政治素质要过硬、业务能力要精湛、育人水平要高超、方法技术要娴熟，教师要潜心教书育人，要深刻认识立德树人是大学的根本任务，要更好地担当起学生健康成长的指导者和引路人。

为此，本学年学校将积极推进机制体制改革，加大干部队伍建设力度，下大力气，提高教师教育教学质量和推进师德长效机制建设，要组织大家制定师德标准，形成一个心灵契约，严格执行师德师风一票否决制。

二是满怀博大爱心，做心灵使者。

教师这个职业，不仅是一种谋生手段，更是一种崇高而神圣的事业。好教师和好医生都是高尚的，为什么？因为都是关乎人的，医生做不好，草菅人命；教师做不好，误人子弟。这里最核心的一点，就是做教师必须充满“爱”。

爱是教育的灵魂，没有爱就没有教育，我希望我们的老师，把责任心升华为爱心，把职业升华为事业。教师要有“三爱”。一是爱学生。苏联著名教育家苏霍姆林斯基说：“教育技巧的全部奥秘在于如何热爱学生。”希望大家努力铸就“大爱无声”的师德品格，把自己的爱心、情感融入每一堂课、每一次服务当中，以最温暖的爱心、最专注的真心，去关爱身边的每个学生，努力成为学生的良师益友。二是爱学校。学校是我们做事干业的平台，它就像一艘龙舟，需要所有划船人朝着同一个方向奋力划桨，才能快速、安全地到达比赛终点。学校目前正处在提升内涵质量和转设的关键时期，要实现宏伟蓝图更需要我们有强烈的主人翁意识，像爱自己的家一样爱学校。三是爱岗位。教师岗位既光荣又辛苦、既平凡又伟大，希望全体同仁珍惜岗位、敬畏岗位，只有爱岗敬业，才有激情，才能创新。

三是治学严谨，打造“金课”。

严谨治学既是教师的使命，也是教师的责任。对教师来说，严谨治学有两个含义：第一，要有治学的本领。习近平总书记曾经说过：“过去讲，要给学生一碗水，教师要有一桶水，现在看，这个要求已经不够了，应该是要有一潭水。”因此我们需要刻苦学习，保持足够的知识储备。第二，要有治学的态度。2018 年 8 月教育部下发了《关于狠抓新时代全国高等学校本科教育工作会议精神落实的通知》，通知指出，要全面整顿教育教学秩序，严格本科教育教学过程管理。其中，一是要加强课堂教学管理，修订完善课堂教学建设和管理的相关规定，严抓教学秩序，提高课堂教学质量；二是要加强学习过程的管理。要认真梳理各门课程的教学内容，淘汰“水课”打造“金课”；三是提高毕业论文（设计）的质量，强化指导教师责任，严格实行论文查重和抽检制度，建立健全盲审制度；四是强化教师教学的主体责任，要进一步修订完善教师评价考核制度，在教师专业技术职务晋升中实行本科教学工作考评一票否决制。因此，本学期我们的老师要围绕上述要求做好教学工作，以更加严谨的治学态度，真正将学校人才培养中心工作落到实处。

四是做一个因材施教的教师。

世界上没有完全相同的两片叶子，学生也是如此。好老师一定要平等对待每一个学生，尊重每一个学生的个性，理解学生的情感，包容学生的缺点和不足，善于发现每一个学生的长处和闪光点，让所有学生都成为有用之才。因此，好的老师，应该要因材施教。

学校是一所有着 2 万多名学生的高校，学生文化基础难免参差不齐，性格和价值取向也呈现多样化。因此，我们要树立基于“人人是胜者”理念的激励教育，以此坚定他们的信心、激发他们的兴趣、发挥他们的优长，使每一个学生都能做最好的自己，都能成长成才。也正因此，我们要以学生为中心，做好供给侧改革，改革人才培养方案、改革课程、改革教学方法，将学校的教育理念真正落实到我们人才培养工作的全过程。

五是做一个善于学习的教师。

毛泽东同志强调，教育者首先要受教育，要做好先生，首先要当好学生。习近平同志说：“打铁先要自身硬。”一方面，教书需要“溢缸”。教师要给学生一杯水，自己就得有一桶水、一缸水，甚至有一条常流常新的小溪。另一方面，在知识爆炸的时代，在网络和新媒体迅速发展的今天，教师如果不及时更新知识、停滞不前、抱残守缺、凭借经验，将难以胜任教书育人这一神圣职责。希望我们每位教职工，都能努力成就“大学无涯”的追求，树立终身学习理念，在各自成长的道路上不断丰富知识，不断发展自己，跟上日新月异的改革步伐。

六是做一个成人达己的教师。

好的教师不仅是一名能成就优秀学生的教师，同时也应该是一名能成就优秀的自己的教师，因此我们的工作性质就是成就他人的同时成就自己。我们把“培养出让自己崇敬的人”作为一种目标追求，甘做铺路的石子，奉献于三尺讲台，但是，我们也不能一味地去幸福别人而忘记了自己，我们用自己的智慧和汗水培养出一批批英才，我们也是应当幸福的人。我祝愿老师们在努力工作的同时，也要“幸福自己”，每天坚持锻炼，合理安排作息，把自己的父母赡养好，把自己的孩子培养好，把自己的家庭经营好，把自己的生活打理好。在学校这个大家庭里，开心地生活，快乐地工作。

现在，我国高等教育改革已经步入“深水区”，“双一流建设”“应用型转型”“营利非营利分类管理”“内涵发展、特色发展”等，都在以各自的方式如火如荼地开展着。学校也处在转设的紧要关头，希望全体教职员工心中有国家和民族，明确意识到肩负的国家使命和社会责任，不忘初心，牢记使命，弘扬新时代师德师风，潜心教书育人、精心管理服务，不断推进学校改革创新与转型发展，不断提高人才培养的质量，迎接祖国的七十华诞！

（四）在2020届毕业典礼上的讲话（节选）

在这个特殊的毕业季，我们相聚云端，以网络直播的形式共同见证2020届毕业生圆满完成学业。我想，此时此刻，萦绕在同学们心间的既有毕业的喜悦与对未来的憧憬，更有不舍与遗憾。我也一样，内心百感交集，虽然今天我不能为你们拨穗，我们没有肩并肩地站在一起，但你们的父母、你们的亲人、你们的朋友、你们的老师，还有学校，同样为你们感到自豪和骄傲！

同学们，感谢你们将最宝贵的青春年华留在了学校，在这里度过了四年的求学时光。现在的你们，已信心满满，母校将自始至终为你们骄傲，为你们点赞！

从现在开始，你们中的大部分人都将离开校园，步入更加广阔的世界，登上新的人生舞台，也有一部分同学会继续求学深造。每一代青年都有自己的际遇和机缘，2020年是决胜全面小康、决战脱贫攻坚的收官之年，也是实现“两个一百年”奋斗目标的历史交汇之年。你们所处的这个时代，给予了你们这代人无限的机遇和广阔的舞台来施展才华，时代呼唤担当，历史赋予使命，作为你们的校长，我想给同学们提几点期望。

第一，希望你们发愤图强，励志奋斗。今年，因为疫情的影响，有的同学在实习时做好的应聘计划几乎被打乱，有些公司企业倒闭，计划已久的岗位突然停止招聘，岗位竞争也比往年更加激烈。但是，我希望同学们在这严峻的形势面前，在树立人生理想、选择从事职业时，更要有宏大的战略视野和长远的眼光，除了满足实现自我价值的渴望，还应更多地体现对国家、民族和社会的责任与担当。“青春虚度无所成，白首衔悲亦何及”，同学们只有把家国情怀融进青春理想，始终把服务国家、社会和人民作为最大追求，为青春增色、为人民服务、为祖国奉献，青春的力量才能驻扎起强大的根脉，茁壮生长，绽放炫丽之花。“自信人生二百年，会当水击三千里”，在未来的日子里，有风和日丽，也会有狂风骤雨，不只有成功的喜悦，也会有挫折的苦闷。同学们，梦想不会自动成真，青春由磨砺而出彩，人生因奋斗而升华，同学们要尽快调整心态，转变适应各种新角色，并付诸笃实勤勉的行动，始终脚踏实地，一步一个脚印地前行，在风雨和挫折面前不气馁、不畏惧，积蓄久久为功的前进动力。

第二，希望你们勤勉学习，行稳致远。“吾生也有涯，而知也无涯”，当今世界科技进步日新月异，知识更迭不断加快，获得学习资源的途径也比以往更加便利，这已然是一个不断创新的时代，更是一个终身学习的时代。因此，我希望你们继续保持良好的学习习惯，始终处于学习状态，谦虚谨慎、明辨求知、勤于读书、善于思考，不断加快知识更新，丰富知识储备，优化知识结构，使自己的思维视野、思想观念、认识水平、实践能力跟上越来越快的时代发展要求。

“不闻不若闻之，闻之不若见之，见之不若知之，知之不若行之。”学习从获取知识开始，而实践是知识转换为能力的必由之路，也是学习的目的和归宿，同学们在未来开展学习、从事研究、服务社会之时，要增强问题意识、坚持问题导向，带着问题去学习，实事求是去发现问题，运用学到的知识，去解决问题，通过实践去攻克问题，实现学以致用、以用促学、知行合一的理想境界。在学习过程中，同学们不要仅仅满足于碎片化的信息、快餐化的知识获取，而要始终保持对新领域、新事物的求知欲，大胆探索、刻苦钻研、抢占先机、迎难而上，在终身学习、创新学习中积累人生智慧。

第三，希望你们修身立世，胸怀坦荡。迈出校门后，你们会面临各种各样的选择、挑战和诱惑，此时更要坚定自己的内心信仰，不迷失、不盲从，做到以德润身、严于律己，不断涵养人格修养，这样才能在纷繁复杂的社会熔炉中，不为世俗所累，不为名利所困，坚守道德底线，守望心灵家园。

同学们，你们是学校无限延伸的根脉，也是学校广泛撒播的种子，你们代表着学校的风格、文化、精神、底蕴，你们在哪里，学校就在哪里！学校是你们永远的关切，你们是学校不变的牵挂；待到疫霾散尽、天朗气清，美丽温暖的学校期待与你们再次相聚！祝福同学们永远昂扬青春奋进的姿态，做历史河流中奔涌的巨浪，乘风而上，不断向前，创造属于自己最精彩的人生！

最后，衷心祝愿同学们毕业快乐，一路平安，前程似锦！

（五）在2020级新生开学典礼上的讲话（节选）

2020年是一个十分不平凡的年份，一场突如其来的新冠肺炎疫情，打乱了我们正常的生活节奏。过去的几个月里，同学们经历了线上授课的考验、返校复学的兴奋、高考延迟的担忧，同学们学业上过关斩将、路途中披荆斩棘，我相信大家会带着更深的思考迈入学校的校园。今天学校隆重集会，作为学校的校长，我想用“心”与你们交流，希望我能够与你们心心相印。

同学们来到学校的首要任务是读书。同学们从中学到大学，面临着学习目的、学习方式、生活方式、人际交往方式的巨大变化，同学们要清醒地认识到大学的读书是更系统的学习，大学的读书是更自觉的学习，大学的读书是更具有挑战性的学习。业精于勤，荒于嬉；行成于思，毁于随。头悬梁、锥刺股的时代并未远去，而应成为同学们大学生活的常态。希望同学们读有字的学问之书，学会学习、学会读书；读有道的人生之书，学会交友、学会交往；读有方的社会之书，学会生存、学会融入。

同学们来到学校的重要使命是陶冶情操。大学生活是你们后半世生活最重要的根基。大学是最能够淬炼品性、锤炼情操的熔炉。这熔炉的温度足够高，可以熔化万物；这熔炉的炉膛足够大，可以包容万象。大学如象牙塔，可以让你洁白如玉；大学也是社会，可以让你蓬头垢面、皮粗肉厚。大学生活多姿多彩，可以让你意气风发；大学生活深不可测，也可以让你意乱情迷。在这万花筒般的世界里，你可以虔诚吸取营养、丰满自我；你也可以疯狂消耗自己、游戏人生！诸葛亮《诫子书》有云：“夫君子之行，静以修身，俭以养德，非淡泊无以明志，非宁静无以致远。”希望同学们淬炼爱党、爱国的情怀，在奔腾不息的万古江河中，去深深感悟和体会国家、民族的历史文化，心怀天下，不负此生；希望同学们淬炼做人、做事的操守，格物、致知、诚意、正心、修身、齐家、治国、平天下。

同学们来到学校的首要目标是成人成才。希望同学们通过四年的专业学习，成为国家需要、家长满意、社会认同、个人自信、具有一技之能的专才。

同学们既要仰望星空，树立理想，又要脚踏实地，务实做事，还要内外兼修，涵养德行。

同学们来到学校的执着追求是创新创造。创新是民族的灵魂，创新是大学的使命。同学们不能只当知识的搬运工，而应做知识的创造者。大学学习的重点不是背诵、不是记忆、不是复述，而是理解和想象、分析和判断；面对复杂的世界、混沌的信息，同学们要具有不畏浮云遮望眼、拨开迷雾见晴天的能力；同学们要敢于摆脱传统思维的桎梏，推陈出新、敢于创新、勇于创造！

（六）在庆祝第 36 个教师节大会上的讲话（节选）

金秋的 9 月是收获的季节、金黄的季节！在这个美丽的金秋时节，我们迎来了第 36 个教师节。我谨代表学校党委、行政，向学校的全体教职工致以节日的祝福！向长期以来扎根学校、奉献学校的广大教职工致以崇高的敬意！向 2020 年新入职的学校新员工表示热烈的欢迎！向荣获 2020 年度优秀教师、优秀教育工作者、优秀辅导员、科研积极分子的先进个人表示衷心的祝贺！向入选学校首批“优秀人才支持计划”的专家学者、青年才俊献上我最真诚的祝福！你们是先进人物的代表，你们是优秀人才的典型！在学校这个大家庭里，还有很多今天没能走上领奖台、暂时没有入选支持计划的教职工，他们都是学校建设发展重要的指挥员、教练员、战斗员！

“善之本在教，教之本在师。”学校有一批倾心育人的好老师，你们含辛茹苦不计名利、恪守师德默默奉献，三寸粉笔、一颗丹心，守护着学校的教育教学质量。2020 年上半年，突如其来的新冠肺炎疫情改变了我们的生活样态，学校自 3 月份开始在线教学准备工作，在全校师生的共同努力下，线上教学总体平稳运行，“云端”教学效果显著。

当前，学校正处于由独立学院转设为普通本科院校的关键时刻，学校紧紧抓住本市建设省域副中心城市、打造现代化沿海经济带重要发展极、与海南建设自由贸易港相向而行的重大历史机遇，进一步校准学校办学定位、厘清学校发展思路、推动学校改革创新。凝心聚力提高人才培养质量、同心同德实现学校转设目标已经成为全校师生的普遍共识，“人才强校”战略深入人心，学科专业结构的优化、二级学院治理体系的完善以及教学科研、干部人事一系列基础性制度的出台，正在推动学校的基本工作面出现系统性变革，学校发展迈上新台阶、办学治校进入新阶段的环境和氛围正在逐步形成。值此学校发展的关键时刻，在学校庆祝第 36 个教师节之际，我谈三点心得与体会，和学校的广大教师共勉。

第一，增强职业自信，做扎根学校的“良师”。

人生在世，一个人可能会有多种身份。如果你选择了教师这份职业，老师就是你特别的社会身份。人的生命历程短短几十年，难得有痴心不改的教育信仰追求，有教育信仰追求的教师，才能耐得住平凡岗位的寂寞，保持对教育工作的坚守。社会对教师的要求非同一般，要“学为人师、行为世范”，这不仅是对教师学识能力的严要求，更是对教师为人师表、在人品德行方面的高要求。作为教师，首先要立德树人，修身律己，树立德业，言传身教，培养人才，因为您的一言一行，包括您的思想品质、文化修养、知识水平、精神风貌、治学态度、生活作风、处事方法，都时时处处影响着学生。正如俄国教育家乌申斯基所指出的那样：“教师个人范例，对于青年人的心灵，是任何东西都不能代替的最有用的阳光。”有些老师一看到学生就会产生发自内心的动力，有些老师一走进课堂就会迸发出传播知识的激情，有些老师年近六旬而愈加珍惜职业生涯每一天的延续。在平凡的岗位上，是信念的力量敦促他们去实现人生的价值，心无旁骛地走向成功的彼岸。当我们热爱和敬畏自己大学教师的工作，它就会成为事业；当我们热爱和敬畏自己的事业，它就会成为一生的志业；当我们热爱和敬畏教书育人、学术创新这一志业，它就会给你的人生带来快乐和幸福。在这充满诱惑和价值观迷茫的时代，希望学校的老师们能够增强职业自信，怀揣爱与责任，坚守“两岸猿声啼不住”的人生定力，扎根学校，奋进担当，亮出学校的精气神，做扎根学校的“良师”。

第二，潜心教书育人，做学生爱戴的“恩师”。

现代大学的核心功能是人才培养，教师的首要职责是教书育人，教书育人最主要、最直接的方式是课堂教学。课堂上不仅要教会学生学习知识，更要教会学生如何运用知识、创造知识，启迪学生创新思维，教会学生如何独立思考问题，培养学生迎接未来挑战的潜质和能力，这是大学老师应具备的标准和要求。不是谁都可以上大学的讲台，也不是谁都可以当大学的老师，更不是谁都能成为一个好的大学老师。我们作为学校的老师，自己首先要看重自己，更应该去热爱、去珍惜、去敬畏学校教师这个岗位。大学教师只有敬畏讲台，才能站稳讲台。传道授业解惑是我们教师的天职，教学是教与学的有机结合，它是“教与学的学术”，不仅要研究“教师如何教”，还要研究“学生如何学”。作为教师，我们不仅要思考如何教好一门课程，更要思考如何引导学生学会学习。我们要创新教学方法，通过丰富、精彩的课堂教学激发学生的求知欲望，培养学生的批判性思维、创新潜质、科学精神与人文情怀，将知识的力量转化为人生的智慧，让学生在课堂上收获理想、收获知识、收获能力，让我们真正成为学生爱戴的“恩师”。

第三，致力学术研究，做学识渊博的“名师”。

对于现代大学而言，教学和科研犹如车之两轮、鸟之两翼。作为一名教师，在做好教学的同时，还要积极开展学术研究。我国著名科学家钱伟长曾说：“高等学校教学必须与科研相结合，你不上课，就不是老师；你不搞科研，就不是好老师。”“大学必须拆除教学与科研之间的高墙，教学没有科研做底蕴，就是一种没有观点的教育、没有灵魂的教育。”德国哲学家雅斯贝尔斯也曾说过：“大学教师首先应该是研究者，……大学教师要指导、激励学生刻苦钻研，最好的研究者才是最优良的教师。”大学因学术而生，学术始终是大学的灵魂。从大学因“探究高深知识的需要”诞生的那一刻起，学术性便是大学的根本属性。我们一定要处理好教学与研究的关系，不能把两者对立起来。在我看来，教学为本，研究为基，两者相辅相成、相得益彰。不教学就不是教师，不科研难成好教师。教而不研难逃平庸，研而不教也会虚空。希望老师们将教书育人和学术研究作为终身志业和毕生追求，始终保持对学术的敬畏之心，积极关注和研究重大理论和现实问题，将研究成果及时引入课堂教学，浇灌学校人才培养的苗圃，做学识渊博的“名师”。

老师们，同学们！积力之所举，则无不胜；众智之所为，则无不成。今年是我校从独立学院转设为民办普通本科院校的关键之年，让我们以学校为家，珍惜教师这份职业、珍爱教师这个身份、珍重教师这份荣誉，把个人自身的理想追求、工作岗位的职业要求、学校发展的事业需求紧密相连，凝心聚力提高人才培养质量，同心同德实现学校转设目标，共同创造学校新的辉煌！

三、学校重要机构改革文件

（一）《关于深化机构改革完善治理体系提升治理能力的实施意见》

深化机构改革、完善治理体系、提升治理能力，是着眼于建设“区域性、应用型、国际化”高水平民办大学的重大举措。根据国家《民办教育促进法》的要求，结合新时期学校事业发展的需要，现就深化机构改革、完善治理体系、提升治理能力提出如下实施意见。

1. 指导思想

深入贯彻党的十九大和十九届二中、三中、四中、五中全会精神，以习近平新时代中国特色社会主义思想为指导，紧紧围绕学校办学定位，聚焦“区域性、应用型、国际化”高水平民办本科院校建设的重点领域和关键环节，创新机构设置，优化治理体系，理顺职能职责，提高治理效能，为内涵建设上水平、特色发展上台阶提供坚强的组织保证。

2. 基本原则

（1）依法合规。遵照《民办教育促进法》及有关规定，设置机构，优化职能，完善机制，配备干部。

（2）精干高效。围绕提升办学治校的质量、效率、动力，理顺关系，整合资源，调整层级，科学赋权定责。

（3）协同配套。机构改革与职能优化、干部调整、办公室搬迁、干部薪酬体系完善“四位一体”协同推进。

（4）开拓创新。聚焦学校发展的重大任务、重点目标、重要事项，创新治理体系，优化治理结构，提升治理能力。

（5）统一称谓。实行一套班子、多块牌子，注重职能职责覆盖，机构的称谓要既尊重规律，又简洁规范。

3. 总体安排

（1）党政管理机构：围绕全面从严治党、充分发挥党组织的政治核心作用的根本要求，根据学校教育教学工作的基础、独立学院转设后复核验收、本科教学工作合格评估等重大任务，突出专业性、遵循规律性、强调针对性，优化党政管理机构设置；结合投资方事业发展需要，理顺学校后勤服务管理体制，推进后勤服务社会化改革。设置党政管理机构 11 个。

（2）群团组织：深化群团组织改革，完善工会职责、体现共青团组织的本质要求。设置群团组织 2 个。

（3）二级学院：巩固学科专业优化成果，突出经济学、管理学主干学科的优势特色，加强“新工科”建设，适时优化“新工科”学院；对标中央要求，强化马克思主义学院的政治性、导向性；拓展举办成人学历教育、自学考试主考院校、职业培训的办学功能，完善继续教育学院职能；适应国际化办学定位的新要求，提升国际教育学院管理水平。本次不涉及举办有本科专业的二级学院职能调整。

（4）教辅机构：突出教学服务设施设备建设重点，强化信息时代学校图书信息资料建设，设置教学辅助机构 1 个。

（5）医疗机构：遵循医疗卫生工作规律，强化新时期公共卫生的特殊要求，设立医疗服务机构 1 个。

（6）科研机构：按照学校发展战略，条件成熟时在各二级学院内设立科研创新平台。

4. 改革内容

（1）党政管理机构。

①校长办公室、政策法规处合署办公，统一使用“校长办公室”称谓。内设综合事务科、秘书与信息科。负责为学校领导班子成员办文、办会、办事；负责政策法规、法制建设与校务公开、重大事项督查与督办、档案建设与管理、学校报告厅及会议室管理等工作。

②干部人事处、教师工作部、教师发展中心合署办公，统一使用“干部人事处”称谓。内设干部师资科、人事事务科。负责教职工的引进、培养、考核，教职工岗位聘任、职称评聘、岗位晋级、工资薪酬与社保、人事档案

及劳动关系管理、师德师风建设；负责科级及以上干部选拔、晋升与考核；负责师资队伍和干部队伍的建设管理等相关工作；负责教师职业规划与专业能力发展等工作。

③党委办公室、党委组织统战部、纪委办公室、监察处、党校、学校工会、学校关工委合署办公，统一使用“党群工作部”称谓。内设综合科、组织科。负责学校党委和纪委办文、办会、办事；牵头落实全面从严治党工作，负责党的政治建设、思想建设、组织建设、作风建设等工作，负责发展党员及党员教育管理等工作；负责纪检监察工作；负责机要保密工作；负责工会工作。

④党委宣传部、学校品牌策划运营中心合署办公，统一使用“宣传部”称谓。负责党的思想建设、理论武装、意识形态管理、网络舆情监控；负责学校新闻、对内对外宣传和学校文化建设等工作；负责学校品牌形象的策划、宣传、营运。

⑤党委学生工作部、学生处合署办公，统一使用“学生处”称谓。内设学生管理科、思想政治教育科、心理健康咨询中心、校友会办公室。负责学生思想政治教育、学生发展指导、日常行为管理、学生宿舍管理、特情服务与资助、心理健康咨询、学生党支部建设等工作。

⑥科技处、发展规划处、地方服务与合作处合署办公，统一使用“科技处”称谓。负责学科建设、科研项目申报、科研平台建设与管理、科研成果申报与考核认定、科研成果转化应用、科研信息服务等工作；负责广东省“创新强校”工程的组织、实施与管理；负责学校事业发展规划、政策研究、综合改革等工作；负责校地校企校际合作；负责省教育厅省级教育发展专项资金（民办教育发展方向）项目申报与管理。

⑦教务处，统一使用“教务处”称谓，内设教学运行科、教学研究与评估科、学籍管理科、实践教学科、实验室建设与管理科、网络与信息技术科。负责专业建设规划的编制与实施、教学资源建设与管理、实验室建设与管理、实践教学建设与管理、教学信息化建设与管理、教学研究与教学改革及教学计划管理、运行管理、学籍管理、考试管理、教材管理等工作；负责本科教学质量监测、教学基本状态数据库及本科教学合格评估、专业评估、专业认

证等工作；负责学校信息化基础设施的维护与管理、信息系统安全与等级保护、教育信息技术的推广和实施、文印室管理等。

⑧招生就业处，统一使用“招生就业处”称谓，内设招生科、就业指导中心。负责招生计划编制、招生宣传、审核录取、就业指导与服务；负责校友会相关工作。

⑨计划财务处，统一使用“计划财务处”称谓，内设会计核算科、财务管理科、综合事务科。负责办学经费管理、财务预决算、资金结算、综合核算、内部控制、会计监督、会计档案、收费与财务信息化建设等工作。

⑩后勤与资产管理处，统一使用“后勤与资产管理处”称谓，内设资产管理科、后勤管理科。负责学校资产管理与配置；负责学校资产管理台账与信息化建设；负责对为学校提供服务的物业、膳食、学生宿舍、能源、绿化养护、通勤车等第三方供应商进行考核管理；负责师生正常需要的其他后勤保障工作。

⑪ 武装与保卫处，统一使用“武装与保卫处”称谓，内设综合政保科、治安消防科。负责安全教育、安全管理、社会治安综合治理、消防工作；负责安全技防设施建设与管理；负责政治稳定与社会安定团结、国防教育、国家安全、征兵等工作。

（2）共青团组织。共青团学校委员会，统一使用“校团委”称谓。按照《中国共产主义青年团章程》、上级团委和学校党委决定履行职责。

（3）第二、三级学院。

①继续教育学院、创新创业学院合署办公，统一使用“继续教育学院”称谓。

②国际教育学院、国际合作与交流处、港澳台事务办公室合署办公，统一使用“国际教育学院”称谓。负责国际化教育的实施；负责外事管理；负责与国（境）外机构进行人才培养、科学研究合作及跨文化交流。

③为巩固学科专业优化的成果，本次不调整优化举办有本科专业的学院。根据学校关于行业产业学院建设的要求，条件成熟一个学院赓即成立一个学院。

（4）教辅机构。图书馆，内设图情综合业务部、流通阅览部。负责两校区文献资料保管、信息技术建设、图情管理与服务、信息咨询服务等工作。

（5）医疗服务机构。卫生所，负责爱国卫生、公共卫生、师生医疗、学生医保等工作。

（6）组织领导。成立深化机构改革、完善治理体系、提升治理能力领导小组，由学校校长担任领导小组组长，其他校领导为成员，下设办公室挂靠人事处。领导小组负责顶层设计，确定机构数量、名称、职能职责，统筹协调机构撤并和职能划转。

（7）工作纪律。深化机构改革、完善治理体系、提升治理能力是一场事关学校改革发展大局的深刻的系统性变革，时值启用"学校"建制办学的关键时刻，全体党员、干部必须正确理解深化机构改革、完善治理体系、提升治理能力的重大意义，把思想和行动统一到学校的决策部署上来，用实际行动支持学校深化改革、加快发展。

①涉及机构撤并、职能调整部门的干部职工，必须坚守岗位、履职尽责，严禁擅离职守、懈怠工作。

②顾全大局、服从安排，精心准备、顺畅交接，确保机构、职能、人员、资产、资料等按时调整到位，严禁推卸扯皮、敷衍塞责。

③严禁违反政治规矩和政治纪律，严禁违反组织原则许诺表态，严禁违规使用经费和擅自处置资产，严防学校资产流失。

④机构改革和干部调整期间违反政治纪律、工作纪律、财经纪律的，学校一律严肃追责问责。

（二）《关于优化学科专业结构和完善二级学院治理体系的意见》

1. 指导思想

坚持以习近平新时代中国特色社会主义思想为指导，贯彻落实习近平总书记关于教育工作的重要论述和对广东工作的重要指示、批示精神，围绕本市建设省域副中心城市、打造现代化沿海经济带重要发展极的目标任务，根据办学所在市建设区域性科教文化中心的工作要求，加快学校改革步伐、加大学校改革力度，抓住学校改革关键领域、完善学校改革重大举措，切实推动学校发展迈上新台阶、办学治校进入新阶段。

2. 基本原则

（1）坚持实事求是的原则。紧密结合学校办学实际，务实推进各项改革。

（2）坚持目标导向的原则。深入研究推动改革的目标任务，明确为什么改、如何改，明明白白推动改革。

（3）坚持解决问题原则。针对学校目前学科专业结构存在的突出问题，有针对性地改难点、补弱点、强亮点。

（4）坚持突出重点的原则。学校改革任务繁重，目前最需要抓住的重点是明确学校办学定位、优化学科专业结构、完善二级学院设置，为内涵建设上水平打好基础。

（5）坚持改革创新的原则。强化创新思维，突出改革主题，用改革创新的方式推动学校跨越式发展。

（6）坚持民主集中制的原则。学科专业结构优化是探索性工作，既要广泛听取各方意见，又要善于集中主流思想，求得最大公约数。

（7）坚持积极稳妥的原则。把握和拿捏好改革的火候和分寸，既要积极大胆想，又要稳妥稳当做，确保学校健康平稳、可持续发展。

3. 改革的重点目标任务

（1）明确学校办学指导思想：以习近平新时代中国特色社会主义思想为指导，全面贯彻党的教育方针，坚持社会主义办学方向和教育公益性，落实立德树人的根本任务；以教育教学为中心、以结构优化和内涵建设为主线、以专业建设为抓手、以师资队伍建设为关键、以内部治理体系和能力建设为保障，全面提升人才培养质量；弘扬“育人育才，造福桑梓”传统，秉承“守正敏行”校训，培养能够立足粤西地区、扎根广东，积极融入粤港澳大湾区和北部湾城市群、主动对接海南自由贸易港，服务国家“一带一路”建设所需要的高素质应用型人才，提高学校服务区域经济社会发展的能力。

（2）明确学校办学目标定位：建设区域性、应用型、国际化，具有鲜明经济学、管理学学科特色的高水平教学型本科院校。

（3）明确学校服务面向定位：立足粤西地区、扎根广东，积极融入粤港澳大湾区和北部湾城市群、主动对接海南自由贸易港，服务国家“一带一路”建设。

（4）明确学校办学层次定位：以培养应用型本科人才为核心和主体，创造条件开展专业学位研究生教育；积极拓展国际教育、适度发展继续教育。

（5）明确学校学科专业定位：以经济学、管理学为主体，文学、艺术学为两翼，以工学和教育学为重要补充的多科性本科院校。

（6）明确学校的人才培养目标定位：培养具有良好职业道德和社会责任感、具有宽厚的基础知识和扎实的专业基础、具有较强的实践动手能力和创业精神、具有较好的外语和信息技术应用能力的高素质应用型人才。

4. 改革的具体工作任务

（1）优化学科专业结构，形成学校发展新布局。

第一，学科布局的工作思路。根据学校办学定位，紧贴区域发展需求，结合学校现有基础，突出主干学科建设。持续加强会计学、英语语言文学省级重点（培育）学科建设，重点支持应用经济学、工商管理提升水平，帮助支持音乐与舞蹈学、设计学、教育学、计算机科学与技术、土木工程等学科发展，形成重点突出、多学科协调发展的学科布局。

第二，专业布局的工作思路。按照形成“专业群”的方式，推动学校学科专业结构优化和布局。以经济学、金融工程、互联网金融为核心，建设经济、金融学类专业群；以会计学、工商管理、财务管理为核心，建设工商管理类专业群；以数字媒体艺术、视觉传达设计、服装与服饰设计为核心，建设设计学类专业群；以音乐学、舞蹈编导、音乐表演为核心，建设音乐与舞蹈学类专业群；以小学教育、学前教育为核心，建设教育学类专业群；以播音主持、广播电视编导为核心，建设戏剧与影视学类专业群；以计算机科学与技术、物联网工程为核心，建设计算机类专业群；以土木工程为核心，建设土木类专业群。

第三，优化学科专业结构的工作路径。从申报新专业、改造传统老专业、关停并转不被社会认可的专业着手，从年度招生计划的编制做起，突出学校的主干学科、主打专业、主要专业集群；工作路径是：重点发展经济类、管理类、艺术类专业；积极增设新闻传媒类和教育学类专业（含体育专业）；稳步发展外国语言文学类专业；聚焦专业门类发展工学类专业；控制转型农学类专业。

（2）科学设置二级学院，形成学校发展新格局（见附件）。

（3）完善二级学院治理结构，形成学校发展新气象。

①总体原则：强化二级学院是学校教育教学的主阵地意识，管理重心有序下移，实现二级学院责、权、利的有机统一。

②二级学院治理结构的基本架构：一是加强二级学院日常运行管理。二级学院设立党政办公室、教学工作办公室（简称办公室），是学院党政领导班子的日常办事机构，实行两块牌子、一套班子，设办公室主任 1 名。二是加强二级学院学生工作、共青团工作的基层组织建设。在举办有专业的二级学院设立学生工作办公室、分团委，实行两块牌子、一套班子，设学生工作办公室主任、分团委书记 1 名。三是加强二级学院教学研究、教学运行的基层组织建设。在举办有专业的二级学院设立系级教学组织，原则上不超过 3 个，各系设系主任 1 名；有成规模实验室建设和管理任务的二级学院成立实验教学中心，设中心主任 1 名。四是强化全校公共课程教学组织建设。在相关学院设立大学外语、应用文写作、高等数学、大学计算机基础、大学体育教研室。五是加强二级学院基层学术组织建设。二级学院均设立教学工作委员会、学术委员会、学位评定委员会。

（4）建构二级学院治理体系，形成学校发展新能力。

①二级学院管理体制：二级学院实行院长负责制，党总支充分发挥政治核心作用，落实双向进入、交叉任职制度，积极推进党政融合，严格执行《二级学院党政联席会议制度》。

②二级学院领导职数：举办有专业的二级学院设院长 1 名、党总支书记 1 名、副院长 1 名；学生人数在 3000 人以上的，设专职副书记 1 名；科级岗位职数按照二级学院基本架构的要求进行配备。

③学校对二级学院的管理方式：学校党委、行政对二级学院实行统一领导，具体业务按照校领导工作分工执行。

第一，干部管理。二级学院的处科级干部按照《学校处科级干部选拔任用办法》纳入组织人事部统一管理。

第二，经费管理。二级学院日常运行经费分为办公经费（含差旅费）、教学工作经费、学生工作经费、党建工作经费四个部分，学院经费管理执行院长一支笔审签制。办公经费（含差旅费）以在编在岗教师人数为标准，由学校下达到二级学院，由二级学院使用，具体经费预算标准和管理办法由校长办公室牵头、计划财务中心参与制定；教学工作经费按照人文社科类专业、艺术类专业、理工类专业三个类别确定不同标准，根据学生人数由学校直接下达二级学院，由二级学院包干使用，具体经费预算标准和管理办法由教学运行中心牵头、计划财务中心参与制定；学生工作经费按照学生人数直接下达二级学院，由二级学院掌握使用，具体经费预算标准和管理办法由学生工作部牵头、计划财务中心参与制定；党建工作经费按照教师、学生党员人数由学校直接下达二级学院，由二级学院使用，党建工作经费由党总支书记审签，具体经费预算标准和管理办法由党群工作部牵头、计划财务中心参与制定。

第三，人事管理。学校组织人事部对二级学院的人事管理主要包括：一是编制管理。组织人事部按照学科门类的不同，分类下达自有专任教师编制、学院秘书编制、专职辅导员编制，编制管理办法由人事处牵头制定。二是薪酬管理。在广泛征求教职工意见的基础上，组织人事部根据学校发展需要制定薪酬体系。三是人事调配管理。二级学院提出人员调配的初步意见，组织人事部审核。四是师资队伍管理。根据人事工作政策，帮助、督促二级学院建设好师资队伍。五是其他重要的人事业务管理。通过完善制度体系（包括教师基本工作量、职称评审、职工福利等）实现对二级学院的宏观管理。

第四，教学管理。实行校、院两级管理，按照小机关、大学院的模式进行运作，教务处代表学校在教学基本建设、教学改革、教学管理上建制度、立规矩、定标准等，教学日常运行交由二级学院院长管理。

第五，科研管理。强化科技处职能，以完善科研管理制度为抓手，以提升教师科研能力为目标，以教师基本工作量的制定和完善为着力点，引导教师把精力从“纯教学”转变为“同步关注教学与科研”，一点一滴积累，不好高骛远。学校集中力量打造北部湾发展研究中心，培育学校科研品牌，以点带面，错位竞争。

第六，团学管理。实行校、院两级管理，按照小机关、大学院的模式进行运作，学生工作部代表学校在学生工作队伍建设、学生管理基本制度完善、学校的龙头性活动上抓典型、立规矩、定标准，学生的日常管理交由二级学院党总支书记负责。

第七，党的建设和基层组织管理。按照“书记抓、抓书记”的基本思路，强化基层组织建设，落实党要管党、从严治党的工作责任。

（5）严格人员配备标准，形成学校发展的新团队。

①严格按照教育部关于大学生思想政治教育的要求配备辅导员，归口学生工作办公室管理。

②学院秘书原则上按照学生规模确定。学生人数在 800 人以下配备秘书 1 名，在 800 ~ 1500 人配备 2 名，在 1500 ~ 2500 人配备 3 名，在 2500 人以上配备 4 名，归口学院办公室管理。

③实验员根据二级学院实验教学中心的仪器设备值和实验教学任务确定，归口实验教学中心管理。

④分学科门类确定自有专任教师的控制性比例。

5. 正确处理好几组关系

（1）正确处理好转设工作与本次改革的关系。转设工作是学校当前最重要的工作，学科专业结构优化、二级学院的科学设置是转设工作的重要组成部分，此项工作必须为转设工作增光添彩。凡转设专项工作组安排的任务，学院负责人必须统筹处理好，两者都不能耽误。对于人事管理系统、资产管理系统、财务管理系统、教务管理系统务必精心思考，做好工作预案，既不能因为本次改革影响转设，也不能因为转设耽误改革。

（2）正确处理好上次实施的综合改革与本次学科专业优化、学院治理体系完善的关系。两次改革的目标是一致的，都是为了把学校建设好，本轮改革是上次综合改革的深化、细化和优化。

（3）正确处理好改革、发展与稳定的关系。改革是为了学校进一步发展，稳定是发展的前提，也是改革的基础。本次改革涉及面广，全校干部职工要从学校大局出发，切实处理好改革、发展和稳定的关系。

（4）正确处理好民主与集中的关系。学科专业结构优化与学院治理体系完善是教育教学的深度改革，需要凝聚各方共识；学科专业结构优化与学院治理体系完善也是学校发展战略的集中体现，是学校办学治校的核心内容，既需要广泛听取意见，也需要集中集体智慧，处理好民主与集中的关系。

6. 推动改革的工作要求

（1）组织要求。本次改革是二级学院的一次系统性变革，由学校党政集中统一领导、具体推动实施，学校校长、党委书记是第一责任人。

（2）时间要求。2020 年 6 月 14 日至 20 日为征求意见阶段；6 月 21 日至 23 日为集中决策阶段；6 月 24 日至 25 日为宣传动员阶段；6 月 26 日至 7 月 19 日为推动实施阶段；7 月 20 日至 9 月 1 日为处理具体问题阶段；9 月 1 日起按照新设立的二级学院运行。

（3）职能部门工作任务。

①校长办公室根据学校改革方案负责制订二级学院办公用房和办公室设备的统筹安排方案，提交学校统一研究；除智能制造学院外，举办有专业的学院一律搬入新校区，没有举办专业的学院根据新校区用房情况决定。

②教务处根据学校改革方案在教务系统中对二级学院师生相关数据进行切割迁移，确保 2020 年 9 月 1 日起按照新设置学院运行。

③组织人事部根据学校改革方案对教师相关数据（包括师生的党组织关系）进行精准切割，确保 2020 年 9 月 1 日起按照新设置学院运行。

④宣传部根据学校改革方案督促各二级学院按照学校网站建设要求加快建设学院网站，确保招生录取结束后新学院网站全部上线运行。

⑤学生工作部要根据学校改革方案做好以下工作：第一，学生宿舍的安排调整；第二，与组织人事部协商做好专职辅导员的安排；第三，学生管理系统数据的切割；第四，按照新设置学院发放新生入学录取通知书；第五，按照新设置学院组织新生迎新工作。

⑥财务处根据学校改革方案在财务管理系统中做好师生财务数据切割，确保师生报账、交费无障碍。

⑦资产管理中心、设备管理处根据学校改革方案做好二级学院资产账与物的切割，做到账、物相符。

（4）二级学院工作任务。

①各二级学院负责人务必按照学校改革方案的要求承担起学院安全稳定、防疫抗疫、日常运行的责任，安排好学院搬迁、内务整理、网站建设、招生

宣传、实验室整理等工作，确保新学期、新学院有新气象。

②方案中不涉及撤分的学院，务必对标对表学校要求，精准完成学校安排的各项工作任务。

③方案中涉及有撤分任务的二级学院，现任领导班子务必做到以下几点。

第一，确保学院稳定有序运行，不得因为学科专业结构优化、学院治理体系完善影响正常运行，严格按照目前的运行机制召开党政联席会、安排处理好学院事务。

第二，各二级学院的党政一把手是维护学院正常运转的第一责任人，务必要承担起这个特殊时期的工作任务。

第三，学校近期安排的重要工作（比如招生宣传、人才招聘、人才培养方案的修订、防疫抗疫、学生毕业就业、毕业生返校、期末考试、转设工作等）务必按照现在的运行机制一体安排，不能因为学院撤分影响上述工作。

第四，学校近期安排的二级学院网站群建设，撤分的艺术学院务必按照学校要求同步安排做好音乐舞蹈学院、美术与设计学院两个网站建设；管理学院务必同步安排做好管理学院、会计学院两个网站建设；马克思主义学院同步安排体育教研室做好教育学院的网站建设；外国语学院同步安排做好文化与传媒学院网站建设。确保于 2020 年 6 月 30 日二级学院全部上线运行。

第五，凡是转设中要求二级学院配合的工作，二级学院务必按时完成。

7. 推动改革的纪律要求

（1）统一思想、提高认识。本次推动的学科专业结构优化和二级学院治理体系完善与 2019 年实施的综合改革一脉相承，既有传承也有创新，全校师生特别是党员干部要把思想和行动统一到学校发展这个大局上来，支持改革、参与改革、推进改革，不说不利于改革的话、不做不利于改革的事。

（2）服从安排，听从指挥。一线教师按照自己的学科归属找准自身学术定位，干部要将个人意愿和组织意图结合起来，服从组织安排；本次改革不搞干部卧倒重来，不搞干部突击提拔。

（3）严控干部职数，坚持好中选优。按照精简高效的原则严格控制干部职数，不搞因人设岗，二级学院领导班子一时难以配齐的，成熟一个提拔配备一个，做到宁缺毋滥。

（4）严明组织纪律，营造良好风气。学校党政要加强对干部工作的集中统一领导和管理，严禁各自为政、各管一块，严禁提前许诺，严禁跑风漏气，用好的作风选出好的班子。

（5）坚守工作岗位，履行工作职责。在学校没有以组织名义到各二级学院正式宣布新学院成立之前，现任二级学院的党政主要领导是该院安全稳定、日常运转、防疫抗疫、人才引进、转设工作的第一责任人，务必认真履职尽责，准点完成学校下达的各项工作特别是转设工作任务。如果出现敷衍塞责、推诿扯皮，影响学校工作的，一律严肃追责问责。

附件：二级学院设置及专业分布方案（见表 6–1）

表 6–1　二级学院设置及专业分布方案

<table>
<tr><th>学院名称</th><th>系（部）</th><th>现有专业（课程）</th><th>现有学生数</th><th>至 2025 年控制性学生规模</th><th>按照 2020 版本科专业目录建议新增设的专业</th></tr>
<tr><td rowspan="5">经济与金融学院</td><td rowspan="2">×××系</td><td>经济学</td><td rowspan="5">2593 人</td><td rowspan="5">3500 人</td><td rowspan="5"></td></tr>
<tr><td>国际经济与贸易</td></tr>
<tr><td rowspan="2">×××系</td><td>国际商务</td></tr>
<tr><td>电子商务</td></tr>
<tr><td>×××系</td><td>金融工程</td></tr>
<tr><td rowspan="5">管理学院</td><td>×××系</td><td>工商管理</td><td rowspan="5">2073 人</td><td rowspan="5">3000 人</td><td rowspan="5"></td></tr>
<tr><td rowspan="2">×××系</td><td>市场营销</td></tr>
<tr><td>旅游管理</td></tr>
<tr><td rowspan="2">×××系</td><td>酒店管理</td></tr>
<tr><td>公共事业管理</td></tr>
<tr><td rowspan="3">会计学院</td><td>×××系</td><td>会计学</td><td rowspan="3">3564 人</td><td rowspan="3">4000 人</td><td rowspan="3"></td></tr>
<tr><td>×××系</td><td>财务管理</td></tr>
<tr><td>×××系</td><td>审计学</td></tr>
</table>

续表

学院名称	系（部）	现有专业（课程）	现有学生数	至 2025 年控制性学生规模	按照 2020 版本科专业目录建议新增设的专业
外国语学院	×××系	英语	3117 人	3000 人	
	×××系	商务英语			
		翻译			
	×××系	日语			
		法语			
	大学外语教学部				
音乐舞蹈学院	×××系	音乐学	965 人	1500 人	
	×××系	舞蹈编导			
美术与设计学院	×××系	服装设计与工程	2367 人	2500 人	
		服装与服饰设计			
		产品设计			
	×××系	视觉传达设计			
		摄影			
		动画			
	×××系	环境设计			
建筑工程学院	×××系	土木工程	1787 人	1800 人	
	×××系	工程管理			
		安全工程			
	×××系	城乡规划			
		园林			

续表

学院名称	系（部）	现有专业（课程）	现有学生数	至 2025 年控制性学生规模	按照 2020 版本科专业目录建议新增设的专业
智能制造学院	××× 系	数字媒体技术	3587 人	3000 人	
		信息管理与信息系统			
		物联网工程			
		计算机科学与技术			
	××× 系	机械设计制造及其自动化			
	××× 系	电子信息工程			
		汽车服务工程			
		电气工程及其自动化			
	高等数学教研室				
	大学计算机基础教研室				
教育学院	××× 系			1000 人	
	××× 系				
	××× 系				
	大学体育教研室				
文化传媒学院		汉语国际教育	736 人	1500 人	

续表

学院名称	系（部）	现有专业（课程）	现有学生数	至 2025 年控制性学生规模	按照 2020 版本科专业目录建议新增设的专业
马克思主义学院	基础原理教研室	思想道德修养与法律基础			
		马克思主义基本原理概论			
	纲要教研室	中国近现代史纲要			
	概论教研室	毛泽东思想和中国特色社会主义理论体系概论			
		形势与政策			
国际教育学院	交流中心				
	培训中心				
创新创业学院	继续教育中心				
	学科竞赛研究所				
	创新创业研究所				

第七章　专家组实地考察

第一节　教育部实地考察转设工作汇报稿

根据专家组考察工作的议程安排，由校长代表学校，就转设工作主要从以下四个方面进行汇报。

一、学校发展历程与发展现状

1999 年，经省高教厅批准，举办校和出资方合作创办学校，主要培养专科层次人才。2006 年 4 月，经教育部批准，学校升格为本科层次开始举办本科教育。2011 年，学校获学士学位授予权。2013 年，学校通过广东省教育厅独立学院本科教学基本状态评估。2016 年，学校开工建设新校区。经过 20 年的建设发展，学校现有两个校区，校园占地面积近 2000 亩，现有 41 个本科专业，其中 32 个专业已经获得学士学位授予权，在校全日制本科生近 2 万人。

在 20 年的发展历程中，学校三次开疆拓土夯实了办学的硬件基础，学校三次接受评估促进了办学实力的稳步提升。校园占地从 1999 年开办时的弹丸之地，到目前两校区办学，校园占地面积近 2000 亩；通过 2011 年接受学士学位授予权评估，2013 年接受独立学院本科教学基本状态评估，2017 年学校转设列入《广东省“十三五”高校设置规划》，2019 年接受独立学院转设评估，促使学校办学条件逐年达到《普通高校设置暂行规定》国家标准。今天，我们在教育部专家组的指导下，即将开启本科办学新阶段。学校建设发展迈上的每一步台阶、跨过的每一道关口都凝聚着省教育厅和市委、市政府的关心爱护，凝聚着举办校的关心支持，凝聚着高等教育界各位专家的指点帮助！

二、学校转设为独立设置的民办普通本科高校的必要性

（一）落实国家关于独立学院发展政策的新要求

学校根据《广东省“十三五”高校设置规划》的安排，按照教育部办公厅《关于加快推进独立学院转设工作的实施方案》要求，于 2020 年初向省教育厅呈报转设请示，省教育厅专家组在 9 月份对学校转设工作进行了实地考察，经过有关程序批准已报请教育部批准学校转设，学校接受教育部专家组的实地考察。

（二）发展粤东西北地区高等教育的新举措

《广东省教育现代化 2035》中多处提出“提高粤东西北地区高等教育发展水平，持续提升全省高等教育毛入学率”“打造粤东西北地区高等教育升级版”。学校作为粤东西北地区唯一的独立学院，学校转设为独立设置的民办普通本科高校是提高粤东西北地区高等教育发展水平的重要举措，对于经济欠发达的粤东西北地区发展民办高等教育有着重要的示范意义。

（三）适应办学所在市建成省域副中心城市、打造现代化沿海经济带重要发展极的新需要

办学所在市处于粤港澳大湾区、北部湾城市群、海南自由贸易港三大国家战略交会处，正在按照习近平总书记视察广东时的要求，加快建设省域副中心城市，打造现代化沿海经济带重要发展极。大学因城市而兴，城市因大学而盛，办学所在市高等教育的数量与质量、结构与规模直接决定着办学所在市这座城市的品质和品位，在很大程度上定义了办学所在市未来的发展水平。在这样的重大历史关口，学校转设为独立设置的民办普通本科高校，可以更好地发挥本科院校服务区域经济社会发展的引擎作用。学校将更加紧密

结合地方人才需求，培养大批“作风踏实、基础扎实、能力真实”的应用型人才，提升办学所在市城市知名度和综合竞争力，为办学所在市加快建成省域副中心城市、打造现代化沿海经济带重要发展极做出积极贡献。

（四）培育办学所在市高等教育加速发展的新动能

学校转设为独立设置的民办普通本科高校，必将促进学校进一步转变教育思想、明确办学定位、凝练办学特色，进一步释放民办高等教育在管理机制体制上的活力，形成与公办高校良性互动的新格局，在互惠共赢中进一步挖掘新潜力、培育新动能、形成新优势，这样的模式与格局必将从更深层次上推动办学所在市高等教育得到新发展，为办学所在市高等教育释放新供给、培育新动能。

（五）提升学校办学水平的新台阶

学校转设为独立设置的民办普通本科高校，不是简单意义上与举办校的脱离，而是要独立承担起一所本科院校人才培养、科学研究、社会服务、文化传承与创新的使命和责任。学校经过 20 年的建设发展，紧跟市场需求着力打造特色学科专业群，形成了具有自身特点的应用型人才培养模式。经济学、管理学是学校发展的主干学科，经济学类专业、金融学类专业、工商管理类专业是学校建设的主干专业，与办学所在市乃至粤西地区本科高校的学科专业布局形成了错位发展。学校转设后将继续强化经济类、管理类学科专业建设，创新发展“新工科”专业，探索具有区域性特征、应用型人才培养特色的民办高校发展之路，进一步提升学校办学水平。

三、学校转设为独立设置的民办普通本科高校的可行性

（一）学校办学条件满足教育部《普通高校设置暂行规定》的基本要求

1. 学科专业与办学规模

现开办的 41 个本科专业涉及经济学、管理学、工学、文学、艺术学和农学六大学科门类，主干学科管理学、经济学具有一定优势，经济学类专业、

金融学类专业、工商管理类主干专业具有一定特色，语言文学类、设计学类专业有一定基础，机械类、计算机类专业发展态势较好。目前有管理学 12 个专业、经济学 3 个专业、工学 11 个专业、文学 6 个专业、艺术学 8 个专业、农学 1 个专业。在校生规模接近 2 万人。学校已累计为社会培养 5 万余名本专科学生，毕业生以“作风踏实、基础扎实、能力真实”的品牌形象受到用人单位的普遍欢迎。

2. 师资队伍

由于民办高校在人才引进和稳定上的先天不足，叠加粤西地区经济发展水平不高、交通不便的双重困难，“三座大山”让我们师资队伍建设举步维艰。经过学校反复研判，本着实事求是的原则，通过实施“特聘教授”“学科专业带头人”“银发工程计划”吸引高端人才，通过实施“优秀人才支持计划”稳定现有人才，通过招聘高学历教师壮大青年教师队伍，学校师资队伍在困境中实现良性发展。近年通过实施“银发工程计划”，返聘在公办本科院校任教多年、具有丰富教学经验的老教授，学校根据本人意愿均安排了三室一厅、两室一厅的人才公寓，服务期限均在 2 年以上。这批教师心无旁骛，专职在学校承担教书育人工作，将自己一生的学术研究的积淀和教学经验的积累都呈现于学校的一线课堂，这批教师在学校组织的学生课堂教学评价中平均得分均在 96 分以上，学生反响极好，从其作用和功能上来讲，是学校实质意义上的专任教师。

学校现有专任教师 1100 人，其中具有副高级以上职称 300 余人，具有研究生学历 900 余人，有海外留学背景的博士、硕士 200 余人。每门公共必修课、专业基础必修课程均配备了 2 名副高级以上职称专任教师；每门专业必修课程均配备了 1 名副高级以上职称专任教师；每个本科专业均配备了 1 名正高级职称专任教师。

3. 教育教学与科学研究

学校坚持人才培养的中心地位，教学质量逐年提高。音乐学、园林专业是省级特色专业；经济管理实验教学中心是省级实验教学示范中心；电算化会计学等 5 门课程是省级精品视频公开课程和精品资源共享课程；学校有 26 项省级教学改革项目；先后有十几名教师获得省级教学竞赛等级奖；学生参加各级各类竞赛活动，近五年获得国家级、省级奖项400多项。学校高度重视科研在内涵建设中的重要作用，按照“注重应用、聚焦区域、凝练特色”的思路，取得了一系列科研成果。会计学、英语语言文学是广东省重点培育学科，学校组建了北部湾发展研究中心，已连续两年主办了北部湾区域经济国际论坛。近三年，学校获省、市级研究项目97项，获得资助经费514.5余万元；教师主编教材8部、参编5部，发表学术论文991篇，其中被SSCI收录1篇，SCIE收录3篇，EI会议收录3篇，CPCI会议收录1篇，CSSCI（含扩展版）收录8篇，CSCD（含扩展版）收录5篇，中文核心期刊收录38篇；获得专利授权50项。

4. 基础设施

（1）学校拥有现代化的大学校园，现有两个校区，校园占地面积2000余亩，校舍建筑面积70万平方米。新校区在2020年被列入广东省重点建设项目，按照“现代化、智慧型、书院式”的建设目标，匠心独运打造中西合璧、湖光秀色的巍巍学府，将中国传统书院理念贯穿始终，以校园中轴线为脊，以文理湖为翼，以中轴延展至美丽的湖水为景，校园布局犹如大鹏展翅，表达了学校展翅腾飞，实现跨越式发展的办学愿景。旧校区建筑以明快的橙色为主色调，象征青年大学生青春活力，古朴的钟楼警示莘莘学子珍惜时光，切勿虚度光阴，校区建筑功能划分合理，建筑风格独特，建筑寓意深刻，建筑楼群错落有致，彰显了校园浓郁的人文气息和深厚的办学底蕴。

（2）学校现有教学科研仪器设备总值超1亿元，生均超过5000元/人；现有教学用计算机台数、每百生均电脑台数均达到标准；多媒体教室、语音实验室、校内实验室、校外实践教学基地能够满足全校本科专业实践教学需要。

（3）学校现有纸质藏书186.50万册，电子图书106.43万册，生均纸质图书93.56册/人，近三年年生均购书5.4册/人；有中文纸质期刊693种，中文报纸43种，电子期刊9441种，有15个数据库，能够满足师生学习科研需求。

（4）学校建有音乐厅、多功能厅、室内运动场馆、田径运动场、游泳池、各种球类场地等体育设施。学生宿舍、师生食堂，卫生所等师生生活服务设施齐全。

5. 办学经费

学校办学资金来源持续稳定，办学经费满足需要；资金全部纳入财务专户，实行财务预决算制度，编制财务会计报告，每年委托会计师事务所依法进行审计并报教育主管部门备案。学校对举办者投入的资产享有法人财产权，并依法依规管理使用，历年办学结余全部投入学校事业发展中，出资方从未提取合理回报。学校转设后，出资方承诺每年持续投入资金，用于加强学校内涵建设、提高人才培养质量。

6. 领导班子

学校党政领导班子成员 6 人。其中，中共党员 5 人；具有教授职称 2 人、具有副教授职称 1 人；具有博士学位 3 人、具有学士学位 3 人。领导班子成员政治素质高，熟悉高校教学科研、行政管理和党务工作，符合国家相关规定。

7. 党的建设

学校党委全面落实管党治党责任，深入推进党的建设，党的基层组织健全，党委政治核心作用发挥充分。学校党委书记依法进入学校董事会，参与学校重大决策；学校坚持落实和完善二级学院党政联席会议制度，深入实施基层组织建设“三年行动计划”和“双带头人”培育工程，扎实开展“不忘初心、牢记使命”主题教育，党建工作严谨规范、扎实有效。

（二）学校已具备转设的前置性条件

1. 转设路径清楚

举办校与出资方一致同意学校转设为独立设置的民办普通本科高校，选择非营利性办学性质，并联合行文请示省教育厅；三方共同制订了转设工作方案、签订了转设协议，对过渡期事宜形成高度共识、达成一致意见、做出明确安排。

2. 权属关系明确

学校由投资方独立投资，不存在任何权属关系不清楚、股权关系不明确的情况，转设后学校财产权属关系明确，不存在财产分离。

（三）学校达到民办普通本科高校规范管理的基本要求

1. 办学资质合法合规

学校按照规定办理了办学许可证、法人登记证、组织机构代码证、收费许可证、税务登记证等各种证照；学校的资产总额、净资产、负债率符合相关规定；学校转设后校名符合教育部《高等学校命名暂行办法》要求。

2. 办学思路和定位明确

学校坚持社会主义办学方向和教育的公益性原则，牢记为党育人、为国育才使命，致力于为区域经济社会事业发展培养“作风踏实、基础扎实、能力真实”的应用型人才；学校定位是以经济学、管理学为主干学科的应用型本科院校。

3. 法人治理结构清晰

学校实行董事会领导下的校长负责制，充分发挥学校党委的政治核心作用；制定了董事会章程、学校章程，通过章程明确了学校性质、办学层次、办学指导思想、办学规模、管理体制等重要问题，规范了人才培养、科学研究、学术组织、资产管理、条件保障、民主监督与管理、党的基层组织和群团组织等方面的权利和义务。

4. 师生权益得到充分保障

学校依法保护教职工权益，按照规定为教职工购买“四险一金”，教职工通过教职工代表大会和工会会员代表大会参与学校管理；学校依法维护学生合法权益，按照规定发放奖学金和资助经济困难学生完成学业，学生通过学生代表大会参与学校管理。

四、转设后学校的发展思路与建设举措

学校转设后将根据办学指导思想，围绕办学定位，持续加大改革力度，抓住关键领域，切实推动学校发展迈上新台阶。

（一）明确办学指导思想

以习近平新时代中国特色社会主义思想为指导，全面贯彻党的教育方针，

坚持社会主义办学方向和教育公益性，落实立德树人的根本任务；以教育教学为中心，以结构优化和内涵建设为主线，以专业建设为抓手，以师资队伍建设为关键，以内部治理体系和能力建设为保障，全面提升人才培养质量；弘扬“育人育才，造福桑梓”传统，秉承“守正敏行”校训，培养能够立足粤西地区、扎根广东，积极融入粤港澳大湾区和北部湾城市群、主动对接海南自由贸易港，服务国家“一带一路”建设所需要的高素质应用型人才，提高学校服务区域经济社会发展的能力。

（二）明确学校发展目标

紧紧把握数字经济时代人类社会的生产方式、组织形态、商业模式、金融范式、管理模式的深刻变化，紧跟产业调整专业，融入企业联办专业，依靠行业促进就业，创新应用型人才培养体系，探索校企合作人才培养模式。经过 5 ~ 10 年的努力，学校经济学类、金融学类、工商管理类、管理科学与工程类等“新商科”专业群具有明显优势，语言、艺术类专业具有自身特点，“新工科”专业具有良好态势。初步构建起学校的发展战略与区域经济社会事业发展相同步、学校的学科专业结构与区域经济主导产业相适应、学校的科技创新与区域经济发展技术需求相衔接、学校的人才培养目标与区域所需的专业人才职业能力要求相匹配的事业发展新格局，建成在国内民办高校中有一定影响、广东有重要地位、粤东西北地区有标杆示范作用的高水平应用型民办大学。

（三）明确学校定位

办学目标定位：建设区域性、应用型、国际化，具有鲜明经济学、管理学学科特色的高水平民办本科院校。

服务面向定位：立足粤西地区、扎根广东，积极融入粤港澳大湾区和北部湾城市群、主动对接海南自由贸易港，服务国家“一带一路”建设。

办学类型定位：以培养应用型本科人才为核心和主体，创造条件开展专业学位研究生教育；积极拓展国际教育、适度发展继续教育。

学科专业定位：以经济学、管理学为主体，文学、艺术学为两翼，以工学、教育学为重要补充的多科性本科院校。

人才培养目标定位：培养具有良好职业道德和社会责任感，具有宽厚的基础知识和扎实的专业基础，具有较强的实践动手能力和创业精神，具有较好的外语水平和信息技术应用能力，具有“作风踏实、基础扎实、能力真实”特点的高素质应用型人才。

（四）明确学校发展思路

围绕积极发展“新文科”、聚焦发展“新商科”、创新发展“新工科”的主题主线，按照“质量立校、人才兴校、特色强校、服务荣校、文化名校”的办学思路，进一步强化人才培养的中心地位、专业建设的龙头地位、教学条件的保障地位、师资队伍的关键地位、党建工作的核心地位、依规治校的基础地位，沉心静气抓好教学基本建设，积极稳妥推进教学改革，严格规范做好教学管理，凝心聚力提高人才培养质量。

（五）明确工作举措

1. 优化专业结构，积极发展“新文科”，聚焦打造“新商科”特色专业集群

聚焦经济学、管理学主干学科，创新发展跨境电商、云营销、财富管理、金融科技、互联网金融、计算金融、精算学、海关管理、应急管理、口岸物流、智慧旅游、零售业管理、会展经济、大数据管理与应用等新兴专业，形成经济学类、金融学类、工商管理类、管理科学与工程类“新商科”特色专业集群；牢牢把握“专业建设是主线、课程建设是主体、实践教学是主阵地”的教学基本建设主旋律，聚精会神提升专业建设的整体水平。

2. 完善应用型人才培养模式，强化实践动手能力，提升人才培养质量

根据办学所在市与海南自由贸易港建设相向而行，办学所在市建设省域副中心城市、打造现代化沿海经济带重要发展极的战略部署，结合学校目标定位，围绕跨境电商、国际贸易、滨海旅游、金融保险、口岸物流、智慧财会、康养旅游等现代服务业，与相关龙头企业联合建设行业产业学院，探索与产业链对接的专业设置、人才培养、科技研发新模式，推动教学内容、课

程体系、教学方法的深度变革，使学生在产教融合的教学环节中掌握专业基础知识和实际操作的技能技巧，培养学生“商科常识＋技术方法＋商业思维”的综合素质，强化实践动手能力，真正实现“作风踏实、基础扎实、能力真实”的人才培养目标。

3. 加大实验室建设力度，串珠成链，形成具有鲜明经管类优势和特色的专业实验教学平台

在已建成的智慧金融、跨境电商、财务大数据、旅游管理、大数据管理与应用等实验室基础上，按照综合实验教学平台、开放实验教学平台、创新创业实验教学平台的建设思路，加大资源整合力度，精心建设财经管理类文科综合实验实训中心、工程科技实验实训中心、大学生创新创业园、虚拟仿真实验实训共享平台、校外实践实训基地等重点项目，打造学校实践教学新亮点。力争在 2 年内建成具有财经管理类特色的省级文科综合实验教学示范中心。

4. 加强师资队伍建设，注重能力培养，提升队伍整体水平

通过引进、培育、借力、借智等多种途径，优化教师队伍结构，提升师资队伍水平，重点强化“双师型”“双语型”队伍建设。力争在 3 年内，专任教师总数达到 1000 人，“双师型”教师达到 300 人，“双语型”教师达到 200 人，副教授以上职称人数达到 400 人。围绕主干学科、“新商科”专业群，着力打造 3 ~ 5 个在广东省具有一定影响的高水平课程教学团队和科技创新团队；针对学校青年教师较多、教学经验普遍不足的现实，通过强化学校“教师发展中心”的职能、推行“以老带新青年教师培养工程”、实施“青年教师专项能力提升计划”等措施，在教师的教学基本功培养上下足功夫，确保教师队伍整体上“讲台上站得稳、论坛上讲得好、杏坛上扎得深”。

5. 落实《深化新时代教育评价改革总体方案》要求，实施“本科教学改革工程”，推动以应用能力培养为导向的教学改革

中共中央、国务院在《深化新时代教育评价改革总体方案》中明确提出“探索建立应用型本科评价标准，突出培养相应专业能力和实践应用能力”。学校通过增加学生“走出课堂、走入社会”实践活动，建设实施翻转课堂的“智慧教室”，实行“小班化教学”，建构“大班上课＋小班研讨”课堂教学新

形式，推行“合作式学习”“探究式学习”，变革课程评价方式，丰富“实地考察、实践教学、见习实习”教学内容，系统实施以培养应用能力为目标的本科教学改革工程，提升学生解决实际问题的实战应用能力。

6. 聚焦区域、突出应用，建设科研创新平台

突出经济学、管理学主干学科的应用性导向，加大学科交叉融合力度，以企业技术创新、地域文化研究、高端智库建设为抓手，关注北部湾城市群的发展，加大北部湾发展研究中心建设力度；深度参与办学所在市文化的开发、保护、传承与推广；关注办学所在市旅游业发展的新趋势，探索建设跨学科的中国南海康养旅游研究中心；适应国家“一带一路”倡议的需要，建设泛南海经济圈研究中心。集中人力、物力、财力建设创新平台，提升学校为区域经济社会事业发展服务的能力，为办学所在市建设省域副中心城市贡献方案、发出声音、打造品牌。

7. 借力办学所在市地缘优势，扩大国际交流与合作，形成对外开放的国际化办学格局

办学所在市是国家“一带一路”海上合作建设支点城市，在“21 世纪海上丝绸之路”沿线国家的口岸合作中具有举足轻重的地位。学校借力办学所在市独有的开放优势，积极拓展与“一带一路”沿线国家高校与科研机构的交流往来，深化与港澳地区高校的合作与交流，通过院校整体合作、联合举办专业、课程学分互换、学生短期游学等多种途径，加大学生国际化培养的力度；积极开展与国外、境外高校之间互访，促进教师、管理人员交流研修学习，提升教师、管理人员的国际化视野，形成学校对外开放的国际化办学新格局。

8. 强化党建引领，全面落实《新时代爱国主义教育实施纲要》，培养时代新人

2019 年 9 月 24 日习近平总书记主持中央政治局会议，亲自审定了《新时代爱国主义教育实施纲要》（简称《纲要》）。《纲要》明确要求：“建好用好爱国主义教育基地和国防教育基地。各级各类爱国主义教育基地，是激发爱国热情、凝聚人民力量、培育民族精神的重要场所。”新的学校要担负起对学生进行爱国主义教育的重要职责，以党的建设为统领，以培养新时代中国特

色社会主义事业接班人为目标，把爱国主义教育贯穿办学治校全领域、教育教学全过程，着力打造具有本校特点的思政课程，形成具有本校特色的第二课堂活动，做精具有本校特征的团学工作品牌，更好地让学生铭记办学所在市人民谱写的荡气回肠、可歌可泣的爱国主义抗争史，更好地厚植学生的家国情怀，坚定社会主义办学方向，牢固树立“四个意识”、坚定“四个自信”、做到“两个维护”。

9. 加强校园基础设施建设，改善学校办学基本条件，提升校园文化品位

学校抓住新校区三期工程建设机遇，加快完善校区功能布局，科学安排好二级学院办学的物理空间，为师生员工学习、生活、工作创造更加舒适的环境；围绕教学科研、学生管理、后勤服务等核心业务，系统推进智慧校园建设；提高图书馆智能化、信息化建设水平，完善文献服务体系，为学生适应新时代学习方式变革提供可靠保障；按照“苦练内功提质量、强化宣传树形象”的工作思路，精心策划好转设后新学校的理念识别系统、行为识别系统、视觉识别系统，强力打造学校的文化品牌，提升校园文化品位，营造学校可持续发展的良好氛围，为学校跨越式发展注入新的活力。

10. 完善治理体系，优化治理结构，探索新时代民办高等教育治理新模式

坚持董事会领导下的校长负责制，充分发挥党委的政治核心作用，用好民办教育相对灵活的体制机制优势，紧紧围绕学校教育教学基本建设、教学质量监控与评估、校地校企深度融合、行业产业学院设立等办学实践的新需求，完善机构设置，优化治理体系，理顺工作职责，形成以提升人才培养质量为中心、以建设行业产业学院为抓手、以增强学生实践动手能力为重点、以共享政产学研资源为保障的民办高等教育治理新模式。

各位专家，学校接受教育部专家组转设评议，这是对学校 20 年办学成效的一次全面回顾与检阅，将鞭策、激励学校向更高追求、更高目标奋进。转设评议是过程，以评促建是目标，不断突破是目的，学校将以转设凝聚人心、以转设汇集力量、以转设提振精神、以转设促进发展，不忘初心，奋力前进，为实现新的飞跃而努力奋斗。

第二节　迎接专家组工作方案

一、迎接教育厅专家组实地考察工作方案

根据国家教育部关于独立学院转设工作的有关安排，近期省教育厅专家组将到我校进行实地考察。为确保专家组进校考察的顺利进行，经研究，特制订本方案。

（一）专家组进校考察的主要任务、基本内容

1. 专家组进校考察的主要任务

专家组将在学校前期提供的申报材料基础上，进一步印证、补充、复核学校各项工作的信息、资料与数据，按照教育部普通本科学校设置标准，对学校办学基本条件和办学水平等方面进行评估。

2. 专家组进校考察的基本内容

听取董事长、校长汇报；考察教学设施、实验实训场所、图书馆等基本办学条件；走访教学单位和职能部门；审查申报材料和相关支撑、佐证材料；向学校反馈考察意见等。

（二）工作机构与职责划分

学校成立迎接专家组进校考察工作领导小组，下设指挥部及若干工作小组。领导小组由董事会领导担任组长、学校领导为成员组成，主要职责为研究决定学校迎评工作的有关重大事宜、研究确定学校迎接专家组进校考察工作方案、对专家组进校考察的各项工作实施统一领导。

1. 指挥部

指挥部设总指挥，由董事会领导担任；成员若干名，由校领导、有关职能部门负责人组成。主要职责如下。

（1）全面负责专家组进校考察期间的现场指挥工作，协调并处理重大及应急问题。

（2）负责拟订学校迎评工作方案、工作日程安排等日常事务。

（3）贯彻领导小组的指令，统一协调全校迎评工作，协调各工作小组的工作。

（4）审定相关部门及各小组的迎评工作实施方案。

（5）根据上级要求，制定考察期间的日程安排表并分发至各小组。

（6）协调各工作组之间的工作；完成领导小组安排的其他工作。

2. 综合组

设组长一名，由校长亲自担任；组员若干名，由校长办公室成员及有关职能部门人员组成。主要职责如下。

（1）负责参与考察期间各次会议有关领导的邀请及配合联络，与接待工作组做好接待工作。

（2）统筹安排考察期间需要使用的所有会议室。

（3）配合联络，与接待工作组为专家准备考察期间所需的所有资料。

（4）负责实地考察期间“办学情况校长汇报会”及“评估专家意见反馈会”等会议的会务工作。

（5）负责考察期间各次会议参会人员的用车调度。

（6）完成其他与转设有关的工作和指挥部安排的工作。

3. 材料与秘书组

由分管教学的校领导担任组长，校长办公室主任、党委办公室主任、教务处长为成员。主要职责如下。

（1）起草校长汇报稿、专家审核意见（代拟稿）、广东省教育厅考察报告（代拟稿）、有关领导讲话稿（代拟稿）。

（2）负责提供专家组进校考察期间所有有关审查资料和专家要求提供的各种补充材料，包括但不限于申报材料、支撑材料、佐证材料等。

（3）落实安排专家组进校实地考察资料审查室，并做好相应布置，所有转设相关材料于规定时间准备齐全，并接受校内检查。

（4）组织培训会研究回答专家组在查阅材料及走访教学单位和职能部门

时的疑问。参会人员及专家组现场审查材料咨询解答，由师资组、土地及房产组、图书及设备组、综合咨询组分工进行。

（5）做好各次会议的会议记录，并在会后及时整理。

（6）完成其他与转设有关的工作和指挥部安排的工作。

4. 联络与接待组

由一名副校长担任组长，校长办公室、人事处负责人为组员。主要职责如下。

（1）专家进校前，了解专家学科背景、生活习惯，确定专家行程安排，协调相关领导接、送专家组。

（2）协调安排专家住宿及用餐。

（3）准备专家组休息室、电脑、网络及办公用品等。

（4）遴选 3～5 名工作人员，并做好相关培训，在考察期间负责协助专家组开展工作。

（5）负责专家进校考察期间专家及有关陪同领导的用车调度。

（6）完成其他与转设有关的工作和指挥部安排的工作。

5. 考察走访及教学组

由分管教学的副校长担任组长，教务处、后勤处负责人为成员。主要职责如下。

（1）现场实地考察解说：各教学单位（含专业实验室）由各二级学院院长负责，公共教学区域（含公共教室、公共实验室）由教务处处长负责，图书馆由教务处处长负责，宿舍区域由学生处处长负责，食堂及其他区域由后勤处处长负责。

（2）根据专家组考察办学条件的路线，组织落实各类办学场所考察的有关准备工作，做好校内总讲解员及各实地考察点讲解员的遴选和培训工作（培训会时间、地点、参会人员由本组确定），并做好相应方案。

（3）组织检查公共教学设施、实验实训场所的各项工作，督促各教学单位、教辅单位检查实验室设施设备的完好状况，确保正常使用。

（4）负责专家进校考察期间调阅资料（毕业论文、试卷）等指令的下达、督促、检查与反馈等事宜。

（5）确保理论教学、实践教学各环节正常运行，维持良好的教学秩序和教学状态，统筹疫情期间线上教学运行工作，确保专家组随时可进入线上教学平台检查。

（6）督促教学单位检查以确保理论教学和实践教学的教师备齐上课所需的教学文件（教学大纲、教材、授课计划、教案、教学记录表等）。

（7）按专家的要求，组织完成毕业论文、试卷的抽调工作。

（8）把握专家考察期间全校教师的课程安排，掌握课程表及任课教师情况。

（9）完成其他与转设有关的工作和指挥部安排的工作。

6. 学生工作和校园安全组

由分管学生工作的校领导担任组长，学生处、保卫处负责人为成员。主要职责如下。

（1）专家组进校前，负责做好学生迎评动员工作，通过网络等信息化手段引导学生人人关心了解转设，力争为转设工作做贡献。

（2）协助专家随机考察学生宿舍。

（3）确保专家进校考察期间校园及校园周边的安全稳定，排除各种安全隐患，确保迎检工作顺利进行。

（4）维持校园交通秩序，对车辆实行统一停放管理，限制外来车辆进入校园等。

（5）完成其他与转设有关的工作和指挥部安排的工作。

7. 宣传与网络工作组

由分管宣传工作的校领导担任组长，党委办公室、教育信息化中心负责人为组员。主要职责如下。

（1）负责组织制作反映学校 20 年办学成效的宣传片。

（2）负责校园内的宣传设施内容更新。

（3）负责经指挥部批准的校内网络、校报、广播等媒体的报道。

（4）负责制作迎评宣传标语、悬挂张贴等。

（5）负责各会议、专家实地考察活动的全程摄影、摄像、录音工作，以及专家、上级领导、校领导的照相合影事宜。

（6）保证校园网络畅通、网络资源能正常使用；保证各多媒体教室设备处于良好状态；负责专家所用计算机的维护工作。

（7）完成其他与转设有关的工作和指挥部安排的工作。

8. 后勤保障组

由分管后勤工作的校领导担任组长，后勤处等职能部门负责人为组员。主要职责如下。

（1）负责校园环境、卫生整治工作。

（2）负责检查校园公共区域设施设备运行情况。

（3）制订水电紧急工作预案，确保水电正常供应。

（4）负责专家进校期间的医疗服务工作。

（5）负责制订严密措施，确保饮食卫生安全，协助专家随机考察食堂的有关事宜。

（6）负责考察期间临时需要的各种物资和设备。

（7）完成其他与转设有关的工作和指挥部安排的工作。

（三）工作要求

各工作组要根据本方案，结合实际情况制订本组的工作方案，按规定时间完成迎接考察的各项准备工作并接受学校迎评接待准备工作检查。

（1）领导小组对专家组进校考察各项工作实施统一领导和指挥；指挥部贯彻领导小组的指令，统一协调全校迎检工作，协调、督办各工作小组的工作；各工作小组严格执行领导小组的各项指令，完成指挥部下达的各项任务。各工作小组要充分发挥主观能动性，认真履行职责，确保各项迎评工作的落实。

（2）专家组进校前一周至考察期间，各单位、部门管理干部不得出差或请假，如有特殊情况必须经总指挥批准，并报校长办公室备案。为保障指挥部指令得到及时的传达，全体工作人员必须保持通信畅通，转设工作组全体成员务必及时接收微信群发出的指令并回复。

（3）专家组进校前一周至考察期间，由各单位、部门指定在岗的教职工应着装整洁大方，且坚守岗位。专家组进校考察期间的作息时间待学校研究确定后公布。所有教职工必须建立 24 小时的联系方式，以便随时保持联系。

（4）转设工作是学校本年度的首要工作任务，转设工作是否成功，关乎学校的前途命运，关乎每位教职员工的前途命运。专家组进校考察是学校转设工作的重要环节，在学校的办学史上有着重大的意义。全体教职员工应统一思想，心往一处想、劲往一处使，高质量地配合专家组完成各项实地考察任务，确保顺利通过广东省教育厅对我校转设申报事宜的实地考察，为学校未来发展奠定坚实的基础。

（5）原转设有关的工作要求仍继续执行，与本方案不一致的，以本方案为准。

二、迎接教育部专家组实地考察工作方案

根据省教育厅关于独立学院转设工作的有关安排，近期教育部高等学校设置评议委员会专家组将实地考察学校转设工作，为确保专家组实地考察的顺利进行，特制订本方案。

（一）组织机构与工作职责

学校成立迎接教育部专家组实地考察工作领导小组，下设指挥部及 7 个专项工作组。领导小组由董事会领导担任组长，学校校长担任副组长，其他校领导为成员；下设秘书处，由校长办公室、党委办公室负责人担任秘书。领导小组的主要职责为：统一领导教育部专家组实地考察学校转设的各项工作；审定教育部专家组实地考察的工作方案；决定教育部专家组实地考察工作的重大事项。

1. 指挥部

由学校校长担任总指挥，其他校领导担任副总指挥，各机关职能部门、二级学院负责人为成员。主要职责如下。

（1）拟订学校迎接专家组实地考察工作方案。

（2）组织指挥、安排协调实地考察的日常工作。

（3）领导、协调、督办、检查各专项工作组的工作。

（4）审定批准各专项工作组的工作实施方案。

（5）审定专家组实地考察的日程安排。

（6）及时处置实地考察期间的突发问题。

（7）完成领导小组交办的有关事项。

2. 接待及会务工作组

由一名校领导担任组长，校长办公室负责人担任副组长，有关职能部门人员为成员。主要职责如下。

（1）负责专家组实地考察期间的工作房间和会议室的电脑、打印机、网络、打印纸的安排、检查与验收。

（2）负责专家组实地考察期间各类汇报会、闭门会、座谈会的会务工作，包括但不限于各类会议室、转设资料室的安排布置，悬挂会议室横幅（或通过信息技术手段展示），各类会议座位牌的布置，各类会议的会务资料的准备等；发布各类会议的会议通知并周知所有参会人员。

（3）拟定专家组实地考察的行程安排。

（4）制作专家组实地考察工作手册。

（5）负责专家组实地考察期间各类会议参会领导的邀请，领导讲话稿的草拟、审定等；负责会议室各类音响、话筒的检查，确保完全无障碍正常使用。

（6）遴选、培训专家联络员，指导专家联络员全程负责专家到校后的酒店入住、行程提醒、会务帮助、餐饮帮助、工作帮助、信息传达等日常性工作，并及时向指挥部反馈专家考察期间的各种信息。

（7）负责教育部专家组全体人员、省教育厅领导及工作人员、市领导及工作人员实地考察期间的住宿、就餐、参会等各类活动的通知、行程安排、交通工具协调等工作。

（8）完成指挥部安排的其他工作。

3. 秘书材料组

由学校校长担任组长，校长办公室等职能部门有关人员为成员。主要职责如下。

（1）负责校长汇报稿及制作汇报 PPT。

（2）负责审核验收教育部专家实地考察期间各材料小组提供的申报材料、支撑材料、佐证材料等（包括纸质版及电子版，并确保纸质版与电子版的完全一致性）。

（3）检查指导、验收把关相关材料组提供的关于土地、校舍、师资队伍、教学仪器设备、图书资料等支撑材料及佐证材料的完整度、真实性。

（4）负责审核学校人事管理信息系统、教学管理信息系统、仪器设备管理系统、财务管理信息系统、图书管理系统，确保其能够在专家工作场地在线顺畅运行；负责审核上述系统现场操作人员，确保每个系统的技术人员都能够熟练操作系统，完全满足专家的查询需要。

（5）负责审核各小组能够正确回应专家查阅材料时的各种疑问、询问的第一责任人、第二责任人、第三责任人（各小组最多不超过 3 人）。

（6）负责验收经过学校领导审核签字同意的转设支撑材料和佐证材料，并把支撑材料胶装成册；负责转设支撑材料的搬运、保管、回收、归档。

（7）完成指挥部安排的其他工作。

4. 办学条件（特指学校选取的考察点）实地考察工作组

由分管教学工作的副校长担任组长，有关二级学院负责人、工作人员为成员。主要职责如下。

（1）负责设计专家组考察学校办学条件的具体路线。

（2）负责设计参观考察点，负责建设好、布置好参观考察点，负责解说好、介绍好学校办学基本条件和考察点基本情况。

（3）负责专家组参观考察时乘坐的交通车辆、电瓶车、电梯的精准安排，保持上述交通工具的干净整洁、安全舒适、准点到位。

（4）完成指挥部安排的其他工作。

5. 教育教学工作组

由分管教学工作的副校长担任组长，教务处负责人、有关人员为组员。主要职责如下。

（1）负责精准完成实地考察期间专家听课、调阅资料（毕业论文、试卷）等任务。

（2）负责专家组实地考察期间全校理论教学、实验教学的正常运行，确保学校良好的教学秩序和师生良好的教学状态。

（3）负责督促检查确保专家组实地考察期间各二级学院任课教师备齐上课时的教学文档（包括教学大纲、教材、授课计划、教案、教学记录表等）。

（4）负责督促检查确保专家组实地考察期间全校教室（包括多媒体教室）、实验室的设施设备正常运行，全校各实验室正常开放，全校实验室管理人员准点到岗履职；负责全校实验室运行记录的检查整理。

（5）负责完成实地考察期间专家听课的各项准备工作，包括但不限于课程表、教材、教学进度计划、教案、PPT（纸质版）等。

（6）负责督促全校教师遵守各项规定、履行工作职责，保障教学秩序正常有序。

（7）准确掌握专家组实地考察期间全校教师的课程安排，随时提供相关信息。

（8）协助专家组联络员安排好专家随堂听课事宜。

（9）完成指挥部安排的其他工作。

6. 学生工作和校园安全组

由分管学生工作的校领导担任组长，学生处、保卫处负责人为成员。主要职责如下。

（1）负责做好学生迎接专家组实地考察的组织动员工作，做到学生人人了解学校转设、人人为学校转设做贡献。

（2）负责强化学生的校园文明行为，特别是网络文明行为、公共文明行为、宿舍文明行为、食堂文明行为的管理和引导，体现学校学生良好的精神风貌。

（3）负责组织各学院辅导员深入课堂一线，督促学生准点到教室，严格遵守课堂教学纪律，认真听讲、认真记笔记。

（4）负责组织专家实地考察期间课外科技活动、文体活动及学术讲座等活动。

（5）负责组织实地考察期间专家组所要求召开的各类学生座谈会。

（6）负责对全校学生宿舍清洁卫生的检查指导，确保随时能够接受专家组对学生宿舍的随机考察。

（7）负责实地考察期间校园及校园周边的安全稳定，排除各种安全隐患，确保实地考察工作的顺利进行。

（8）负责维持实地考察期间校园交通秩序，对车辆实行统一停放管理，限制外来车辆进入校园等。

（9）负责全体在校学生档案的整理和建设，确保专家组实地考察时调阅的学生档案严谨规范。

（10）完成指挥部安排的其他工作。

7. 宣传与网络工作组

由分管宣传工作的校领导担任组长，党委办公室、教育信息化中心负责人为组员。主要职责如下。

（1）负责准备好学校 20 年办学成效的宣传片。

（2）负责学校宣传内容的及时更新，重点宣传好学校的办学成就、发展目标、重大改革。

（3）负责管理好校内网络、院报、广播等媒体的宣传报道工作，弘扬正能量。

（4）负责实地考察期间各类会议、专家实地考察活动的摄影、摄像、录音工作；精心安排好专家组与上级领导、校领导的照相合影工作，做到位置精准到人头、时间准确到分秒。

（5）保证校园网络畅通、网络资源能正常使用，特别是专家驻地、午休地、工作场所的网络流畅，手机信号畅通；保证全校多媒体教室设备能够联通网络；协助秘书材料组做好专家所用计算机的维护工作。

（6）完成指挥部安排的其他工作。

8. 后勤保障组

由分管后勤工作的校领导担任组长，后勤处等职能部门负责人为组员。主要职责如下。

（1）负责校园环境卫生整治工作。

（2）负责制订水电供应的应急处置预案，确保水电正常供应。

（3）负责专家进校期间的医疗服务工作。

（4）负责制订师生食堂的管理措施，确保师生饮食卫生安全；负责接受专家随机考察食堂的相关事宜的准备工作。

（5）负责考察期间临时需要的各种物资和设备的调用，确保随调随到。

（6）完成指挥部安排的其他工作。

（二）专家组进校实地考察工作程序

（1）召开汇报会。专家组听取学校有关情况汇报。

（2）实地考察和材料审核。专家组实地考察学校建设情况，查验申报材料，核查各项办学条件。重点核查申报材料的真实性，考察学校的各项办学条件是否符合普通本科学校设置标准。

（3）召开专家组会议。专家组召开闭门会议，研制考察报告，提出考察结论。

（三）工作组织要求

（1）领导小组对专家组实地考察各项工作实施统一领导和决策；指挥部对专家组实地考察各项工作进行统一安排、部署协调、指挥督导；各专项工作组严格执行指挥部的各项指令，精准完成指挥部下达的各项任务。

（2）全力做好相关准备工作。各专项工作组要充分发挥主观能动性，把本方案中涉及的工作要求横向到边、纵向到底，认真履行职责，确保各项工作任务的精准落实。

第一，各专项工作组负责人按照本方案提出的要求，及时组织相关人员研究落实工作任务，制订本小组工作实施方案，方案中要对任务进行细化分解，精准到人头、精准到地点、精准到小时，并提出明确的工作质量要求。

第二，各专项工作组须在专家组实地考察前一周完成迎接专家组的所有工作准备。

第三，专家组实地考察进校前，学校将组织人员对各专项工作组的准备工作进行深入仔细检查，对参观考察路线和考察点进行多次模拟演练。

（3）即日起至实地考察结束，学校领导、中层干部原则上不得出差或请假，如有特殊情况确需离校必须经校长书面批准后报校长办公室备案。

（4）即日起至实地考察结束，学生工作部门、二级学院应要求全体学生着装整洁大方，充分展示学校的优良校风和奋发有为的精神风貌；遇到专家要主动问候、礼貌待人；各教学单位要抓好学生晨读、上课以及晚自习的组织工作。无特殊情况者，学生不要请假和外出。

（5）即日起至实地考察结束，全校教职员工应着装整洁大方，坚守岗位履职尽责；参与接待、参加会议等活动的人员应该穿正装。

（6）实地考察期间，学校领导、中层干部、所有教职工必须保持通信畅通，及时回应指挥部及各个专项工作组的要求。

（四）思想纪律要求

（1）统一思想认识、增强责任心。本次转设工作是国家级大考，成功实现转设事关学校前途命运、事关教职工切身利益，全体工作人员务必统一思想、提高认识，以高度的责任感和主人翁精神全力投入专家组实地考察工作。

（2）强化组织观念、服从工作安排。学校转设工作领导小组负责重大事项决策，统一领导实地考察工作；指挥部具体负责安排部署、指挥协调，全校各单位、各部门、各专项工作小组务必听从指挥、服从安排，不得各行其是。

（3）明确质量标准、注重工作细节。实地考察工作任务繁重、时间紧迫、要求很高，各单位、各学院、各专项工作组务必吃透所承担任务的具体要求、弄清质量标准、注重工作细节，精准完成任务。

（4）磨砺卓越品格、培育精品意识。实地考察工作涉及学校工作的方方面面，其中，汇报会、转设材料、现场考察、接待工作是重中之重，全体工作人员要自觉追求卓越、努力打造精品，严禁敷衍塞责、粗制滥造。

（5）做好表率示范、争当转设先进。学校转设工作既是教育部专家组对学校工作和组织能力的一次深度检阅，也是学校干部职工良好素质的一次展示机会。学校领导、中层干部、一线工作人员都要恪尽职守、率先示范，争当转设工作的先进。

（6）严格时间要求、做到分秒不差。专家组实地考察工作时间紧迫、要求严格，全体工作人员务必增强时间观念，保质保量按时完成每一项工作任务，做到行动迅速、分秒不差。

（7）严明纪律要求、严肃追责问责。严明的组织纪律是做好转设工作的基本保证，全体工作人员务必强化工作纪律、组织纪律，严肃时间观念，做到令行禁止，凡是在工作中违反学校规定要求，不按时完成工作任务、不按照标准完成工作任务的，一律严肃追责问责；如果因为工作差错，影响转设结果的，一律给予严厉的处罚。

第八章　整改阶段

第一节　教育厅实地考察反馈意见的整改报告

省教育厅专家组实地考察学校转设工作时，指出了学校在资产管理、人事管理、教学管理等方面的问题，经过学校董事会和党政领导班子认真研究，特制订整改方案。

一、提高思想认识，深刻反思学校存在的问题

省教育厅专家组进校实地考察指出的问题一针见血，具有很强的针对性，对学校建设和发展具有重要的指导意义，学校全部接受、全面采纳。根据专家组指出的问题，学校全面反思内部管理上存在的巨大差距，特别是学校在资产管理、人事管理、教学管理上存在的突出问题。按照“以评促建、以评促改、以评促管，评建结合、重在建设”的评估要求，根据“整改有目标、推进有措施、落实有责任、完成有时限”的工作原则，全校干部职工要以刮骨疗毒的勇气、破釜沉舟的决心对存在的问题进行彻底的思想反思、作风整顿、体制理顺、制度清理，确保近期干部职工在思想作风上有大转变、工作能力上有大提升、管理方式上有大改善，学校在管理体制上有大变化、迎接转设成效上有大提高，为顺利实现转设目标奠定坚实的基础。

二、加强组织领导，明确工作责任

学校董事会和党政领导班子高度重视整改工作，成立了整改工作领导小组，以董事会领导为组长、学校校长为执行组长、其他校领导为副组长、有关职能部门负责人为成员。工作组根据省教育厅专家组指出的问题制定了路线图、时间表和任务书，实行挂图作战。

三、聚焦重点问题，细化整改措施

根据省教育厅专家组指出的问题和工作建议，按照“责任落实到人头、时间精确到小时、任务细化为项目”的工作思路，确定如下整改措施。

1. 强化资产管理

针对资产管理问题：学校将于 2020 年 10 月 20 日前对现有教学科研仪器设备进行彻底清理，严禁将行政后勤服务设施归入教学科研仪器设备中，并以专业实验室为单元整理仪器设备账目，建立资产信息化管理系统，将系统复制到专家工作电脑桌面，确保专家查询快捷方便。

责任部门：资产管理中心、教务处。

2. 加强人事管理的规范化、信息化建设

（1）针对学校人事管理信息系统问题：一是加强人事管理信息系统软硬件建设；二是完成全校教职工教工号的编排和基础数据的采集、录入。责任部门：人事处、采购部。

（2）针对师资队伍建设问题：一是根据专任教师的资格条件，明确专任教师的统计口径，对学校专任教师队伍进行分类梳理；二是根据外聘教师的资格条件，明确外聘教师的统计口径，对学校外聘教师进行分类梳理；三是精准掌握特殊教师的具体情况，对新入职教师薪酬发放问题，对因病、因事、生育人员没有承担课程教学任务问题，对进修访学没有在岗等问题，进行分类整理，做到人头精准、事由清楚；四是针对生师比和专任教师的结构问题，学校将持续加大高级专业技术职务人才的引进力度；五是分类精准编制专任教师、外聘教师花名册。责任部门：人事处。

3. 教务管理信息系统建设问题

针对教务系统版本老旧，核心字段缺失，核心考核要点的公共必修课、专业基础必修课程等在教务系统中不能核查的问题：一是完成教务管理信息系统技术服务商的选择；二是完成教务管理信息系统的软硬件建设；三是完成原教务信息管理系统数据的导出导入，确保人才培养方案在教务信息管理系统中的完整性；四是完成新系统中新增字段名等基础数据的录入，彻底解决教务系统不能完整核查任课教师、筛选任教课程、核准教师工作量等关联性问题。

责任部门：采购部、教务处。

4. 强化质量意识，合理调整课程教学任务，汇编新版人才培养方案

（1）针对专家组现场考察时提出的教学班额问题：因学校现有部分专业课是合班教学，学校决定将部分专业核心课程实行小班教学，进一步提高人才培养质量。

（2）针对学校部分“双肩挑”人员无教学任务的问题：一是本学期不能承担教学任务的“双肩挑”人员，不再列入专任教师名册；二是本学期能够承担教学任务的“双肩挑”人员，立即安排教学任务。

（3）针对部分外聘教师没有教学任务的问题：学校已启动安排毕业设计（论文）指导工作，同时各专业的实践教学也相继开展，按照聘用协议，教务处精准落实外聘教师教学任务，并做到过程管理严格、档案记录规范。

（4）按照人才培养方案修订指导意见要求修订好学校新版人才培养方案，并汇编成册。

责任单位：教务处、人事处。

5. 关于学校发展规划问题

通过修订学校《“十四五”事业发展规划》展示学校转设后的发展思路、工作举措。总体上按照学校《“十四五”事业发展规划编制工作方案》推进规划的编制工作。

6. 专家进校实地考察时现场考察路线和考察点的优化问题

（1）进一步优化考察路线，通过现场考察展示学校师生良好的精神状态。

（2）精准掌握考察时间，力争精确到分秒，充分利用每一个机会展示学

校的管理水平。

（3）挖掘考察点特别是实验室建设的特色和亮点。承接现场考察任务的二级学院，要利用专家到学院实地考察的机会，通过展板、资料、办学成绩等方式立体展现本学院的办学实力和办学特色；二级学院院长亲自介绍学院情况，通过 PPT 汇报实验室建设的特点以及在培养学生动手实践能力方面所发挥的重要作用。

责任部门：教务处、相关学院。

7. 专家进校考察时的会务问题

（1）专家住宿宾馆和新湖校区均应准备好各类会议室，同步匹配会务服务人员和提供后勤服务保障。

（2）汇报会是有一定规模且十分重要的会议，需按照会议要求布置会场和准备会议资料（参会人员名单、会议议程、主持词、讲话稿）；其他小型会议根据需要做到规范有序。

（3）确保会场使用音响话筒的设施设备状况良好，严禁出现设施设备故障、讲话中途更换话筒等状况。

责任部门：校长办公室、党委办公室。

8. 专家进校考察时学校的校园环境和师生的精神状态问题

（1）学校校园环境要做到绝对干净整洁，无任何卫生死角。

（2）门岗保卫要着装规范、礼仪到位。

（3）干部职工要体现奋发有为的精神状态，着装得体、行为有范。

（4）各二级学院要全员动员、全员上岗，全校学生要展示当代大学生良好的形象，热爱学校，勤奋学习，行为规范。

（5）党委宣传部要利用专家组进校实地考察时机，宣传好学校的办学定位、发展战略。

责任部门：党委办公室、学生处。

四、压实责任推进整改，及时接受督查指导

学校将全力推进整改工作，层层压实责任，将整改任务清单化、项目化，

实行整改任务台账式管理（见附件）。学校及时向省教育厅发展规划处汇报整改进展情况及整改成效，接受省教育厅发展规划处的督查检查。学校建立严肃追责问责机制，做到全校一盘棋思考问题、一揽子推动整改，用铁的纪律确保达到转设工作的各项要求。

附件：学校转设工作整改任务清单（见表 8–1）

表 8–1　转设工作整改任务清单

序号	事项	存在问题	整改措施	责任部门
1	强化资产管理	资产管理混乱问题	对现有教学科研仪器设备进行彻底清理，严禁将行政后勤服务设施归入教学科研仪器设备中；以专业实验室为单元整理仪器设备账目；建立资产信息化管理系统，并将系统复制到专家工作电脑桌面，确保专家查询快捷方便	资产管理中心、教务处
2	加强人事管理的规范化、信息化建设	人事管理缺少信息系统问题	完成人事管理信息系统技术服务商的选择	人事处、采购部
3			完成人事管理信息系统的软硬件建设	
4			完成全校教职工教工号的编排和基础数据的采集、录入	
5			调试运行	
6		师资队伍建设问题	根据专任教师的资格条件，明确专任教师的统计口径，对学校专任教师队伍进行分类梳理	人事处
7			根据外聘教师的资格条件，明确外聘教师的统计口径，对学校外聘教师进行分类梳理	
8			精准掌握特殊教师的具体情况，对新入职教师薪酬发放问题，对因病、因事、生育人员没有承担课程教学任务问题，对进修访学没有在岗等问题，进行分类整理，做到人头精准、事由清楚	
9			针对生师比和专任教师的结构问题，要持续加大高级专业技术职务人才的引进力度	
10			分类精准编制专任教师、外聘教师花名册，坚决不打擦边球，消除任何可疑点	

续表

序号	事项	存在问题	整改措施	责任部门
11	遵照非营利性定位，严肃学校财经纪律	投资方与学校财务拆分不清问题	理顺学校与集团的关系，落实学校董事会领导下的校长负责制，做到学校依法办学、依章程办学	财务处、人事处
12			针对集团部分员工工资由学校代发问题，要理顺人事关系，把应该归入学校的人员人事关系转入学校	
13	教务管理信息系统建设	教务系统版本老旧，核心字段缺失，核心考核要点的公共必修课、专业基础必修课程等在教务系统中不能核查的问题	完成教务管理信息系统技术服务商的选择	采购部
14			完成教务管理信息系统的软硬件建设	
15			完成原教务信息管理系统数据的导出导入，确保人才培养方案在教务信息管理系统中的完整性	
16			完成新系统中新增字段名等基础数据的录入，彻底解决教务系统不能完整核查任课教师、筛选任教课程、核准教师工作量等关联性等问题	
17	强化质量意识，合理调整课程教学任务，汇编2020版人才培养方案	教学班额问题	学校现有部分专业课是合班教学，学校决定将部分专业核心课程实行小班教学，进一步提高人才培养质量	教务处、人事处
18		部分“双肩挑”人员无教学任务的问题	本学期不能承担教学任务的“双肩挑”人员，不再列入专任教师名册；本学期能够承担教学任务的“双肩挑”人员，立即安排教学任务	
19		部分外聘教师没有教学任务的问题	学校已启动安排毕业设计（论文）指导工作，同时各专业的实践教学也相继开展，按照聘用协议，教务处精准落实外聘教师教学任务，并做到过程管理严格、档案记录规范	
20		人才培养方案没有汇编成册问题	按照人才培养方案修订指导意见要求修订好学校2020版人才培养方案，并汇编成册	
21	完善转设材料	转设支撑材料堆砌问题	严格按照学校《转设材料工作组工作方案》推进相关工作	各材料小组
22	编制好学校《“十四五”事业发展规划》	学校发展规划问题	通过修订《学校“十四五”事业发展规划》展示学校转设后的发展思路、工作举措。总体上按照学校《“十四五”事业发展规划编制工作方案》推进规划的编制工作	各规划编制工作小组

续表

序号	事项	存在问题	整改措施	责任部门
23	改善专家实地考察时的工作条件	专家实地考察时的工作条件不完善问题	学校为每位实地考察专家和工作秘书配备一台性能优良的临时使用电脑，同时确保专家组工作场所网络绝对畅通	采购部、资产管理中心
24			确保专家进校实地考察时的所有转设材料（佐证材料除外）的查阅和所有需要查询的系统均能在工作电脑上顺利完成。转设材料包括评审会务安排、申报材料、支撑材料目录及其对应的支撑材料等；查询系统包括教务管理信息系统、人事管理信息系统、财务管理信息系统、工资税务信息系统（提供网址）、资产管理信息系统	人事处、教务处、财务处、资产管理中心秘书组、各材料小组
25			专家在新校区的工作地点为汇报会会议室，务必做到会议室办公条件达到要求。具体包括：工作场所的网络流畅、手机信号畅通；打印机、投影仪、碎纸机、各类办公常用文具、各类纸张配备齐全；本楼层厕所干净整洁、洗手处有洗手液、纸巾；周边环境卫生达到要求，严禁在工作场所出现苍蝇	采购部
26			所有转设材料能够随专家工作地点的变化同步有序转移，严禁出现无序状态	秘书组
27	加快专家进校实地考察时的汇报会会场装修进度、优化现场考察路线和考察点	专家进校实地考察时的汇报会会场装修、现场考察路线和考察点仍需优化的问题	省教育厅明确指出学校行政图书楼一年多没有变化，要求学校向其他学校学习，下大决心达到显著变化，迅速装修行政图书楼大厅和会议室，给专家组留下良好印象；董事会领导现场办公，决定立即复工行政图书楼装修工程，在专家进校实地考察前务必完成行政图书楼门前广场铺装	行政图书楼装修单位
28			进一步优化考察路线，通过现场考察展示学校师生良好的精神状态；精准掌握考察时间，力争精确到分秒，充分利用每一个机会展示学校的管理水平；挖掘考察点特别是实验室建设的特色和亮点。承接现场考察任务的二级学院，要利用专家到学院实地考察的机会，通过展板、资料、办学成绩等方式立体展现本学院的办学实力和办学特色；二级学院院长需亲自介绍学院情况，通过 PPT 汇报实验室建设的特点以及在培养学生动手实践能力方面所发挥的重要作用	教务处

续表

序号	事项	存在问题	整改措施	责任部门
37	整治专家进校考察时学校的校园环境和调整师生的精神状态	专家进校考察时学校的校园环境和师生的精神状态问题	学校校园环境要做到绝对干净整洁，无任何卫生死角	党委办公室、学生处、保卫处、后勤处、各二级学院
38			门岗保卫要着装规范、礼仪到位	
39			干部职工体现奋发有为的精神状态，着装得体、行为有范	
40			各二级学院要全员动员、全员上岗，全校学生要展示当代大学生良好的形象，热爱学校，勤奋学习，行为规范	
41			党委宣传部要利用专家组进校实地考察时机，宣传好学校的办学定位、发展战略	

第二节　专家反馈意见分类

一、给董事会的整改意见

（1）新校区建设问题。学校新校区部分建筑尚未开始动工，应加快建设进度。

（2）建议按照国家新课标要求和应用型本科高校定位做大量工作，从办学理念、办学定位、规章制度的制定导向、经费条件保障、校企合作、人才培养等全方面进行改革和转型。全国教育大会、广东省教育大会有许多新的要求，希望学校及时学习研讨，落实新的指导精神。结合习近平总书记视察广东时提出的工作要求、省委省政府对于本市的新定位，如何做好学校自身的工作非常值得思考。

（3）需要为新办专业发展提供必要的师资、设备、经费等多方面的保障，建议尽快保障其基础条件。

（4）需要根据专家意见完善申报材料；需要深入思考、明确方向，听取广大教职工意见，加快发展步伐。

（5）对学科专业的投入绝大部分集中于设备和实验室，对课程和专业建设的投入比较少。对于高校而言，必要的平台建设，专业建设、课程建设（精品课程、重点专业）投入都十分重要。下一阶段需要对于课程和专业投入给予更多支持。

（6）对科研方面的投入不足。需要考虑如何鼓励、激励广大教职工在从事教学的同时进行科学研究。当前学校尚缺乏配套的规章制度，写论文、拿课题的奖励经费、配套经费少，容易打击教师的积极性。

（7）需要调整优化经费投入结构。将新校区建设作为主投入对象的同时，还需要进行学科专业建设、课程教学改革、科研创新等，以彰显学校建设的内涵水平。

（8）制度建设方面，需要更加完善领导班子任免方面的制度，如董事会成员的任免、分工、任期等。

二、给后勤处的整改意见

（1）土地问题：学校新校区部分土地未取得不动产权证，地区政府应协调尽快办理土地产权证。

（2）用地用房问题：需要逐一核对是否办证。

（3）校园用地：需要加强协调，加快办证，呼吁地方政府更加重视高校发展，落实全国教育大会中优先发展教育的精神。

（4）土地房产：证书尽快办理下达。

三、给财务处的整改意见

（1）当前财务资料不够全面和细化。投资方的经济实力需要有佐证资料，并要进一步全面细化，排列目录也十分重要。

（2）投资方的报表材料需要经过第三方有资质、正规的会计事务所审计，并出具审计报告。

（3）举办者在财务管理方面需要更加规范、周密。

四、给党委办公室的整改意见

（1）学校目前主要着眼于硬件建设，往后需要考虑软件提升问题，双方并举。一是关于国家教育政策问题，如突出重要教育会议的精神（本科教育问题、教师队伍建设意见）；二是关于教育的思想与理念问题，如学校引进老教师是否只是用经验教学，是否需要转变观念，采用现代化教学理念。

（2）党建制度方面，个别的需要进行更新，如存在陈旧的制度，将会影响整体制度的完善。

五、给宣传部的整改意见

（1）学校提供的所有资料都需要正规、全面、细化。

（2）建议拍摄宣传短片（10分钟，主要以办学历程、特色优势、重要贡献、发展前景为脚本）。

六、给校长办公室的整改意见

（1）需要根据专家意见完善申报材料；需要深入思考、明确方向，听取广大教职工意见，加快发展步伐。

（2）申报材料完善工作主要分三大部分：一是关于转设为独立设置高校的请示；二是《转设论证报告》需要修改的部分；三是佐证材料部分问题需要注意。其中，教师名单上罗列中级以上即可，另外，教师的档案材料未来需要被查阅对照，需要准备齐全；教学科研成果（各项获奖、专利、教材等）一览表主要罗列主要的、标志性的内容，若发明专利等有亮点部分可列引用授权书。

七、给人事处的整改意见

（1）内涵建设问题：应进一步调整优化师资队伍结构。

（2）建议加强师资队伍建设，尤其是学科带头人，需要采取进一步的引进措施。

（3）师资队伍的档案材料需要完整，如含有工资福利待遇、四险一金等。

（4）教师队伍结构认证材料不齐全，专、兼任名单混在一起；教师职称和学历两方面的教师名单没有分表；二级学院各专业教师名单没有分表。自有专任教师需要符合以下三个条件且达到教师数量的 50% 以上：一是 60 岁以下，二是具有高校教师资格证，三是学校发工资。

八、给教务处的整改意见

（1）当前学校有省重点培育学科，需要尽快建立校级重点学科、特色专业。学校做了许多课程建设的有关工作，往上涉及专业、学科建设，希望学校进一步打破三者之间的壁垒，进一步规范、明确学科的发展方向。

（2）需进一步调整优化学科专业建设结构，从课程—学科专业—学校三个层次，解决学科专业建设问题，做好中期规划。在学科建设方面建议长短结合谋划，短线专业重效益、长线专业重特色，长线专业需要 10 年、20 年的投入积累。需要进一步明确学校的特色学科、特色专业、特色课程、精品课程、线上课程。开启谋划，为未来发展做准备，开展教学改革研究（可存在国家、省、校、系等多个层级），从而打下基础、做好积累、拓宽前景。

（3）教学管理问题，涉及管理制度、管理队伍、管理规范等，以及如何建立教学质量评价体系，保障基本教学质量。

（4）人才培养问题，强调应用型高校发展，重点展示协同育人（如利用集团资源开展校企合作、海内外合作）成果。

（5）实习实训基地协议不规范，部分无日期、印鉴、签字等，当前 85 个基地有协议，其他的需要尽快补足。

（6）学校以经管类学科为特色，以培养应用型人才为目的。从宏观上来说，进行学科专业调整是大趋势，需要对学校学位点进行自上而下的调整。同时，培养应用型人才需要可量化、可衡量的观测点，如组织学生参加国家人社局认可的相关职业资格考试。

（7）学科人才培养。在修改论证报告的过程中，发展规划处提供了相关数据，但感觉不够全面，需要由教务处或团委牵头，对国家认可的学科竞赛获奖成果进行收集；为在校本科生创造深造条件，提高升学率；提高四六级、其他外语考试通过率，保证专业培养目标具有较高的达成率；组织引导学生参加职业资格认证相关考试。

九、给科技处的整改意见

（1）建议进一步打造科研平台、团队。学校在统筹整体的布局谋划上需要更加务实，将现阶段的事情做得更接地气、更扎实。学校研究应该在整体的应用型、社会服务性上多下功夫。一是做好平台、中心、学科带头人、骨干团队的建设，二是做好学科、专业、课程的建设，以两条平行线支撑学校的发展。

（2）对科研方面的投入不足。需要考虑如何鼓励、激励广大教职工在从事教学的同时进行科学研究。当前学校尚缺乏配套的规章制度，写论文、拿课题的奖励经费、配套经费少，容易打击教师的积极性。

（3）完善教学科研管理规范问题。

（4）材料中需要对科研机构进行彰显，本科学校需要组建科研机构，突出亮点。

（5）完善科研成果梳理规范，主要对获奖成果（国家级/省部级/市级）、论文（核心/一般）、专利（外观/发明/实用新型、是否转化）等进行分类梳理。

十、给发展规划处的整改意见

（1）关于转设后重点发展的学科门类、专业设置需要明确。在学校情况介绍和相关部门了解情况的过程中，关于学校的学科有初步想法，新转型之后如何进一步发展需要尽快研讨、明确。在人才培养特色的凝练上需要下大功夫，以便于以后工作的统一。此外是办学特色的凝练，“以会计、英语为龙头带动其他学科的发展”，这一说法需要再思考。

（2）关于学校的办学定位。学校章程提出的“以经济管理类学科为主，以工、文、艺等学科协调发展”这一说法较好。学校所在城市作为省域副中心城市，存在发展不充分、不平衡问题，学校可采用差别发展的战略，充分考虑本市其他几所高校的定位，确立未来发展方向。学校原来提出以会计学为中心，该学科作为技术性学科，主要是从微观层面探讨问题，在高校服务地方经济的过程中，建议从经济管理的角度切入。比如，海南作为中国第一个自由贸易港，学校所在市在建设自由贸易港的过程中发挥了什么作用，当前尚缺乏相关理论。

（3）办学定位与学科结构关系密切，学校学科建设要以什么为重点，是否能够彰显学科特色。

（4）建议组织全校讨论，在所在区域寻求学校定位，这是谋求进一步发展的基础性、前瞻性内容。

十一、给设备管理与实验教学中心的整改意见

（1）大部分实验室是 2018 年投入建设的，有设备、平台、电脑等硬件设施，但实验室规范制度管理尚不完善，实验室基本规范、基本要求需尽快建立。建议按照教学工作评估的要求加强实验室的建设和管理，这属于培养应用型人才的重要环节。

（2）教学仪器设备的支撑材料不足，部分数据难以核实。比如，财会平台、计算机现有材料无法印证其价值。

（3）需完善设备使用登记表。比如部分登记表无表头：“×× 使用登记”。

（4）实地考察介绍人员需要加强培训（存在问题：不清楚设备平台投入资金、效果、使用情况等），确保每一个考察点的负责人都能流畅地回答问题。

十二、给图书馆的整改意见

其他支撑材料、背景材料需要加强核对，如图书有两个统计时间，需要提供明确的截止时间。

第三节 转设后整改工作方案

根据《教育部办公厅关于加强对转设学校过渡期管理和检查的通知》要求，按照省教育厅的工作安排，经过学校董事会和党政领导班子认真研究，特制订学校转设后整改工作方案。

一、提高思想认识，明确整改目标

学校在转设过程中本着“以评促建、以评促改、以评促管，评建结合、重在建设”的评估要求，在师资引进、实验实践教学、土地校舍、图书购置、管理信息化等方面加大经费投入，取得了长足的进步，也因此获得了教育部专家组的认可，成功实现转设目标。但转设成功并不代表着学校已完全符合《普通本科学校设置暂行规定》中对本科学校的设置条件要求，尤其在生师比、土地及校舍不动产权证办结率、内涵建设等方面还存在一定的差距。学校高度重视，严格对标对表规定要求，根据“整改有目标、推进有措施、落实有责任、完成有时限”的工作原则，继续加大人力物力财力投入，确保在转设后一年内生师比、高级职称教师占比、生均教学仪器设备值、土地及校舍不动产权证办结率、生均纸质图书完全达到规定要求；确保在转设后一年内学校管理体制更加顺畅、办学治校更加规范、人才培养效果更加显著。

二、加强组织领导，明确工作责任

学校董事会和党政领导班子高度重视转设后整改工作，成立整改工作领导小组，由董事会领导担任组长，学校校长担任执行组长，其他校领导担任副组长，有关职能部门负责人为成员。工作组根据转设后整改工作目标制定了路线图、时间表和任务书，实行挂图作战。

三、聚焦重点问题，细化整改措施

根据教育部、省教育厅专家组指出的问题和提出的工作建议，按照“责任落实到人头、时间精确到小时、任务细化为项目”的工作思路，确定如下整改措施。

（一）适度优化 2021 年招生计划

针对控制在校生规模问题，根据教育部要求“学校成功转设后两年内须在现有招生规模不增加的情况下，落实各项承诺，加大办学投入，进一步完善办学条件，确保各项指标达到相应高校设置标准”，并根据学校 2021 届毕业生规模将近 8000 人的实际情况，优化普通高考招生计划与专升本招生计划的安排，力争学校在这两年内维持现有在校生规模。同时，加大师资引进、教学仪器设备更新购置力度，确保各项生均数据不降低。

责任部门：招生就业处。

完成时间：2022 年 12 月 30 日。

（二）加快校园土地及校舍不动产权办理速度

1. 针对已取得不动产权证的生均校园土地面积不达标问题

规定要求，“本科高校生均土地面积达 60 平方米 / 人以上（已取得不动产权证的土地方可纳入生均计算范围）”。学校将组建工作专班继续加大校园土地不动产权证办理力度，加强与本市有关部门的沟通协调，力争在 2021 年 12 月前办结新校区剩余未办理的土地不动产权证，确保已经取得土地不动产权证的生均土地面积达到60平方米/人以上。

2. 针对已取得不动产权证的生均校舍面积不达标的问题

规定要求，“本科高校生均校舍面积达30平方米/人以上、生均教学行政用房达14平方米/人以上、生均学生宿舍达6.5平方米/人以上（已取得不动产权证的校舍方可纳入生均计算范围）”。学校将于2021年12月前做好未取得不动产权证校舍办证的各项准备工作，待2021年12月取得剩余校园土地不动产权证后，即刻向市有关部门申请办结不动产权证，确保已经取得建筑不动产权证的生均校舍面积、生均教学与行政用房面积达到要求。

责任部门：发展规划处。

（三）增加专任教师人数，提高高级职称教师占专任教师的比例

1. 针对学校生师比略高于规定要求标准的问题

规定要求，“普通本科学校专任教师总数一般应使生师比不高于18∶1；兼任教师人数应当不超过本校专任教师总数的1/4”。学校将从以下几个方面降低生师比：加大专任教师引进力度，增加专任教师数量；根据外聘教师的资格条件，结合学校应用型人才培养需要，适度增加外聘教师；稳定专任教师队伍，降低专任教师的流失率。

2. 针对高级职称教师占专任教师的比例略低于规定要求标准的问题

学校将做好以下几个方面的工作：加大高层次人才引进力度，增加副教授数量；继续实施“优秀人才支持计划”，提高教师队伍的整体水平；兑现转设时的各项承诺，设立“人才强校”专项经费。

责任部门：人事处。

完成时间：2022年4月30日。

（四）加快教学仪器设备更新速度

针对学校转设时生均教学仪器设备值为5024.60元/人，但存在部分教学仪器设备老旧问题，学校将从以下几个方面进行改善：投入资金建设新的“大数据消费者行为虚拟仿真实验室”；投入资金更新老旧计算机、交换机与实验支撑系统；加强教学仪器设备资产管理，全面认真排查已超过使用期限

的设施设备并做好更新工作。

责任部门：教务处、财务处。

完成时间：2021 年 12 月 30 日。

（五）严格按照要求保障图书馆生均年进书量

关于保障图书馆生均年进书量不少于 4 册的问题，学校将做好以下几项工作：加快新校区图书馆的装修进度，并按计划在 2021 年内实施搬迁；学校图书馆将严格按照要求制订年度购书计划，学校在年度经费预算中给予经费保障，确保生均年进书量不少于 4 册。

责任部门：图书馆、财务处。

完成时间：2022 年 12 月 30 日前。

（六）加强学校管理信息系统建设

针对学校管理信息系统建设不够完善问题，学校将做好以下几项工作：学校将于 2021 年 12 月 30 日前完成人事管理信息系统二期工程建设，实现与财务、教务的数据资源共享共用；学校将于 2021 年 12 月 30 日前完成教务系统二次开发工作，完善各模块功能，师生通过教务系统能够快速查询下载成绩单、课表，各二级学院能够快速开展各类教务管理互动，能够与人事管理信息系统实现互联；在 2022 年 12 月 30 日前围绕教学科研、学生管理、后勤服务等核心业务，完成新校区智慧校园建设。

责任部门：人事处、教务处、财务处、后勤与资产管理处。

完成时间：2022 年 12 月 30 日。

（七）依据《民办教育促进法》，理顺学校管理体制

（1）根据《民办教育促进法》的要求，严格执行董事会领导下的校长负责制，在 2021 年 6 月前实现学校人事、财务、资产管理独立，做到依法办学、依章程办学。

（2）根据学校新的发展形势和办学定位，在 2021 年 5 月前完成学校机构改革调整，构建适合学校新发展要求的管理体制。

（3）根据学校新校区的建设进度，在 2021 年 4 月前将校领导班子、职能部门办公室搬迁至新校区，实现学校管理重心的转移。

责任部门：校长办公室、人事处、后勤与资产管理处。

完成时间：2021 年 4 月 30 日。

四、压实责任推进整改，及时接受督查指导

（1）学校将层层压实相关人员的责任，全力推进转设后整改工作；将转设后整改任务清单化、项目化，实行整改任务台账式管理。

（2）学校建立严肃追责问责机制，按照时间节点进行督办，做到全校一盘棋思考问题、一揽子推动整改，用铁的纪律确保转设后整改工作达到既定目标。

（3）学校将及时向省教育厅汇报整改进展情况及整改成效，接受上级的督查检查。

第九章　揭牌与表彰

第一节　揭牌工作方案

经教育部批复，我校已成功转设为独立设置的民办普通本科高校，正式启用新学校建制，为切实提高新学校知名度和美誉度，增强学校识别度，经研究决定，学校将隆重举行揭牌仪式系列活动，为了做好相关工作，特制订以下方案。

一、揭牌仪式系列活动安排

时间：2021年5月中下旬。

地点：学校体育馆。

参加人员：教育主管部门领导，市领导，区领导，市、区有关职能部门领导，校企战略合作嘉宾，母体学校领导，省内兄弟院校领导，董事会领导，学校科级以上干部、教师代表、校友代表、在校生代表、家长代表。

重要系列活动：新学校揭牌仪式；学术论坛；新闻发布会；校企战略合作签字仪式；主流媒体系列深度报道。

二、组织机构与工作职责

学校成立揭牌仪式系列活动工作领导小组，领导小组下设办公室。

（一）领导小组

由董事会领导担任组长，学校校长担任副组长，其他校领导为成员。主要职责如下。

（1）统一领导学校揭牌仪式系列活动的各项工作。

（2）审定学校揭牌仪式系列活动工作方案。

（3）决定学校揭牌仪式系列活动工作的重大事项。

（二）领导小组办公室

由学校校长担任主任，其他校领导担任副主任，各职能部门负责人、二级学院党政主要负责人为成员。主要职责如下。

（1）拟订学校揭牌仪式系列活动工作方案。

（2）组织指挥、安排协调揭牌仪式系列活动日常工作。

（3）领导、协调、督办、检查各专项工作组的工作。

（4）审定批准各专项工作组的工作实施方案。

（5）审定揭牌仪式系列活动的日程安排表。

（6）及时处置揭牌仪式系列活动期间的突发问题。

（7）完成领导小组交办的有关事项。

（三）专项工作组

1. 揭牌仪式专项工作组

由校长办公室负责人担任组长，校长办公室相关工作人员为成员。主要职责如下。

（1）起草揭牌仪式主持词、各级领导讲话稿。

（2）承办全场揭牌仪式各项会务，包括但不限于揭牌仪式需要的各项材料、场地布置、嘉宾接待、会务安排等工作。

（3）负责揭牌仪式当天的校园庆典氛围的布置。

（4）完成办公室安排的其他工作。

2. 学术论坛专项工作组

由科技处处长担任组长，科技处有关人员为成员。主要职责如下。

（1）在 2021 年 4 月底前，邀请 1 ~ 2 名国内高校知名专家，在揭牌仪式后为参加活动的领导嘉宾做学术报告。

（2）承担学术报告的会务工作，包括但不限于场地布置、嘉宾接待、会务安排等工作。

（3）完成办公室安排的其他工作。

3. 校企、校地战略合作协议签字仪式专项工作组

由招生就业处、相关二级学院负责人担任组长，招生就业处、二级学院工作人员为成员。主要职责如下。

（1）在 2021 年 4 月底前，与本市、珠三角部分龙头企业，本市有关区（市、县）达成校企、校地战略合作协议，在揭牌仪式活动现场签署战略合作协议。

（2）负责战略合作协议前期商谈，承担签字仪式的所有会务工作，包括但不限于合作协议制作、签约场地布置、嘉宾接待、会务安排等工作。

（3）完成办公室安排的其他工作。

4. 新闻发布会专项工作组

由宣传部负责人担任组长，宣传部相关工作人员为成员。主要职责如下。

（1）在 2021 年 4 月底前，邀请多家省、市知名媒体（平面媒体、新媒体），在揭牌仪式系列活动当天举行新闻发布会。

（2）起草新闻发布会的新闻通稿。

（3）承办新闻发布会会务工作，包括但不限于场地布置、嘉宾接待、会务安排等工作。

（4）完成办公室安排的其他工作。

5. 学校发展战略深度系列报道专项工作组

由宣传部负责人担任组长，宣传部相关工作人员为成员。主要职责如下。

（1）选择深度报道的主流媒体 2 ~ 3 家。

（2）策划宣传报道主题。

（3）撰写深度系列报道内容。

（4）在揭牌仪式系列活动当日及日后进行连续报道。

（5）策划相关媒体转发。

（6）完成办公室安排的其他工作。

6. 综合秘书组

由校长办公室负责人担任组长，校长办公室相关工作人员为成员。主要职责如下。

（1）负责统筹和协助各专项组在揭牌仪式系列活动当天各场活动的会务工作，包括但不限于各类会议室的安排布置、悬挂会议室横幅（或通过信息技术手段展示）、各类会议座位牌的布置、各类会议会务资料的准备、发布各类会议的会议通知并周知所有参会人员。

（2）拟定揭牌仪式系列活动当天的行程安排。

（3）制作揭牌仪式系列活动工作手册。

（4）负责揭牌仪式系列活动参会领导的邀请；负责检查会场各类音响、话筒，确保完全无障碍正常使用。

（5）遴选、培训重要领导、嘉宾的联络员，指导联络员全程负责重要领导、嘉宾到校后的酒店入住、行程提醒、会务帮助、餐饮帮助、工作帮助、信息传达等日常性工作。

（6）负责参加活动的领导、嘉宾及工作人员在活动期间的住宿、就餐、参会等各类活动的通知、行程安排、交通工具协调等日常性工作。

（7）负责重要领导、嘉宾到校离校的接机送机（接站送站）贵宾通道的落实、专用车辆的调度和检查及接送陪同领导的安排。

（8）完成办公室安排的其他工作。

7. 宣传与网络工作组

由宣传部负责人担任组长，宣传部、教务处相关工作人员为成员。主要职责如下。

（1）负责活动期间学校宣传内容的及时更新，重点宣传好学校的办学成就、发展目标、重大改革。

（2）活动期间负责管理好校内网络、校报、广播等媒体的宣传报道工作，弘扬正能量。

（3）负责活动期间各类会议、活动的摄影、摄像、录音工作；精心安排好和参加活动的领导的照相合影工作，做到位置精准到人头、时间准确到分秒。

（4）保证校园网络畅通、网络资源能正常使用，手机信号畅通。

（5）活动结束后，第一时间对本次活动进行全方位系列报道。

（6）完成办公室安排的其他工作。

8. 校园安全与后勤保障组

由学生处、后勤处、保卫处负责人担任组长，后勤安保相关工作人员为成员。主要职责如下。

（1）负责活动期间校园及校园周边的安全稳定，排除各种安全隐患，确保揭牌仪式系列活动工作的顺利进行。

（2）负责活动期间维持校园交通秩序，对车辆实行统一停放管理，限制外来车辆进入校园等。

（3）负责校园环境卫生整治工作。

（4）负责制订水电供应的应急处置预案，确保水电正常供应。

（5）负责活动期间的医疗服务工作。

（6）负责制订师生食堂的管理措施，确保师生饮食卫生安全。

（7）负责活动期间临时需要的各种物资和设备的调用，确保随调随到。

（8）完成办公室安排的其他工作。

三、工作组织要求

（1）全力做好相关准备工作。第一，各专项工作组负责人按照本方案提出的要求，及时组织相关人员研究落实工作任务，制订本小组工作实施方案；第二，各专项工作组须在活动前 3 天完成活动的所有工作准备（会务接待的个别工作除外）；第三，揭牌仪式系列活动前，学校将组织人员对各专项工作组的准备工作进行深入仔细的检查。

（2）揭牌仪式系列活动当天，全校教职员工应着装整洁大方，坚守岗位履职尽责；参与接待、参加会议等活动的人员须着正装。

（3）揭牌仪式系列活动当天，学生工作部门、二级学院应要求全体学生着装整洁大方，充分展示学校的优良校风和奋发有为的精神风貌。

四、思想纪律要求

1. 统一思想认识，增强责任心

全校教职工要充分认识到学校站在了发展的新起点，真正独立承担起一所本科院校在人才培养、科学研究、社会服务、文化传承与创新的使命与责任！全体工作人员务必统一思想、提高认识，以高度的责任感和主人翁精神全力投入揭牌仪式系列活动中，确保活动顺利进行，为开启学校事业发展新征程、促进学校内涵式发展打下坚实基础。

2. 明确工作质量标准，注重工作细节

揭牌仪式系列活动相关工作任务繁重、时间紧迫、要求高，各单位、部门、各专项工作组务必吃透所承担任务的具体要求，注重工作细节，精准完成任务。

3. 强化担责尽责，从严追责问责

全体工作人员务必强化工作纪律、组织纪律，增强时间观念，做到令行禁止，凡是在工作中违反学校规定要求，不按时完成工作任务、不按照标准完成工作任务的，一律严肃追责问责。

第二节　表彰工作方案

转设工作在全校师生的共同努力下已顺利结束，学校发展进入新征程。为了进一步推动学校各项事业又好又快发展，经校长办公会研究，学校决定表彰转设工作先进集体和个人，特制订此表彰工作方案。

一、指导思想

自转设工作启动以来，在学校董事会的正确领导下，学校党委、行政带领全校师生员工历经艰苦卓绝的努力，学校的办学思路逐渐明晰、办学条件趋于完善、法人财产权确权登记成效明显、师资队伍建设初显成效，学校转设为独立设置的民办本科高校工作已取得圆满成功。本着转设评议是过程、以评促建是目标、不断突破是目的的指导思想，学校将以此次成功实现转设目标为契机，进一步凝聚人心、鼓舞士气，营造干事创业的良好氛围，推动学校各项事业又好又快发展。

二、基本原则

（1）坚持分类评选，注重工作实绩。
（2）坚持实事求是，突出工作的创新性。
（3）坚持公平公开，做到群众公认。

三、组织机构

学校成立评选转设工作先进集体、先进个人、先进专项工作组表彰领导小组，负责对评审过程的领导和评审结果的最终审定。领导小组由董事会领导担任组长，学校校长担任执行组长，其他校领导为成员，下设办公室挂靠校长办公室。

四、表彰类别及名额

1. 转设先进集体
先进学院 3 个、先进职能部门 3 个。
2. 转设先进个人
先进教师：按各二级学院在编在职教师的 5% 推荐候选人。
先进行政教辅人员（不含科级及其以上干部）：按各二级学院行政教辅人员的 20%、各职能部门行政人员的 20% 推荐候选人。
先进管理干部（科级及以上干部）：按管理干部人数的 30% 推荐候选人。

3. 转设先进专项工作组

专项工作组是指学校为做好转设工作发文成立的土地及房屋办证、转设材料组织、迎接专家组实地考察的各个专项工作小组，先进名额为 10 个。

五、参评的基本条件

1. 转设先进集体

（1）先进学院：以学校转设工作为重，有较强的大局观和团队意识；本学院师生对学校转设理解清晰，具有较强荣誉感；能按时高质量完成任务，转设工作业绩突出；能积极配合转设专项工作组开展转设工作，完成任务情况较好；本学院师生未出现工作延迟等影响学校转设的情况。

（2）先进职能部门：以学校转设工作为重，有较强的大局观和团队意识；本部门团队凝聚力强，职责明确，步调一致，团结协助；本部门业绩突出，内部合作高效，出色完成转设各项工作任务；本部门积极协助配合其他单位开展工作，获得其他单位的一致认可及好评；本部门没有因工作失误等影响学校转设的情况。

2. 转设先进个人

（1）先进教师：以学校转设工作为重，有较强的大局观和团队意识；为学校在职在编教师，具有较强的责任心和荣誉感；积极配合学校做好各项转设工作；能对学校转设工作提出建设性意见；没有出现任何影响学校转设的情况。

（2）先进行政教辅人员：以学校转设工作为重，有较强的大局观和团队意识；为学校在职在编教师，具有较强的责任心和荣誉感；能够高质量完成上级交办的转设工作任务；本人转设工作得到本单位、部门的一致好评；没有出现任何影响学校转设的情况。

（3）先进管理干部：以学校转设工作为重，有较强的大局观和团队意识；以身作则，有很强的领导力，形成凝聚力强的团队；具有较强的抗压能力，能主动担当、主动作为；能向学校转设指挥部提出建设性意见；本人所负责的团队或转设工作板块业绩突出；没有出现任何影响学校转设的情况。

3. 转设先进专项工作组

（1）能主动担当、主动作为，大局观和团队意识强。

（2）工作组工作氛围良好，与其他工作组互动好。

（3）承担学校转设工作核心任务或开创性工作。

（4）承担的核心任务完成质量突出，时效性好；承担的开创性任务取得较大突破进展。

（5）为学校转设工作做出较大贡献。

（6）没有出现任何影响学校转设的情况。

六、评选的程序

1. 集体或个人申报

符合参评条件的集体或个人申报，填写“转设先进集体申报表”“转设先进个人申报表”“转设先进专项工作组申报表”。申报先进教师、先进行政教辅人员的将材料交所在单位、部门进行汇总、推荐；申报先进管理干部、先进集体、先进专项工作组的，将材料统一交校长办公室汇总。

2. 各单位、部门评选推荐

学校各单位、部门按照评选要求和名额对申报先进教师和先进行政教辅人员的教职工进行初步评选，形成初步意见后，将拟推荐的个人申报表及汇总表的纸质版及电子版报校长办公室。各单位、部门评选推荐名额不得超过规定的评选名额。

3. 评选领导小组评审

评选领导小组根据评选要求，对申报的先进集体、先进专项工作组、先进管理干部进行评选，学校对各单位、部门推荐的先进教师、先进行政教辅人员进行评审后确定公示名单。

4. 公示

对公示名单进行公示，公示无异议，确定表彰的先进集体和先进个人。

七、评选工作要求

1. 提高站位，强化落实

转设先进集体、先进个人以及先进专项工作组评选是学校转设工作的重要组成部分，对营造积极健康向上的大学文化、激励广大教职工投身学校新征程有着重要的作用，各单位、部门要切实提高政治站位，尤其是党政主要负责人要严格履行第一责任人职责，切实组织开展好本单位、部门的评选工作。

2. 实事求是，优中选优

各单位、部门要按照实际情况择优推报，本着对学校、教职员工高度负责任的态度，认真严肃开展推报工作。对申报对象进行全面了解，所有报送材料及其内容要求真实、客观，在推报过程中充分倾听基层教职员工的意见建议。

3. 重视宣传，营造氛围

各单位、部门要向本单位、部门教职员工广泛宣传评选条件和有关规定，紧紧依靠广大教职员工，民主评选、公正推荐，确保评选推荐工作的公正性和透明度；有效营造崇尚先进、学习先进、争当先进的氛围，为建设一支德才兼备、心系学生、作风扎实的工作骨干队伍做好表率。

第三部分

独立学院转设效果与展望

第十章　独立学院转设效果

第一节　独立学院转设实效调研

独立学院转设是国家重要的政策导向，是发展民办高等教育的有效途径，也是地方经济社会转型升级的需要及其自身持续发展的需要。2008—2015 年，全国共有 52 所独立学院转设为普通民办本科高校。阙明坤、阙海宝（2015）通过对 52 所高校的调查发现，独立学院转设比例偏小，转设区域分布不均，转设后发展基本平稳。提出完善我国独立学院转设政策的建议：根据国情适当修改完善转设标准；加大对独立学院转设的扶持力度；健全独立学院转设相关法律法规；加强独立学院转设后发展的指导。

独立学院转设为普通本科高校是国家重要政策导向。阙明坤、王慧英、原珂（2019）基于对全国由独立学院转设的本科高校发展状况的跟踪研究、实地考察、深度访谈，发现独立学院转设后整体发展呈上升趋势，独立学院转设地区分布差异较大，独立学院选择转设的时间因校而定。为促进独立学院规范发展，建议持续推进独立学院转设为普通本科高校，加大对独立学院转设的支持力度，分区域、分类别、分阶段推进独立学院转设工作，加强对转设高校发展的指导。

阙明坤、王慧英、原珂（2019）通过问卷调查教育部、省级教育行政部门、民办教育行业协会等机构领导协调和研究者稳定的前期社会关系网络，共邀请来自全国 15 个省（自治区、直辖市）61 所由独立学院转设的民办本科高校的董事会领导、党政班子成员、中层干部、骨干教师填写问卷。共发放问卷 61 份，共收回问卷 61 份，有效问卷 60 份，问卷有效率为 98.4%。在调查中，每所学校只指定一名权威性代表负责填写，受访者中，董事会领导占8.33%、党政班子成员占45%、中层干部占40%、骨干教师占6.67%，他们均参与过独立学院转设工作，或者担任主要管理岗位职务，或从事院校研究，在所在学校工作至少8年以上，对学校转设前后情况较为熟悉，数据获取具有较高的可信度。

调研采取问卷调查与半结构化访谈相结合的研究方法，以深度访谈对调查问卷中的开放性问题进行补充。问卷采用自编问卷，内容由独立学院转设成效基本情况、人才培养质量改善、社会影响力提升等29道封闭式题目构成。运用定量分析方法，采用SPSS19.0分析软件对调查问卷的各变量进行因素分析，确定独立学院转设成效的结构，然后进行描述统计、差异检验，分析、比较、评价独立学院转设的成效。访谈提纲主要围绕独立学院转设办学基本条件、人才培养质量、内部治理水平、外部资源获取能力、社会声誉评价等方面，最后对访谈结果进行归纳、整理、编码、概括，进行频次统计，构建理论模型，如表10–1所示。

表10–1 独立学院转设成效指标体系

一级指标	二级指标
办学基本条件改善度	Q1 校园占地面积
	Q2 校园建筑面积
	Q3 在校生人数
	Q4 办学经费投入
	Q5 教学仪器设备值
	Q6 教师待遇
人才培养质量提升度	Q7 批准专业设置数量
	Q8 教师队伍质量
	Q9 副高以上职称教师比例
	Q10 博士学位教师比例
	Q11 教学质量
	Q12 科研项目数量和级别

续表

一级指标	二级指标
内部治理完善度	Q13 董事会、校行政、校党委三者和谐程度
	Q14 党的领导与建设
	Q15 民主决策与管理
	Q16 招生自主权
	Q17 收费自主权
外部资源获取能力强化度	Q18 地方政府的支持力度
	Q19 公共财政的扶持力度
	Q20 社会捐赠收入
	Q21 校企合作
	Q22 校校合作
	Q23 国际合作
	Q24 同等申报各类项目、参加会议等权利
社会声誉评价提高度	Q25 招生录取分数线
	Q26 新生报到率
	Q27 大学排行榜排名
	Q28 毕业生就业率
	Q29 社会整体声誉

研究发现，独立学院转设后在人才培养质量提升度、内部治理完善度、办学基本条件改善度、外部资源获取能力强化度以及社会声誉评价提高度 5 个方面都具有显著变化，如表 10-2 所示。

表 10-2　独立学院转设成效总体评价（n = 60）

因素	平均数	标准差	偏度
人才培养质量变化	5.02	0.62	−0.50
社会声誉评价变化	4.82	0.77	−0.48
外部资源获取能力变化	4.84	0.57	−0.26
办学基本条件变化	5.10	0.84	−1.73
内部治理水平变化	5.01	0.69	−0.49
总体转设成效	4.94	0.58	−0.65

第二节　CJ 学院转设实践总结

启动转设工作以来，学校经历了一场大考，在这场大考中，干部职工、一线教师、广大学生凝心聚力，攻坚克难，成功实现了转设目标。学校不能忘记从启动转设工作以来，学校历届领导班子、转设工作领导小组、转设专项工作组、转设材料工作组为此付出的辛勤努力、积淀的良好基础！更不能忘记辛勤耕耘、在各个岗位上默默奉献而今天没有受到表彰的干部职工、一线教师、食堂员工、后勤保安！他们也是学校转设工作的排头兵、尖刀连、先锋队！

学校转设工作经历了艰难的岁月，历时三年有余，有成功的经验，也有失败的教训，总结好转设成功的经验、反思过往的教训，其目的就是要营造干事创业的良好氛围，塑造一所大学健康的校园文化！其目标就是锤炼干部队伍的工作作风，提升干部队伍的工作能力，打开干部队伍的眼界心胸！

一、对学校实现成功转设的基本认识

（一）尊重标准、敬畏规律是学校成功转设的基础

对照教育部《普通本科高校设置暂行规定》和“26 号令”的要求，找准差距，抓住重点，踏踏实实落实好每一项工作要求。

1. 实施“人才强校”工程，强力推进师资队伍建设

自转设以来，学校实施“人才强校”战略，由人事处负责牵头，各二级学院积极响应，全力配合引进优质师资，启动转设以来，学校多措并举，引进专任教师 400 多名，基本达到转设要求。

2. 历经艰辛，攻克“两证”办理的难点

自转设以来，学校围绕着土地及校舍房屋不动产权证办理开展了大量工作，得到了市委、市政府支持，加快了办理进度，倾尽所能攻克一个又一个

难关，使得学校土地及校舍不动产权证办结比率达到了转设的要求。

3. 加大资金投入，提升实验实训平台建设水平

为了达到转设标准，按照“以评促建、以评促改”的目的，启动转设以来，董事会果断决策，投资巨额资金，建成了多个特色的经济、管理实验室。如此高效率、高标准的实验实训平台建设，获得专家组一致好评。

4. 精心打磨转设材料，高质量展示学校办学成就

为全面展示学校的整体情况，学校制定了《转设材料工作组工作方案》《转设材料收集、整理、加工、建档指南》《转设材料规范说明》等工作指引，各材料小组严格对照标准和说明，对各项材料进行多次梳理、凝练和加工，每一份材料背后都凝聚了全体师生的智慧与汗水，是学校竭尽全力向专家展示学校发展建设成果的最好见证。

（二）争取各级政府的支持是学校成功转设的关键

转设工作绝不是学校一家独唱，而要齐声合唱。学校高度重视寻求省教育厅、市委、市政府对转设工作的支持帮助。针对学校“两证”办理、师资引进、校园周边环境整治等方面存在的困难，学校多次向省教育厅、市委、市政府及下属各政府机构提交请示、报告；同时，学校主要领导多次前往省教育厅、市委、市政府及下属各政府机构向相关领导汇报转设工作。

（三）严格按照上级的要求准备工作是学校成功转设的前提

省教育厅专家组实地考察学校后，对学校的资产管理、师资管理、教学管理等方面存在的问题提出整改意见。学校党政领导班子认真研究、深刻领会，及时制定了《省教育厅专家组实地考察学校转设工作存在问题的整改方案》，并以通稿的形式印发 2 期工作指引，聚焦重点问题、制定了整改任务清单、细化了整改措施、压实了工作责任、及时进行督查指导。学校全体管理干部及相关人员顶住压力，放弃国庆节长假加班加点，为完成整改任务不罢不休；广大干部不分周末及白天黑夜深入实验实训室改造现场、打磨转设材料、建设教务人事管理信息系统，并连续 24 天坚持每天向省教育厅报送学校整改工作简报，不到两个月的时间，学校在转设材料、考察路线、实验室建

设、管理信息系统等方面实现了“脱胎换骨”。

（四）统一思想认识是学校成功转设的保障

统一思想是提高认识、凝聚力量和达成统一行动的前提。学校高度重视统一全校教职员工对转设工作的认识，多次在全体中层干部会议上统一思想、提高认识；各二级学院也采取各种方式统一了师生员工的思想认识，提高对学校转设的了解，增添工作动力。

（五）集中统一领导是学校成功转设的核心

转设工作是一项系统性工程，涉及的环节极其复杂，标准要求极高、系统性极强。为了适应转设工作的新要求，学校董事会领导和学校党委、行政班子同舟共济，多次召开转设专题会议，在转设工作中始终总揽全局、统一标准、明确要求，对下设机构及学校各单位、部门实行统一领导，确保政令畅通、令行禁止。

（六）调动全员积极性是学校成功转设的要门

学校全体干部职工、一线教师、食堂员工、后勤保安，都是学校转设工作的排头兵、尖刀连、先锋队，他们是学校建设发展的主人。没有广大干部职工、一线教师的积极参与，学校转设工作就如无源之水、无本之木。为了调动广大干部职工、一线教师的积极性，学校组织了不同层次的会议，讲明成功实现转设对学校发展的重要性；学校及时举行了各类报告会、培训会，极大地提高了干部职工、一线教师的能干会干善干的业务水平，激发了干部职工想干愿意干积极干的精气神。

（七）注重细节、精益求精是学校成功转设的命门

细节决定成败。在学校转设过程中，全体干部职工、一线教师追求卓越、注重细节，涌现出许许多多感人的事迹。人事处的同事为了校准学校特情教师、外聘教师等情况，不厌其烦地进行电话调查，以及通宵达旦地整理数据；教务处的广大干部克服人少事多的困难，常常通宵达旦、熬更守夜；材料秘

书组为了保证申报材料数据、文字的精准，凌晨四五点还蹲守在文印店边印刷边校对；各二级学院为了完成教学文档的整理任务时常连续加班；二级学院为了高质量如期完成实验室建设任务，院长、书记坚守在实验室建设现场，紧盯施工细节；各材料小组为完善转设材料，就转设材料综述、各项支撑材料进行反反复复的梳理及凝练；接待会务组、后勤保障组无微不至地做好接待及会务工作。也正是因为工作组对细节的精益求精，学校才能获得专家组的一致好评。

（八）明确分工、压实责任是学校成功转设的根本

为明确分工、压实责任，学校先后成立了办证工作领导小组、转设材料工作组、迎接教育部专家组进校实地考察工作领导小组，并制定了工作路线图、时间表、任务书以及纪律要求等，实行挂图作战，真正做到了责任明确、任务具体、标准统一，有力地保证了关键环节、重点项目的快速推进。

（九）不计个人得失是学校成功转设的宝贵坚守

学校有着这么一批干部职工，为了实现学校转设目标，不惜牺牲个人休息时间，呕心沥血、舍小家顾大家，他们中有的至亲生病住院但为了不耽误转设工作未曾回家一趟，有的生病了仍然坚持轻伤不下火线，有的为了攻克难关通宵达旦不分周末假日开展工作，这都是学校发展最宝贵的财富。

二、锚定目标集中力量办好八件大事

学校转设为独立设置的普通民办本科高校，意味着学校将拥有更多的办学自主权、更大的发展空间，学校办学水平将会更进一步提升，这既是机遇又是挑战。未来，学校将继续按照“质量立校、人才兴校、特色强校、服务荣校、文化名校”的办学思路，围绕积极发展“新文科”、聚焦发展“新商科”、融合发展“新工科”的主题主线，进一步强化人才培养的中心地位、专业建设的龙头地位、教学条件的保障地位、师资队伍的关键地位、党建工作的核心地位、依规治校的基础地位，沉心静气地抓好教学基本建设，积极稳

妥推进教学改革，严格规范做好教学管理，凝心聚力提高人才培养质量。

学校未来三年发展的基本目标有四个显性标志：第一，形成“一校两区”的办学新格局；第二，达到2.3～2.5万人以上在校学生的办学新规模；第三，打造2～3个具有一定核心竞争力的新专业集群；第四，培育一批具有较高教学水平的专任教师新队伍。围绕这些目标，主要要办好以下八件事情。

（1）科学谋划转设后新学校新校名的宣传推介工作。精心策划好转设后新学校的理念识别系统、行为识别系统、视觉识别系统，强力打造学校的文化品牌。用品牌、品质、品位揭开新学校的面纱，还有大量工作需要做，需要细心谋划、高端策划、精心计划。

（2）精心谋划好学校机构改革。机关职能部门承载着学校各项工作的组织实施、指导督促的重要作用，这是学校的神经中枢，须臾不可大意。学校上一轮综合改革做了很好的探索和尝试，但还需要进一步深化、细化、优化，改对了的要坚持，不完善的要纠偏。优化治理结构，强化党委的政治核心作用。坚持董事会领导下的校长负责制，充分发挥党委的政治核心作用，用好民办教育相对灵活的体制机制优势，紧紧围绕学校教育教学基本建设、教学质量监控与评估、校地校企深度融合、行业产业学院设立等办学实践的新需求，完善机构设置，优化治理体系，理顺工作职责，形成以提升人才培养质量为中心、以建设行业产业学院为抓手、以增强学生实践动手能力为重点、以共享政产学研资源为保障的民办高等教育治理新模式。

（3）紧紧抓住教学工作的中心地位。按照本科教学工作合格评估标准，把握“专业建设是主线、课程建设是主体、实践教学是主阵地”的教学基本建设主旋律，聚精会神提高教学质量。

（4）持续优化专业结构，积极发展“新文科”、聚焦打造“新商科”、创新发展“新工科”，形成具有竞争力的特色专业集群。

（5）加强师资队伍建设，注重能力培养，提升队伍整体水平。

（6）完善管理评价制度，充分激发基层组织和干部的积极性。探索二级学院、职能部门年度重点目标任务责任制，建立部门主要领导考核等级与重点目标任务完成情况紧密挂钩的考核方式。

（7）围绕学生专业实践动手能力，优化学生管理模式，打造与学生专业能力紧密结合的第二课堂活动品牌。

（8）聚焦区域、关注行业、突出应用、凝练特色，建设科研创新平台。

学校成功转设既是机遇又是挑战，站在学校转型发展的新起点，希望学校全体教职工能够凝心静气、鼓足干劲，牢牢抓住学校转型发展之机，为学校建设发展出谋划策、献智献力，真正独立承担起一所本科院校人才培养、科学研究、社会服务、文化传承与创新的使命与责任！

第十一章　独立学院转设展望

2020年5月15日，教育部办公厅印发《关于加快推进独立学院转设工作的实施方案》，强调独立学院能转尽转、能转快转，全国各省市掀起了一场独立学院转设的高潮，从2020年5月开始至今，全国共有93所独立学院完成转设。其中，广东更是成绩斐然，2020年以前，广东仅有一所独立学院完成转设，但教育部文件出台后，截至目前共有10余所独立学院已完成转设。随着大批量的独立学院转设为民办普通本科高校，其转设后的发展前景和存在的问题也引起学者的关注及研究。下面，将针对CJ学院转设为民办普通本科高校后面临的窘境，及该校出台的一系列解决窘境的措施，予以分析并提出相应对策。

第一节　发展前景预测研究

刘鑫（2015）分析指出，独立学院转设后没有了母体院校的光环和品牌伞，其教学质量和管理水平普遍会受影响，为此应转变观念、合理定位，通过加强师资队伍建设，切实做好学生就业工作，切实完善法人治理结构，打造自己的教育品牌。

罗杰（2014）预测独立学院转设后将会面临生源数量下降、学生就业压力增大、师资力量薄弱、资金紧缺等问题，需要转设后的学校在特色办学、树立品牌、充实师资、加强管理等方面下功夫。

朱晶晶、安艳霞（2015）分析得出，独立学院转设后丧失对母体高校的资源依赖，其生源数量下降，对优化师资结构、专业和培养模式形成挑战，应当在精准办学定位、加强专业内涵建设、注重规模和效益协调发展、注重教师发展、提高教师素质等方面发力。

钟秉林、景安磊（2021）提出独立学院转设后的健康可持续发展路径，需要加强政府部门资源统筹、明晰发展目标定位和特色发展战略、深化人才培养模式改革、加强教师队伍建设、建立健全风险防控机制。转设后的独立学院在人才培养、内部治理、办学条件、资源获取以及社会声誉等方面都具有显著变化，整体发展呈上升趋势。但不可否认的是，部分独立学院转设后，失去了母体高校的品牌效应以及管理服务、师资队伍等资源，经费来源相对单一，短期内会面临较大发展压力，未来发展的不确定性增加。随着高等教育进入普及化阶段，生源竞争将更加激烈，独立学院转设后以提高质量和优化结构为核心的内涵式发展任务将更加艰巨和繁重。因此，需要加强政府部门间的资源统筹，支持学校可持续发展（发挥“民办教育工作部际联席会议制度”和“职业教育工作部际联席会议制度”的作用，建立健全省级政府统筹协调机制，研究制定配套支持政策）；明晰未来发展目标定位，坚持特色发展战略（坚持应用型办学方向；坚持特色办学、差异化发展）；深化人才培养模式改革，加强教师队伍建设（深化人才培养模式改革，提高应用型人才培养质量；打造高水平教师队伍，着力提升教师综合能力）；建立健全风险防控机制，维护学校安全稳定（全面加强党的领导，将风险防控工作纳入规划；识别关键风险点，完善风险化解机制）。

第二节　独立学院转设后的窘境

当前，我国民办教育正处于从机遇性竞争向实力型发展的关键变革期，整体面临着结构性转型的问题，这也要求独立学院转向以质量为核心的内涵式发展。而独立学院因其传统发展模式及历史渊源，在这一转型过程中愈发凸显种种不适，面临着历史合理性逐渐消逝与现实合法性亟待重塑、比较优势持续弱化与竞争优势尚未成型、营利与非营利的公益属性区分难、转设转型不能满足当下高等教育发展需要等窘境（原珂、阙明坤、周禹彤，2020）。同样，CJ 学院与其他转设后的民办高校也面临着大同小异的窘境。

一、品牌效应的窘境

2020 年，教育部出台《高等学校命名暂行办法》加强高等学校的命名管理，独立学院转设为民办普通本科高校，无法再冠以“高大上”的校名。该规定对学校名称中使用地域字段、学科或行业字段、英文译名、中文名称等方面进行了规范。因此，转设后的民办本科高校基本只能使用学校所在城市作为地域字段，此项要求对转设后的民办本科高校影响较大。例如，CJ 学院所在的城市为本省的三线城市，据地方统计部门公布的经济数据显示，该市 2020 年 GDP 总量为 3100 亿元，常住人口约 736 万人，人均 GDP 为 4.21 万元，在 2020 年全国内地城市排名第 199 位，经济相对落后。因此，该市在国内知名度不高，CJ 学院使用了该市作为校名地域字段，与使用广东省或是“北上广深”等知名城市作为校名地域字段，在品牌效应方面显然处于劣势。

根据《高等学校命名暂行办法》的规定，转设后的 CJ 学院名称中不得包含原举办学校名称及简称。大部分的独立学院的举办校为 985、211 名校，其次也都是本省重点院校，例如，CJ 学院原来的举办校为广东省政府和某部委共建的省属重点建设大学，具有“学士、硕士、博士”完整学位授权体系，是本省高水平大学重点学科建设高校。转设之后，该校不能再冠以母体学校的名称，失去了母体学校的光环及其知名度，CJ 学院的社会认可度也因此降低。

二、师资队伍难以稳定的窘境

1. 专任教师队伍的不稳定

独立学院的专任教师队伍基本由自有专任教师（社保和公积金均由本校缴纳）、退休返聘教师、外聘教师（含举办校派往独立学院任课的专任教师）

构成。专任教师队伍存在以下两个方面的不稳定。

（1）自有专任教师不稳定。独立学院的自有专任教师有两个特征：一是刚毕业的年轻教师占比例较高。CJ 学院师资队伍中，35 岁以下的年轻教师占比达到 60.01%。虽然年轻教师充满活力，但是教学和实践经验相对缺乏，不利于提高教学质量。二是专任教师队伍中低职称比例高，中青年副高以上的骨干教师非常紧缺。形成上述两个特点的主要原因是 CJ 学院属于民办高校，教师没有国家事业编制，且同等职称人员的薪酬待遇、社会地位普遍低于公办高校，从而缺乏归属感、安全感和幸福感。长期以来，专任教师队伍中有不少年轻教师一旦评上副高以上职称便会跳槽至公办高校，特别是广东省近几年大力发展公办高等教育，新设立多所公办高校，副高以上职称专任教师缺口较大，CJ 学院近两年就有 10 多名评上副高职称的中青年骨干教师跳槽至公办高校。不难看出，民办本科高校的师资队伍进入了招聘刚毕业的年轻教师，评上副高职称后旋即跳槽，然后再招聘刚毕业的年轻教师的恶性循环，甚至可以说，是一直在帮助公办高校无偿培养人才。

（2）举办校派往独立学院任课的专任教师，在转设后撤回对独立学院造成的窘境。独立学院转设前后，对于退休返聘教师、外聘教师（不含举办校派往独立学院任课的专任教师）影响不大，较为稳定。但转设后举办校派往独立学院任课的专任教师逐步返回举办校，不再在转设后的民办高校任课，这些专任教师的职称基本为副高以上，且不乏名师，他们的撤回，对转设后的民办本科高校的师资队伍影响较大。举办校派往 CJ 学院的数 10 名副高以上职称的教师，将逐步在 4 年的过渡期结束后返回举办校任教，这对 CJ 学院的师资队伍建设带来巨大的挑战。

独立学院的产生，在我国高等教育制度发展中具有创新性意义。现代社会发展背景下，独立学院虽然在不断的优化改革过程中获得较为显著的发展成就，但相较于其他高校来说，独立学院发展水平还有待提升，其在实际发展过程中还会遇到很多新的问题。当对独立学院的发展规模进行升级与转换时，与母校完全划清管理或业务关系、优化师资队伍的建设等内容，成为独立学院初步发展的一大问题。在人事方面，独立学院与其母体大学间存在着诸多联系。首先，高校教育质量主要取决于师资力量。独立学院是在其母体高校的帮助下成立的，其教师队伍的构成有其特殊性。独立学院的师资队伍主要由本院校在职教师和外聘教师组成，自有教师占比较少，其自身师资力量严重不足。其次，独立学院所聘的兼职教师通常为经验丰富的教授或副教授，虽然可提高独立学院的师资结构，但由于此类教师年龄较大，知识老化且创新力不足，作为兼职教师，其对学校的责任感相对较差。最后，独立学院教师相比普通高校教师薪资待遇较低，导致教师流动性较大，从而造成师资队伍不稳定，严重影响独立学院的教学质量及师资建设，师资队伍的有效构建成为亟待解决的难题。

2. 行政人员和管理干部队伍建设存在的困境

（1）行政管理人员不稳定。与民办高校的专任教师比较，行政管理人员的不稳定情况更加严重，主要原因是在独立学院转设或对民办高校的各种检查中，均要求报送专任教师的数量，并要求达到一定的生师比，而对行政管理人员的情况未做要求。因此，大部分民办高校在留住人才方面的政策基本倾斜于专任教师，特别是在待遇方面更是倾斜于专任教师。以 CJ 学院刚入职的硕士研究生为例，他们如果担任专任教师岗，其待遇要比担任行政管理岗高出三分之一。因此，民办高校的行政管理人员进入了在行政管理岗寻求路径转到专任教师岗或跳槽，行政管理岗再招新员工的循环。然而，行政管理人员在学校扮演着为教学、学生、科研工作服务的重要角色，其素质、工作经验是提升教学与科研工作质量的重要保障，如果行政管理岗位不断更换新人，必定会影响转设后的民办高校办学质量的提升。

（2）管理干部队伍建设的窘境。民办高校的管理干部队伍一般分为教学、教辅、科研、行政管理等岗位，一般参考公办学校设置“处级”“科级”等级别。管理干部队伍建设的困境主要体现在以下两个方面。

第一，教学、教辅、科研等管理岗位人选的困境。遵循高校的办学规律，担任民办高校二级学院院长，教务处、科研处、图书馆、实验教学部负责人等职位的管理干部一般都要求副高以上职称，而民办高校副高以上职称的年轻骨干教师本身就少，能够具备一定管理水平担任管理干部的则更少，因此民办高校大部分的教学、教辅、科研等管理岗位的干部都是聘用高职称的退休返聘人员，这些管理干部有较高的教学、管理、实践和科研能力，但年龄较大，且民办高校行政人员偏少，工作量大，他们难以胜任超强度的工作，能够确保学校正常办学已经相当不错了，要提高转设后的学校办学水平和质量往往心有余而力不足。

第二，行政管理干部队伍建设的困境。民办高校对其行政管理干部的职称及学历的要求相对较低，基本有本科以上学历、中级职称即可，主要注重德、能、勤、绩、廉等方面。但由于行政管理人员待遇偏低，流动较大，工作经验普遍不足，当民办高校各行政管理岗位缺人时，要在行政管理人员中提拔干部的难度较大，经常是青黄不接，甚至是越过层级进行提拔。例如 CJ 学院的不少处级干部，未在科级管理岗位上历练即被提拔为副处级，有些副处级干部在岗不到两年，又因工作需要担任了部门负责人。

三、制度体系建设和内部治理的窘境

1. 制度体系建设的窘境

根据转设要求，转设后的民办本科高校要完善内部管理制度，其内部管理制度一般可由党务管理、群团工作、行政管理、学生管理、教学管理与学术管理等几方面组成。目前，民办高校的制度体系建设存在两个困境。首先是制度不完善，无制度可依。例如 CJ 学院在转设前主要是注重建设学生教育、教学方面的规章制度，未制定干部管理规定、资产设备、内部考核体系、员工退休等方面的制度，给工作带来诸多不便。其次是有制度但未能严格执行。民办高校由于教职工素质参差不齐及流动快等原因，造成学校的某些制度有时候被束之高阁，教职工开展工作随意性大，部分制度形同虚设，甚至造成一些事故，给学校造成不必要的损失。

2. 内部管理体制建设的窘境

独立学院在转设前是由举办校与投资方合作创办的，双方共同管理独立学院。举办校与投资方互为利益的共同体，互相监督，因此学校基本能够按照高等教育的办学规律运作，能够按照上级的要求在设立董事会和监事会、实行董事会领导下的校长负责制等方面完善学校的内部治理体系。但转设后学校的举办者只有投资方，部分民办高校的投资方为寻求投资效益回报最大化，会直接干预学校的正常办学，或在其与学校合法的关联交易中间接干预学校正常办学，使学校的日常教学工作受到了影响。

第三节　独立学院转设后突围之策

我国应采取契合实际的破解策略，促进新时期独立学院的改革与规范发展：适时调整与修订相关法律法规政策，实现合法性重塑；明确使命，找准定位，强化办学特色，形成错位竞争优势；区分公益属性下的营利与非营利属性，调整相关公共政策，完善治理结构；因地制宜，分类探索转型改革、规范发展路径以及加强前瞻性理论研究等（原珂、阙明坤、周禹彤，2020）。为应对独立学院转设后遇到的困境，转设后的民办高校纷纷针对自身的问题寻求破解的路径，例如转设后的 CJ 学院通过以下的一系列措施，加强学校的内涵建设，提升品牌，在转设后的短短一年时间内成效明显。

一、精心提升教育品牌

1. 精心策划揭牌仪式系列活动

为切实提高新学校知名度和美誉度，增强学校识别度，CJ 学院在转设获批后精心策划了揭牌仪式系列活动。一是举办揭牌仪式暨本省民办高校校长高端论坛。经过精心策划承办了本省民办高校校长高端论坛，并邀请参加高端论坛的校长参加学校揭牌仪式，极大地扩大了学校的影响力。二是举办学术论坛。邀请两名国内高校知名专家，在揭牌仪式后为参与活动的领导嘉宾做学术报告。三是举行新闻发布会。邀请多家省、市知名媒体（平面媒体、新媒体），并在揭牌仪式系列活动当天举行新闻发布会。四是举办校企战略合作签字仪式。与部分省、市龙头企业，本市有关区（市、县）达成校企、校地战略合作协议，在揭牌仪式活动现场签署战略合作协议。五是邀请省、市主流媒体，在揭牌仪式系列活动当日及日后进行连续报道。

2. 精心打造视觉形象识别系统

转设前，CJ 学院使用的是举办校的视觉形象识别系统。转设后，CJ 学院委托为国内多所知名高校设计视觉形象识别系统的设计公司，为学校精心打造了新的视觉形象识别系统，展示了学校办学理念及文化底蕴，增强了广大师生员工、校友的凝聚力、归属感和认同感。

3. 理清办学思路

转设后，CJ 学院明确了以建设区域性、应用型、国际化，具有鲜明经济学、管理学特色的高水平教学型本科院校的办学定位。同时，该校还在人才队伍建设规划、学科专业建设规划、人才队伍建设规划、校园建设规划、党建与思想政治工作规划等方面具有前瞻性地做好“十四五”规划，强化内涵建设，加快建成高水平民办本科院校。

二、切实加强师资队伍建设

新发展格局下，独立学院面临着转设的结构性变革。面对这一不可抗力，教职工群体打破了以往安稳工作的状态，陷入惶恐的境地。

与高校在历史发展进程中所经历的持续变革不同，高校教职工在工作期内更期望组织保持稳定不变，或以渐进缓和的方式发生变化。当面临突如其来的变革时，教职工出于自身的应激反应，首先表现出对变革的抵制。组织变革带来的不确定性，会使组织的群体成员感到不安与焦虑，产生负面情绪，导致实施一定的行动阻碍组织变革。只有当群体成员对组织变革的目的、意义予以认可，并能预见变革后组织的发展愿景和个人发展前景时，才能激发组织群体成员的群体动力和变革愿望，正视组织变革过程中的困境，积极破解各项阻力，实现组织群体动力变革的自我突围。

为重构组织群体动力，独立学院可以从群体的凝聚力、驱动力和耗散力这三个要素入手，以群体动力重构促进独立学院转设。首先，将独立学院转设目标与群体诉求建立关联，形成目标一致性，加强群体凝聚力。应做好沟通宣传工作，广泛听取群体成员的意见，了解群体成员的诉求，积极为群体成员的职业生涯和发展前景做谋划，重建群体成员对组织的信任感。其次，将教职工群体转化为独立学院转设的内生变量，提升群体的驱动力。制订组织群体成员能力提升培养计划，提升群体成员的专业技能，以应对组织变革带来的不安冲击。鼓励群体成员参与到组织变革中来，由被动承受变革转为积极谋划变革，增强群体成员变革的主动性和积极性。最后，关注教职工诉求，降低群体的耗散力。发挥独立学院工会的能动作用，主动关注群体成员的心理变化，及时做出有效的疏导，为群体成员的利益发声。

（1）为克服学校地处本省的三线城市又是民办院校的引进人才难稳住人才更难的办学困境，CJ 学院相继推出“优秀人才支持计划”“银发工程计划”“特聘教授计划”。其中，“优秀人才支持计划”依据该校的教师教学业绩认定与计分办法、科研业绩认定与量化计分办法，分类确定优秀教授、优秀博士、优秀副教授、优秀讲师、优秀硕士支持计划的入选基本条件。入选的优秀教授最高每年可在现有的待遇上支持 18 万元，最低的优秀硕士每年也可获得 2 万元的支持，基本接近本市公办高校同等职称与学历教师的待遇，稳定了中青年副高以上职称的骨干教师队伍。

（2）董事会下拨大笔资金提高教职工待遇。学校通过制订新的薪酬方案提高管理干部的薪酬待遇，通过提薪，管理干部的薪酬待遇虽略低于本市公办高校的同级别待遇，但也大幅提升，稳定了管理干部队伍。

（3）修订教师额定工作量计算办法。民办高校专任教师普遍的工作量集中在上课，除了上课，基本没有时间从事科研，指导学生第二课堂活动。为了发挥专任教师教书育人的积极性和创造性，在确保顺利完成教育教学任务的前提下，充分调动专任教师的科研工作、指导学生第二课堂活动的积极性，使教学、科研并重，CJ 学院将教师的科研工作、指导学生第二课堂活动纳入教师额定工作量计算，让专任教师腾出上课的时间从事科研和指导学生第二课堂活动，进而提高人才培养质量。

三、加强制度建设，提升学校内部治理水平

1. 加强制度建设

CJ 学院根据转设后的实际工作需要，推进学校党务管理、群团工作、行

政管理、学生管理、教学管理与学术管理等规章制度的“废、改、立”工作，补充完善了辅导员职级晋升管理办法、干部考核办法、教职工病事假管理办法、二级单位年终考核奖金分配管理办法、二级学院和职能部门年终考核办法等一批重要的规则制度。

2. 提升学校内部治理水平

一是加强党的领导。CJ 学院始终牢牢把握社会主义办学方向，党委全面落实管党治党责任，深入推进党的建设，党的基层组织健全，党委政治核心作用发挥充分。学校党委书记依法进入学校董事会，参与学校重大决策；学校坚持落实和完善二级学院党政联席会议制度，深入实施基层组织建设“三年行动计划”和“双带头人”培育工程，扎实开展“不忘初心、牢记使命”主题教育，推行“月检查、季督查、年考评”，完善监督考核机制，确保了党建工作任务的落实和绩效监控。

二是实行董事会领导下的校长负责制，充分发挥党组织的政治核心作用。CJ 学院通过修订章程，学校举办者依据学校章程规定的权限和程序参与学校的办学和管理，妥善处理好与学校董事会、投资方之间的关系。同时，建立科学化、民主化、规范化的决策制度，科学、合理地制定校长办公会的议事规则，并在决策过程中广泛听取意见。

三是加强内部考核机制。CJ 学院通过优化学科专业结构和完善二级学院治理体系，实行校院两级管理的内部管理体制；通过制定二级学院和职能部门年终考核办法，充分调动各机关职能部门的积极性，强化岗位责任目标，提高工作效率，改进工作作风。

转设后的 CJ 学院迎来了大好的发展前景，通过提升品牌、加强师资队伍建设、稳定管理干部队伍、加强制度建设、提升学校内部治理水平等一系列措施，理顺机制体制，加强内涵建设，使学校在申请新专业、省级一流专业等方面取得重大突破，教学质量、人才培养质量大幅提升，科研成果也实现了翻番。

四、结束语

推动独立学院转设是建设高质量高等教育体系的政策诉求和必然趋势。2020 年以来，独立学院转设政策基本明确，转设进度明显加快，目前未完成转设的独立学院主要分布在东部和中部地区，主要原因有转设政策预期不明朗、资产权属不清晰、办学条件不达标等。面对实现高等教育内涵式发展的新要求，探索独立学院转设后的健康可持续发展路径，需要加强政府部门资源统筹，明晰发展目标定位和特色发展战略，深化人才培养模式改革，加强教师队伍建设，建立健全风险防控机制（钟秉林、景安磊，2021）。

参考文献

［1］阙海宝，陈志琼．以转设为突破口的独立学院转型发展探析［J］．高教论坛，2019（7）：14–16.

［2］刘楠．利益相关者视角下独立学院政策实践中的偏差问题研究——评《独立学院转设政策的执行与偏差》［J］．江西社会科学，2019，39（4）：259.

［3］阙海宝，等．独立学院转设政策的执行与偏差［M］．北京：人民出版社，2017.

［4］阙海宝，陈志琼．独立学院转设产权及利益关系分析——基于公共政策的执行博弈理论模式［J］．现代教育管理，2020（3）：1–6.

［5］阙海宝，苏婷．资源依赖视角下独立学院转设的发展战略［J］．浙江树人大学学报（人文社会科学），2020，20（4）：11–15.

［6］原珂．利益相关者视域下独立学院转设策略探究［J］．理论探索，2018（5）：85–94.

［7］彭华安，彭满阳．利益相关者理论与独立学院治理结构的建构［J］．现代教育管理，2010（2）：104–106.

［8］彭华安．诞生于危机：独立学院制度运行的案例研究［M］．上海：上海三联书店，2013.

［9］阙明坤，阙海宝．基于实证调查的独立学院转设政策研究［J］．复旦教育论坛，2015，13（4）：87–93.

［10］阙明坤．独立学院混合所有制办学模式研究［J］．高等教育研究，2017，38（3）：65–71.

［11］阙明坤，王慧英，原珂．我国独立学院转设发展效果的实证研究

［J］. 教育与经济，2019（4）：52–59.

［12］原珂，阙明坤，周禹彤 . 新时期独立学院规范发展困境及其策略［J］. 高校教育管理，2020，14（1）：52–62.

［13］丁秀棠 . 区域独立学院的起源与发展特征——以北京市为例［J］. 浙江树人大学学报（人文社会科学），2018，18（6）：13–17.

［14］徐军伟 . 内生与外生：独立学院“浙江模式”与“广东模式”的比较与思考［J］. 教育发展研究，2010，30（Z2）：108–111.

［15］徐军伟 . 转设与迁址：独立学院两类转型发展模式比较［J］. 宁波大学学报（教育科学版），2017，39（4）：53–57.

［16］刘小刚 . 基于战略管理的营利性民办高校可持续发展研究［J］. 重庆电力高等专科学校学报，2021，26（6）：22–26.

［17］钟秉林，周海涛 . 独立学院发展再审视［J］. 教育研究，2019，40（4）：83–90.

［18］钟秉林，景安磊 . 独立学院转设现状分析与转设后可持续发展路径探析［J］. 中国高教研究，2021，（4）：14–19.

［19］费坚 . 我国独立学院发展的战略审视［D］. 南京：南京农业大学，2012.

［20］李斯明，费坚 . 新《民促法》下独立学院转设逻辑与法理分析［J］. 扬州大学学报（人文社会科学版），2021，25（5）：51–58.

［21］罗建平 . 新制度主义视角下独立学院转设现状研究［J］. 大学（研究版），2020（5）：26–30+14.

［22］侯琮，王一涛 . 独立学院转设的症结研判和路径前瞻［J］. 浙江树人大学学报（人文社会科学），2021，21（5）：25–33.

［23］王一涛，刘洪 . 公办型独立学院转设的困境、路径及对策建议［J］. 复旦教育论坛，2021，19（3）：81–88.

［24］刘洪，王佳丽 .“国有民办型”独立学院转设新路径探索［J］. 浙江树人大学学报（人文社会科学），2021，21（6）：29–37.

［25］徐绪卿 . 关于部分独立学院转设为地方公有民办普通高校的思考——以浙江省内生型独立学院转设为例［J］. 教育发展研究，2020，40

（5）：41–47.

［26］何世松，贾颖莲．独立学院与高职院校合并转设本科层次职业大学的路径、运行与评价［J］．江苏高职教育，2021，21（3）：8–17.

［27］尹江霞．新时期独立学院转设的 SWOT 分析与发展战略研究［J］．高教学刊，2020（18）：57–59+63.

［28］林洁．基于 SWOT 分析的独立学院与高职高专合并转设路径研究［J］．九江职业技术学院学报，2021（3）：5–8.

［29］郑淑超．独立学院转设的新选择：基金会办学［J］．黄河科技学院学报，2021，23（9）：20–27.

［30］吴正金．浙江省独立学院“转公办”的理论逻辑和实践证成［J］．绍兴文理学院学报（教育版），2021，41（1）：67–72.

［31］陈洁云．独立学院转设的“霍布森选择”及其“突围”——基于浙大宁波理工学院和浙大城市学院的实践［J］．南京航空航天大学学报（社会科学版），2019，21（4）：102–106.

［32］夏百川．基于政府规制视域的独立学院转设研究［J］．云南师范大学学报（哲学社会科学版），2021，53（5）：113–122.

［33］李斐．独立学院组织变革与教职工群体动力分析［J］．科教导刊，2021（19）：4–6.

［34］马超玲．独立学院转设下师资队伍的建设——以云南 J 学院为例［J］．继续教育研究，2021（11）：22–25.

［35］汪闻佳．独立学院转设期师资队伍建设路径——评《激励理论视域下高校师资队伍构建研究》［J］．中国高校科技，2021（12）：100.

［36］杨程，于京天．我国民办高校分类管理路径选择与分析［J］．中国高等教育，2019（9）：44–46.

［37］李海冬．独立学院：发展瓶颈、转设机遇与转型路线——基于广东省的研究［J］．教育教学论坛，2021（20）：37–40.